国防科技系统工程系列丛书　总主编　何　明

军事科学思维 100 个小故事

李　曦　郝立杰　编著

北京航空航天大学出版社

内容简介

本书从军事科学思维的角度管窥历史上的世界战争，从而揭示军事科学思维的智慧和力量。全书按照系统思维、人民战争思维、"+"号赋能思维、大数据思维、复杂性思维、实验思维、计算思维、形象思维、空间思维、预测思维、历史思维、法治思维、推理思维、辩证思维、逆向思维、博弈思维、批判性思维、底线思维等进行分类，讲述典型的、有特色的、有历史影响力的100个军事小故事，以达到普及军事科技思维、强化国防基础素养的目的。

本书适用于全军官兵、高校师生、国防教育普及者、国防爱好者、军事发烧友、中小学学生等群体阅读。

图书在版编目（CIP）数据

军事科学思维 100 个小故事 / 李瞰，郝立杰编著．

北京 ： 北京航空航天大学出版社，2025．3．

ISBN 978-7-5124-4568-0

Ⅰ．E-49

中国国家版本馆 CIP 数据核字第 202578DV94 号

军事科学思维 100 个小故事

李 瞰 郝立杰 编著

策划编辑 杨国龙 责任编辑 杨国龙 周美佳

*

北京航空航天大学出版社出版发行

北京市海淀区学院路 37 号（邮编 100191） http://www.buaapress.com.cn
发行部电话：(010)82317024 传真：(010)82328026
读者信箱：qdpress@buaacm.com 邮购电话：(010)82316936
涿州市新华印刷有限公司印装 各地书店经销

*

开本：710×1000 1/16 印张：16.25 字数：282 千字
2025 年 3 月第 1 版 2025 年 3 月第 1 次印刷
ISBN 978-7-5124-4568-0 定价：69.00 元

前 言

　　1984 年 8 月 7 日，北京国防科工委远望楼报告厅内座无虚席，73 岁的钱学森院士在全国思维科学讨论会上做了长达六个小时的题为《开展思维科学的研究》的报告。在报告中，钱老预言"思维科学的研究将孕育一场新的科学革命"。40 多年来，我们已经真真切切地感受到了这场革命的热浪。保卫祖国，不仅要有强健的体魄，还要用科学武装头脑。不熟悉科学技术、不具备科学思维，难以有效捍卫国家安全。

　　战争舞台既充满暴力的角逐，也蕴含着无数智慧较量。在古今战争的长卷上，人类智慧无时不在纵横驰骋、叱咤风云，有着显不完的神通、数不尽的风流，引无数英雄竞折腰。其花样之繁多诡秘、手段之丰富多彩、技巧之成熟巧妙、学识之高深莫测，常令人瞠目结舌、拍案叫绝。在这些绚丽华章的背后，军事科学思维起着重要作用。如果说军事科学是人类智慧之树上的果实，那么军事科学思维正是使这果实得以结出的营养源泉。

　　军事科学思维是什么？简而言之，军事科学思维是反映军事本质规律，用于指导战争和军事活动的科学思维。恩格斯盛赞"思维是地球上最美丽的花朵"。爱因斯坦曾说过："人们解决世界的问题，靠的是大脑思维和智慧。"思维是联系人类大脑内部与外部世界的桥梁。科学思维，是指人们在科学实践过程中通过对感性认识材料进行加工处理，在头脑中形成的认知逻辑、思考方法和表达方式。在科学精神、科学理论、科学方法的启示和指导下的科学思维能力对于形成科学素养具有至关重要的作用。目前，哲学、脑科学、人类学、心理学、系统科学等多门学科也都将思维作为研究对象。各门学科针对思维的研究以各自的研究需要为出发点，例如哲学对于思维的研究侧重世界观和方法论，而军事科学对于思维的研究则侧重有关战争的理论与实践。

军事科学思维有哪些？科学思维包罗万象，军事科学思维既属于科学思维范畴，也有自身的侧重点和关注点。呼之欲出的智能化战争要求指挥官不仅要有政治头脑和军事头脑，还要有科技头脑，具备科学指挥能力，才能把握战争、透视战争、理解战争，做到准确判断形势，合理定下决心，科学调配兵力，实施灵活机动的战略战术。本书就系统思维、人民战争思维、"＋"号赋能思维、大数据思维、复杂性思维、实验思维、计算思维、形象思维、空间思维、预测思维、历史思维、法治思维、推理思维、辩证思维、逆向思维、博弈思维、批判性思维、底线思维等分类对军事科学思维进行阐述。

就特点规律而言，军事科学思维尽管与其他领域的科学思维有着密切的联系，但由于其自身存在残酷的对抗性和高度的复杂性，因而与其他领域的科学思维也有着显著的区别。军事领域具有自身突出的特殊性。自战争这个怪物出现以来，杀伐征战、攻城略地、血肉相搏的标签就一直存在，对生命乃至文明造成严重破坏，这是军事领域与其他社会领域的最大区别。首先，军事科学思维水平的高低直接关系到战争的胜负。明代何守法在《投笔肤谈》中有云，"是三军之势，莫重于将"。将是军队的首脑，指挥官的军事思维在军事较量中居于首要地位。同时，军事科学思维能力是官兵科学素养的重要组成部分，对于客观认识战争和指导军事实践具有基础作用。其次，军事科学思维受多种因素的综合影响。政治、经济、外交、文化、科技等综合手段被全面运用于战争和军事领域，面对纷繁复杂的战争和军事现象，正确掌握和使用军事科学思维离不开对上述领域的广泛涉猎。最后，军事科学思维是认知力的基础。现代战争是在认知力方面的终极较量，认知水平在很大程度上取决于思维水平。伴随着时代的发展，战争有时也会被披上一层文明的外衣。原始的、野蛮的杀戮和破坏更多地作为次要选项。如果能够控制敌方的认知，从整体上达成不战而屈人之兵，这会是政治家、军事家所青睐的结果。

放眼全球，军事变革浪潮汹涌而来。局部战争的打法一次比一次新颖，一场比一场更令人眼花缭乱。战争告诉我们，套路可能重复，但思维不能重复，思维僵化就有在战场上被淘汰的风险。科学技术往往最早运用于军事领域，致使军事领域成为变化最快、最剧烈的社会领域。诚如恩格斯所言："一旦技术上的进步可以用于军事目的并且已经用于军事目的，它们便立刻几乎强制地，而且往往是违反指挥员的意志而引起作战方式上的改变甚至变革。"思维比技术更重要，很多新技术应用如果缺少科学思维的指导，将出现诸如用新式的精确步枪枪托去砸敌人脑袋的事情。从恩格斯的话中可以想到，任何一名指挥人员，即使身经百战、经验丰富，如不及时提升思维，都担当不起组织和指导战争的重任。

"天下难事，必作于易；天下大事，必作于细。""合抱之木，生于毫末；九层之台，起于累土；千里之行，始于足下。"强化官兵的科技素养是一项基础工程、系统工程、打赢工程。致广大而尽精微，本书以小见大，窥斑见豹，图文并茂，寓教于乐，从通俗易懂的小故事讲起，以人们喜闻乐见的形式，深入浅出地将深奥的道理寓于浅显易懂的故事中，通过富有军事特色的案例，增强本书的军事味、科普味、中国味，用故事讲军事，用故事说科学，用故事练思维。本书在小故事的选取上可以说颇费思量。全书共包含三篇、十八章、100个故事。从题材选取来看，本书注重以思想健康、积极向上、形象光辉的正面历史人物和事件进行正面引导，其中，红色故事近20个，讲述军事史上名家名将、战例案例、匠心杰作的故事近70个，重在挖掘历史元素，激发民族自信心、自豪感。在正面引导的同时，书中也适度列举失败案例和反面人物事件作为反面教材，供读者从中吸取经验教训。全书选材在时空跨度方面涵盖古今中外：题材涉及国外的有30多个，约占总数的1/3；古代故事有20多个，约占总数的1/4；近现代至当代的故事有70多个，约占总数的3/4。故事涉及军兵种囊括陆、海、空、天、网等多个领域。在所涉及的专业领域方面，涵盖军事思想、作战指挥、将帅选拔、国防工程、军队建设、军事训练、装备科技等；在体例格式上采取故事＋点评的方式。

继承先辈遗产，讲好中国故事，开阔世界眼光。本书目标读者以军队初、中、高各级指挥员为重点，并向全军官兵、高校师生、国防教育普及者和国防爱好者、军事发烧友、中小学学生等群体拓展。本书在故事题材上选取重大历史事件，从军事科学思维视角楔入，还原场景，深入挖掘名家、名人、名将的心路历程。本书作为国防科技系统工程系列丛书中的一本，响应科技热潮，关注军事热点，激发创新热情，营造全民热爱国防的社会氛围，在鼓励读者泛在学习、不断提升思维水平和实践能力方面，起到春风化雨、润物无声之效，引领广大读者拥抱国防科普事业的春天！

编者

2024 年 10 月

目 录

上篇

思考和解决军事问题的头一串金钥匙

自人类迈入阶级社会，战争这个怪物就伴随着历史的步伐，如影随形。无数次生死搏杀、一场场刀光剑影，见证着国家兴亡、民族盛衰、文明更迭。有人天真地以为，随着文明的进步，战争会逐渐衰微，甚至消亡；然而，虽然人类迈入了信息时代，战争的脚步却没有丝毫减缓。叙利亚战争、乌克兰危机、巴以冲突……残酷的对抗、血腥的战场、饥饿的难民……这些场景一次又一次地冲击着人们的心灵。在资讯汹涌的年代，多种多样的传播手段、不同渠道的新闻报道、良莠不齐的消息碎片铺天盖地，纷至沓来。面对此种乱局，能否"借我一双慧眼"，让我们能科学地看待这个世界，做出合理的应对策略？这个问题太重要，与普通人息息相关，于军人，尤其是指挥官则是生死攸关。本篇将讲述一些可应用于思考和解决问题的金牌思维。

第一章

系统思维

什么是系统思维？系统思维被誉为看透世界本质的顶级思维，是从全局出发，整体地、联系地看待问题的方式。在生活中，我们可以运用系统思维规划生活，例如，要泡茶，可以先烧水，再准备茶具、茶叶，上班后先启动电脑再打扫房间，这些做法都可以节省时间。

兵者，国之大事。战争领域是具有高度复杂性的大型系统，从一名名全副武装的士兵到庞大的军团，从飞机、火炮、坦克到航母、卫星、导弹，构成系统的要素、单元无处不在，有时它们还能自成系统。军人掌握武器、融入团队、密切协同均离不开系统思维。面对劲敌、攻坚克难，单一方案往往无法彻底解决问题。只知道就事论事，见树不见林，还会带来一连串其他问题。军事系统思维是把系统科学成果引入军事思维过程，将战争作为体系加以考察，立足整体，围绕目标统筹全局的一种科学思维。在现代战争中，定下决心、排兵布阵更需要系

AI 生成的飞机、舰艇、港口战场体系图

统思维；反之，思维混乱会导致灾难性后果。善于系统地思考，能拨云见日、抓住关键、有条不紊，从而增强胜算。

1. 系统工程与总体设计部思想——钱学森一生的追求

1978 年 9 月 27 日，"两弹一星"元勋、中国航天事业的奠基人钱学森在《文汇报》发表了《组织管理的技术——系统工程》一文，而后创立的系统工程中国学派蜚声世界。随着系统科学理论和方法获得广泛运用，系统思维也成为重要的军事科学思维。

（1）中国人的发明

1991 年，作为"国家杰出贡献科学家"荣誉称号的唯一获得者，钱学森在领奖后说："系统工程与总体设计部思想才是我一生追求的。它的意义，可能要远远超出我对中国航天的贡献。"钱老一生低调、从不自诩，却将系统工程与总体设计部思想称为"中国人的发明""前无古人的方法""是我们的命根子"。1978 年，钱学森第一次提出系统工程，进而创立系统工程中国学派。回顾钱老的一生，他在美国留学、工作 20 年，在中国航天事业方面有着近 30 年的实践经验，学贯中西，毕生近 70 年的学术思想形成了系统论思想体系。

（2）军事系统工程

经过潜心研究，钱学森在 1998 年的一次书面发言中指出："在军事科学，基础理论层次是军事学，技术理论层次是军事运筹学，应用技术层次是军事系统工程。"他将军事系统工程的作用和功能定位为"运用现代科学技术方法，更好地去解决贯彻执行军事路线、军事战略中的实际问题"，并将要解决的主要问题归纳为：作战模拟；武器装备系统设计方案论证、战术技术指标的确定与效能评估；后勤系统的组织管理；作战指挥体系的设计；战略问题的定量分析和战争模拟。1978 年 5 月，在钱学森等人的提议下，军事运筹学和系统工程的研究试点工作启动，军事科学院成立了第一个军事运筹研究分析机构。如今，军事运筹学和军事系统工程已经在我军战略战术、部队编制体制和兵力结构研究等各个方面得到广泛运用，取得累累硕果。

（3）咱们办个系，就搞系统工程

《钱学森文集》中记载着如下回忆："1978年5月5日是马克思生日，我们国防科工委开始举办科技讲座。我的题目就是'系统工程'。没想到，我讲的受到欢迎。当天，在那听的就有张爱萍同志，他听了就说：'好啊，是应该这样做。'还有现在在海军工作的李耀文，那个时候是国防科工委政委。他听了也说好。'咱们办个系，就搞系统工程。'"1978年，在邓小平同志的亲切关怀下，长沙工学院改建为中国人民解放军国防科学技术大学，隶属于原国防科工委。钱学森亲自主持了国防科大的组建工作，在他的建议下，1979年4月21日，国防科大系统工程与数学系正式成立。钱学森对该系的定位、人才培养、学科专业建设等提出了大量指导性意见和建议，为我国系统工程及相关学科的建设发展打下了坚实的基础。

（4）总体设计是纲，纲举目张

钱学森曾说过，要少犯错误，不犯大错误，就必须有预见性，这预见性来自系统工程。这就需要依靠"总体设计部"，进行总体规划、总体部署、总体协调、总体集成，把方方面面的思维优势有机结合起来。钱学森以大科学家的超前目光，对总体人才培养提出了高屋建瓴的见解。1962年3月21日，我国自行研制的第一枚液体中近程导弹首飞失利，查明原因后，钱学森总结出一条重要经验，就是必须重视对总体和分系统的综合分析与设计，这也是后来的总体部、总师制的由来。

（5）稿酬的系统运用

早在20世纪50年代，钱学森就慷慨献出《工程控制论》一书的近万元稿酬，资助贫困学生；20世纪80年代，他又将《论系统工程》中自己的那份稿酬捐出，用作研究经费。晚年，他先后获得两笔100万港元的科学奖金，也悉数捐出，用于祖国西部沙漠治理。用钱老的话说："我姓钱，但我不爱钱。""如果中国人民说我钱学森为国家、民族做了点事，那就是最高的奖赏。"这是一份多可贵的赤子情怀啊！

★ 点评 ────────────────────────

前美国海军部副部长丹尼尔·金布尔说过：（钱学森）"无论在哪里，他都抵得上五个海军陆战师。"钱学森冲破阻力、历尽周折返回祖国，今天看来，其贡献远不止于此。从"两弹一星"到载人航天，这些都是系统工程的奇迹。20 世纪 90 年代初，钱学森提出的"信息化战争"概念引发巨大反响，信息化战争与系统工程思想密切地联系了起来。系统工程已经从概念走向理论、从理论走向实践，衍生出军事系统工程、农业系统工程、社会系统工程、法治系统工程等众多分支学科，渗透到各行业、各领域，成为广为人知的高频词汇之一，并被纳入国家公共话语体系，有的单位还以"系统工程"命名。时至今日，我们依然享受着钱老的这份宝贵的"遗产"。吃水不忘挖井人，今天我们"搞系统工程"，不会忘记钱老的开创性贡献。

2. 众民、强兵、广地、富国之必生于粟——管仲"作内政而寄军令"

管仲，春秋初期齐国政治家。齐桓公即位后任管仲为相，对齐国进行了系统的全面治理，从而一举完成富国强兵、称霸诸侯大业。

"国富者兵强，兵强者战胜，战胜者地广。"这句名言出自《管子·治国》。原文是"民事农则田垦，田垦则粟多，粟多则国富。国富者兵强，兵强者战胜，战胜者地广。是以先王知众民、强兵、广地、富国之必生于粟也……"其大义是：人民从事农业则土地得到开垦，土地得到开垦则粮食增加，粮食增加则国家富裕，国富则兵力强大，兵强则可以战胜敌人，战胜敌人后土地更加广阔。先王懂得人口多、兵力强、国土广和国家富都一定源于粮食。这是管仲对于富国强兵的系统思考。

齐桓公对管仲说："我想从事天下诸侯的事业，可以吗？"管仲回答说："还不可以，国家尚未安定。"齐桓公说："怎样才能安定国家？"管仲回答说："修正旧法，选择其中好的而严格执行；慈爱人民，救济贫困，宽缓征役，敬重百姓，则国家富强而人民安心了。"齐桓公说："国家安定了，就可以了吧？"管

管仲纪念馆

仲回答说："还不可以。您要整顿军队，修治甲兵，其他大国也将整军治兵，各路诸侯小国也会做好防御准备，这样您难以迅速达成志向。您若想迅速达成志向，就应当在军令颁布方面有所隐藏，而将其暗含在政务当中。"齐桓公说："那怎么办？"管仲回答说："颁行内政而暗含军令于其中。"齐桓公说："好。"在管仲的辅佐下，齐桓公最终成为春秋五霸之一。管仲"作内政而寄军令"，就是把政治和军事统一起来，将政治上的组织和军事上的组织统一起来，确保军令可以畅通无阻，组织制度可以高度统一。从管仲推行的治国强军举措来看，他非常注重对国家的综合治理，本质上就是系统治理。内政、军令不可偏废。

管仲后世的"兵圣"孙子也是系统思维的大师。孙子说："夫战胜攻取，而不修其功者，凶，命曰'费留'。故曰：明主虑之，良将修之。非利不动，非得不用，非危不战……故明君慎之，良将警之，此安国全军之道也。"这段关于安国全军之道的论述，充分说明修功对于战胜攻取的重要意义，两者相得益彰，不可偏废，否则就会导致"费留"的结果。

⭐ **点评**

国富者兵强，兵强者战胜，战胜者地广。伟大的政治家管仲的综合治理为齐国的富强和称霸奠定了坚实的基础。综合治理蕴含着丰富的系统思维。系统论被看作20世纪继"相对论"和"量子论"后又一个里程碑。中国历史上的五行学说、田忌赛马、都江堰工程等都体现着系统思想的光芒。秦车同轨、书同文、统一度量衡发挥了标准化的力量，是典型的系统治理。中医将人作为整体进行医治是典型的系统思维，《黄帝内经》主张看病应将自然、生理、精神结合起来，大医治未病、中医治欲病、下医治已病。在战争和军事领域最忌穷兵黩武。"9·11"事件后，美军迫不及待地进入中东地区，尽管战术上接连取得胜利，但师老兵疲，陷入旷日持久的"治安战"，导致了"费留"的局面。索马里海盗猖獗，国际上一度要联合起来打击海盗，但还是头疼医头、脚疼医脚，从长远看，对地区实施有效治理，帮助人民摆脱贫困才是从根本上解决问题的方法。这些鲜活的案例足以引发思考。

3. "推恩令"为何是汉代第一阳谋——众建诸侯而少其力

"欲天下之治安，莫若众建诸侯而少其力。力少则易使以义，国小则亡邪心。令海内之势如身之使臂，臂之使指，莫不制从。诸侯之君不敢有异心，辐凑并进而归命天子，虽在细民，且知其安，故天下咸知陛下之明……"这就是著名的推恩令，出自西汉著名政论家贾谊的雄文《治安策》。

诸侯国尾大不掉。汉高祖刘邦开国初期，为巩固刘家天下，大封同姓王。诸侯王的爵位、封地都是由嫡长子单独继承，其他庶出的子孙得不到尺寸之地。虽然文帝、景帝两代采取了一定的削藩措施，但到汉武帝初年，"诸侯或连城数十，地方千里，缓则骄奢易为淫乱，急则阻其强而合从以逆京师"。诸侯国面积广大且拥有军队，严重威胁着汉朝的中央集权。汉高祖实施分封同姓王以确保刘家天下的错误决策，结果使诸侯王势力大增，严重威胁中央集权，并最终爆发"七国之乱"。

推恩令是汉朝时期推行的一项重要法令，其主要内容是改变过去诸侯王只能把封地和爵位传给嫡长子的情况，要求诸侯王把封地分为几部分，分别传给自己的几个儿子，形成直属于中央政权的侯国。几个儿子又生很多孙子，儿子的封地再分给所有的孙子，这样，最初的封地被切分得越来越小。如此下来，诸侯王的势力遭到削弱，从而巩固了中央政府的集权地位。

贾谊推恩令的建议得到汉文帝的赞赏。汉文帝在位时，由于此时诸侯势大且自身在乱世夺位根基尚不稳，因此选择了搁置统一全国的方针，只在汉文帝十六年将最大的齐国分为六国。公元前 164 年，汉文帝将原来的淮南国一分为三，分别封赐刘长的三个儿子刘安、刘勃、刘赐为王。刘长长子刘安承袭了父亲的爵位，成为新的淮南王，都城仍在寿春。但此时的淮南王国比之前小了很多，其西邻颍川，东至全椒，北起沿淮，南及长江北岸，纵横二三百华里，辖十五县。到了汉武帝时期，刘安也学自己的父亲图谋造反，结果事情败露，刘安自尽身亡。刘安死后，汉朝便不再复置淮南国，改淮南国为九江郡。

汉武帝即位后要彻底进击匈奴，但攘外必先安内，公元前 127 年正月，汉武帝采纳主父偃的建议，颁行推恩令。这一版推恩令吸取了汉景帝时期因听取晁的错误建议简单粗暴地削藩而引发天下大乱的教训，规定诸侯王除了让嫡长子继承王位外，其余的庶子在原封国内封侯，新封侯国不再受王国管辖，直接由各郡来管理，地位相当于县。从复杂性思维的角度来看，推恩令充分利用了人性，对诸侯国这些复杂子系统进行切分，一举击破了分封制的弱点。

⭐ 点评 ————————————————————————————

　　一纸推恩令可顶百万雄兵。这个故事讲的是贾谊加强中央集权、削弱诸侯王势力的胆识和对策，使得当时西汉帝国的近千个诸侯封地受到影响。贾谊不仅胸怀锦绣文章，而且有卓越的政治远见和才能。从系统论视角来看，系统处于不停演变的过程中，一个王朝统治体系之下分封的诸侯国构成了多个系统，不停切分后其关联性逐渐减弱，其军事能力和威胁程度均大大下降。这一案例体现了古人分而治之的系统思维。第二次世界大战后，美国推行耗资131.5亿美元重建欧洲的"马歇尔计划"。在美国的主导下，欧洲保持了原有的碎片化格局，而美国则保住了多年的西方盟主地位，这是不是现代版的推恩令呢？

4. 一个"兵"字大有学问——从鲁肃、诸葛亮论辩回望将帅之道

　　一天，鲁肃向诸葛亮请教将帅之道。亮反问鲁肃："何谓将帅之道？"答曰："统兵，陷阵，征讨，封疆尔。"亮曰："古之统兵者均以为自乃将帅之才，岂不知将帅乃道也，非勇悍之武夫所能知晓。平庸之将所着重者，乃兵力多寡，勇猛如何，此类武将如吕布、袁绍者比比皆是，不足挂齿。高明之统帅不仅要知己知彼，善用兵将，还要知天时，明地利，懂人生，料事如神，熟读兵法，统帅万军，游戏自如，此等大将如孙、吴、管、乐，今之曹孟德、周公谨也。如此仍未明将帅之道也。"鲁肃又问："何谓将帅之道？"亮答曰："说来话长，亮仅举一例，比如用兵，'兵'字即大有学问。向称兵者有可见之兵，荷戟执戈，肉躯之身乃可见之兵。不可见之兵者，日月星辰，风云水火，山川之灵气，如此万物万象，均可以为兵。"亮指着背后一图："比如这七十二候图，它出自周公，将节气周天三百六十日分类别之，五日为候，三候为气，六气成时，将一年之中的节气更替、万物衰荣一一道明——何时虹藏不见，何时雷匿收声，何时土润入暑，何时雾霾蒸腾。如此只需谙熟于胸，融汇于心，运用得当，便可

胜于百万雄兵。为将帅者，不懂天文，不明地理，不晓阴阳，不懂奇门遁甲及阵图兵势，乃庸才也。"

★ 点评

这则故事出自诸葛亮的《将苑·将材》，这是中国古代一部专门讨论为将之道的军事著作。通观中国古典兵学，无处不体现天人合一的战略思维、奇正相生的辩证思维、虚实相间的形象思维。《孙子兵法》十三篇仅5 900余字，却是一部围绕"全胜"思想的系统性论著。吴起在其著作中提出将领要"总文武""兼刚柔"，懂"四机"。再如《三略》分上略、中略、下略，《六韬》有《文韬》《武韬》《龙韬》《虎韬》《豹韬》《犬韬》。从内涵和气势上讲，以孙吴的著作为代表的中国古典将帅之道可谓藏苍天之大气、孕大地之生机、融江海之韬略、映日月之光辉。作为江东战略家，鲁肃尽管言语不多，却简明扼要，在真实的历史上，他是三分天下的主要设计者。而诸葛亮则秉承"天、地、人，一切皆可为我所用"的信念，生动、深入、多层面阐明了将帅之道。这些对于高级指挥官提升思维素养都有可资借鉴之处。

5. 恩格斯笔下的军事巨人——对于拿破仑军事革命的整体思考

拿破仑是法国大革命时期崭露头角的一位年轻统帅，他在建军和带兵上不落俗套、大胆革新、成就非凡，一度使法军在欧洲所向无敌。直至今日，他仍是法国人乃至很多欧洲人心目中崇拜的偶像。

从5世纪末到18世纪中期，伴随着欧洲漫长封建时期的频繁战争活动，作为社会上层建筑的封建时代军事从应运而生走向完全没落。在军事层面急需革故鼎新的情况下，法国于1789年爆发了大革命，一代军事巨人拿破仑登上历史舞台。恩格斯在长期的军事理论探研和创作活动中，曾以极大的精力研究了法国人民的军事变革和拿破仑一生征战的功过得失，深入探讨了这位"当代最伟大的统帅"的指挥艺术，并从中吸收有益成分，丰富和提高了自己对战争、军队建设规律的认识，从而为形成无产阶级军事理论体系做了学术上的必要准备。对于拿破仑为近代世界军事科学发展所作贡献和他在带兵、用兵方面战略上的成败得失，恩格斯有着独到的见解。

拿破仑军事革命主要体现在五个方面的思想解放。一是在战争指导艺术上，拿破仑把作战的基本目标确定为消灭敌人的军队，而不再是占领敌国领土、控制交通线、威胁基地安全。集中优势兵力，选用合适的作战样式，进行成功的决战，成为战场指挥官追求的最高目标。二是在兵员征召上，采取普遍兵役制，使军队的平均人数比弗里德里希时代增加了两倍，必要时还可大大增加。三是在作战编组上，将步兵、骑兵和炮兵合编到军、师一级，使每个师成为能单独作战的，甚至对占有优势的敌人也具有相当抵抗力的小型军队。拿破仑还十分注意大量集中使用炮兵和骑兵，并巧妙地运用预备队以扭转不利战局。四是在战斗队形上，以纵队、散开队形和横队取代以往单一的线式队形。纵队成为当时整个战斗队形的基础，它比横队易于保持秩序，便于指挥官掌握，并能迅速地运动。纵队同散兵群配合运用，较之在战场上动转不灵的线式队形，具有较大的战术优势。五是在战时的后勤补给上，废除了野营工具，停止由兵站仓库供应军队给养，大幅度减轻随军的辎重，采取以战养战的方针，军队的机动性和自主性大大增强。

看到拿破仑在军事变革方面做出的种种创新，恩格斯评价道："革命战争创造了像拿破仑这样的人物，他把这种新的作战方法发展为一套正规的制度，并吸取旧制度中有益的部分，因而立即使这种新方法达到像弗里德里希运用线式战术所达到的那样完善的程度。这时候，法国军队几乎无敌于天下，一直到他们的敌人学会他们的经验并按照新的形式编组自己的军队时为止。"这种从理论高度对拿破仑功业的概括和总结对于军事理论和战争实践的发展尤为重要。恩格斯还指出："拿破仑的体系，只要与某一军队的性质相适合，便在战略上和战术上为这样的军队所采用。"（出自《马克思恩格斯全集》第十四卷）

★ 点评 ————————————

法兰西第一帝国皇帝拿破仑对欧洲历史的影响是巨大的。拿破仑的用兵谋略、指挥艺术、带兵方法及对世界军事科学发展所做出的贡献，为恩格斯无产阶级军事理论体系作了学术上的必要准备。恩格斯在长期的军事理论探研中，在评价拿破仑一生的功过得失方面也形成了自己的独到见解。历史上的军事革命多是以技术的突破性进步带动武器装备更新换代而产生的，例如从冷兵器到热兵器，从徒步化到摩托化等；而拿破仑军事创新的了不起之处在于，他是在与同时代的对手相比没有形成明显优势更不存在武器代差的情况下，从建军、用兵、作战、指挥和后勤等方面综合推进。可以说，拿破仑军事革命的成功是系统思维的硕果。正如西方哲学家亚里士多德所说过的"整体大于部分之和"，拿破仑实质上推行了一次对整个军队乃至作战形态的根本改革，这在世界军事史上是具有深远影响的。

6. 缩短工期也是加快结束战争——曼哈顿计划的大腕

一部《奥本海默》将观众带回到第二次世界大战时期的美国。该影片展现了人物命运的多重风景、人性的斑斓面貌，从工程视角来看，影片中的很多场景和故事都体现了系统思维，整部影片洋溢着浓郁的科学氛围。

（1）一次浩大的系统工程

《奥本海默》再次勾起人们尘封的回忆。曼哈顿计划是第二次世界大战期间，美国总统富兰克林·罗斯福亲自决策批准，由美国牵头，英国、加拿大参与的一项计划。该计划造出了人类第一颗原子弹。据披露，该计划早在 1939 年就秘密开始了，雇用了超过 13 万人员，花费 20 多亿美元（大概相当于现在的 258 亿美元）。曼哈顿计划在超过 30 个城市开展，其中一些地点设在美国、英国和加拿大的秘密地点。超过九成的花销用于建造工厂和制造核裂变的原材料，剩余部分用于制造和发展武器。在计划初期，美国也曾采用类似的专家主导自上而下的组织模式，建立了国家实验室，并由美国国家航空航天中心负责管理，无须高层不断介入。如此一来，外界干扰便减少了很多，成千上万的科学家可以专心研究。

（2）奥本海默属于战略科学家一级的人物

1942—1946 年间，曼哈顿计划由美国陆军工程兵团的莱斯利·格罗夫斯少将领导。他独具慧眼地选择了美国物理学家罗伯特·奥本海默作为科学技术负责人，正是由于奥本海默有着出色的系统思维，具有领导战略工程的才干和潜质。奥本海默有着独特的人生经历，他本人就是优秀的科学家，率先预测了黑洞的存在。作为曼哈顿计划的技术领导者和实施者，在项目策划和推进的多个重要环节中，奥本海默的卓越表现完美阐释了系统思维。他运用系统思维将整个项目灵活地拆分成一些子系统，并进行有机组合，从而达成了目标。

（3）领导如此多的"大腕"不是件容易的事情

奥本海默设立了理论组、实验组、冶金组、军械组，分别对应原子弹项目的四大子系统，为筹划和区分这些小组的工作，协调相互关系，保证项目有条不紊，奥本海默颇费思量，还要时刻准备着这些人和他争吵。这些科学家都有大本事、真本事，容易"文人相轻"，但奥本海默还是做到了融合大多数人的智慧。一方面，不论谁提出来的新东西他都能一把抓住要害，不会耽误研究和开发；另一方面，在化解矛盾冲突上他也是一把好手，能够团结大家向前进。当然，在决策时他也是能拍板下决心的。杨振宁后来说，美国选择奥本海默和中国选择邓稼先都算"得其人矣"，前者狂妄后者谦逊，刚好能够分别领导好美国和中国的科学家。如果换一下，应该都会失败。

（4）曼哈顿计划号称"避免100万美国军人伤亡"

以历史的长焦镜才能看清曼哈顿计划的完整面目。其主要历史背景是，当时的纳粹德国已经开始了核武器研发的"铀计划"，目的是制造出核武器并将其投入战争。为此，美国要求在纳粹德国之前研发出原子弹。由于整个计划在绝密的情况下进行，很多参与其中的工作人员并不知道这是在制造原子弹，枯燥、沉闷、与世隔绝的工作使人厌倦甚至发疯，直至工作目的传出，不少人便有了为国家、为人类、为信仰而战的精神动力。1945年7月16日，美国的第一颗原子弹在新墨西哥州的沙漠中试爆成功，爆炸当量大约为2.1万吨TNT（注：计算爆炸威力的一种标准）炸弹。曼哈顿计划本来是一项针对纳粹德国的竞争计划，最后的结果却用在了日本身上。1945年8月6日，绰号"小男孩"的原子弹在广岛爆炸，8月9日，"胖子"又在长崎爆炸。1945年8月15日，日本宣告无条件投降。从美国人的感情和立场出发，使用原子弹最为正当的理由就是，面对日本抛出"一亿玉碎"的最后疯狂，美军计算的结果是，要登陆日本本土最少需要付出100万人伤亡的代价。

★ 点评 ─────────────────────────────────

　　重温历史感悟传奇人物，重新审视奥本海默的核时代令人唏嘘不已。中国当然有自己伟大的系统工程和战略科学家。在 2021 年 9 月召开的中央人才工作会议上，习近平总书记强调要"大力培养使用战略科学家"。战略科学家具有深厚的科学素养，长期奋战在科研第一线，视野开阔，前瞻性判断力、跨学科理解能力、大兵团作战组织领导能力强。换句话说，战略科学家就是一类帅才。古人说"能领兵者，谓之将也""能将将者，谓之帅也"，帅才比将才更重视对全局、对未来、对团队的影响力和掌控力。

....

7. 意想不到地遭遇"滑铁卢"——美国航天飞机时代的终结

　　在"冷战"背景下，航天飞机的前身可以追溯到美国在 1969 年便立项的"可回收近地轨道飞行器"项目。1986 年 1 月 28 日，美国"挑战者"号航天飞机在执行第 10 次太空任务时，升空仅 73 秒后便爆炸解体坠毁，机上 7 名宇航员全部丧生。经调查，事故的主要原因是航天飞机右侧固态火箭推进器上面的一个 O 形密封圈失效，从而导致一连串的连锁反应。

　　尽管付出了惨痛的代价，美国仍继续使用航天飞机。在后来的一段时期内，航天飞机一直能够圆满完成任务，迎来了长达 10 多年的鼎盛时期。

　　但好景不长，2003 年 2 月 1 日，"哥伦比亚"号航天飞机在执行完第 28 次任务后重返大气层时与控制中心失去联系。随后，该航天飞机在得克萨斯州上空爆炸解体，机上 7 名航天员全数罹难。事故的原因竟然是燃料箱外脱落的一个泡沫碎块撞击在"哥伦比亚"号航天飞机机壳上，从而出现了孔洞，导致超高温气体进入航天飞机，最终酿成事故。这也让人们突然意识到，航天飞机这一庞然大物竟然如此"脆弱"。

　　5 架航天飞机中有两架爆炸，14 名宇航员丧命，如此高昂的代价，让美国人开始反思起来。而此时正值美国总统奥巴马上台，他叫停了新的登月计划。2010 年，在预算经费有限的情况下，运营成本高且安全系数低的航天飞机被彻底放弃。2011 年，航天飞机正式退出了历史舞台，宣告航天飞机时代正式结束。

从 1972 年 1 月美国研制航天飞机的计划得到批准，30 多年的时间见证了航天飞机的兴衰史。回顾这一历史进程，既有航天科技的突破和进步，也有惨痛的失败教训。1981 年，第一架航天飞机——"哥伦比亚"号航天飞机问世，此后 30 年间，"哥伦比亚"号、"挑战者"号、"发现"号、"亚特兰蒂斯"号和"奋进"号 5 架航天飞机先后共执行了 135 次任务，包括建造国际空间站，发射、回收和维修卫星，开展科学研究；但谁也未曾料到航天飞机会迅速陨落，并且代价是如此高昂。

⭐ 点评

航天领域的竞争是"冷战"期间美苏对抗的一个重要方面，航天飞机就是其中一个着力点。作为顶级科技产物，航天飞机一度被美国人视为太空霸权的象征。作为重大的系统工程，当一个环节出现问题时，就会牵一发而动全身，出现连锁反应。航天飞机的陨落竟源于不起眼的孔洞和小小的密封圈，一丝细微的瑕疵就可能导致不可挽回的后果，随后又对美国的航天战略产生了深远影响。

第二章

人民战争思维

党的二十大报告中明确指出，发展人民战争战略战术。人民战争思想是我军克敌制胜的法宝。人民群众是历史的创造者，是历史发展的真正推动力。以毛泽东为主要代表的中国共产党人坚持以马克思主义作为指导，创造性地将马克思主义基本原理与中国革命战争具体实际结合起来，创立了人民战争思想及其战略战术，完成了民族解放和民族独立的伟大任务。

8. 红军之父与人民战争——朱德的亲身探索

朱德生于 1886 年，当时的中华民族正处于苦难深重之时。耳闻目睹民族之艰危、大众之苦难，他从小便立志救国救民。

在早期军事实践中，朱德爱护百姓、依靠群众的思想已经萌芽。从投身军界到成为滇军名将的历程中，朱德初步认识到争取民众的重要性。1909 年，23 岁的朱德考入云南陆军讲武堂，他阅读了《革命军》《猛回头》《警示钟》《民报》等革命书刊。在辛亥革命爆发时，朱德参加了云南昆明的"重九起义"，先后任排长、连长，随滇军入川讨伐四川总督赵尔丰，此后又先后参加了护国战争和护法战争。朱德后来回忆这段经历时说："我们当排长，老百姓看着就很威风，可是我们又担心人家害怕，就到处给人家讲好话。人家还说我们纪律好。"作为基层军官的朱德就已经初步体会到了军队守纪律、爱护百姓的重要性。1913年，任滇军营长的朱德率部驻扎在法属印度支那边界，与当地叛乱武装和土匪展开了为期两年的游击战。在此期间，朱德不仅掌握了机动灵活的游击战术，还在战斗中进一步认识到了民众配合的作用。1937年，他在延安同美国记者尼姆·威尔斯谈起当年剿匪的经验时讲道："一般来说我和民众的关系很好，这给我很大帮助。"

远涉重洋寻求革命真理加深了朱德对人民武装、人民军队的认识。经历了炮火硝烟的十年征战，朱德已成为少将旅长，但他看到的却是辛亥革命成果的丧失，国家、民族仍处于水深火热之中。1922年，愤然脱离旧军队的朱德远涉重洋，奔赴德国去寻求革命真理，并在德国加入了中国共产党。在德国期间，朱德常常参与讨论和学习马克思主义，阅读了《唯物史观》等著作。在柏林，他参观过红色前线战士同盟的阅兵式和野战军事训练。当他看到人民对这支队伍热烈拥护并向他们捐献大量食品时说："这是人民武装的一次演习，一旦革命需要他们拿起武器，这就是一支强大的工人阶级军队。看来，革命要取得成功，要有人民的军队，还要有人民的支持。"这是朱德投身共产主义事业以后，从革命战争的角度对人民军队、人民战争的一次深刻认识。

在土地革命战争时期，朱德的人民战争思想初步形成。1926年7月回国后，朱德受党的派遣到川军杨森部做统战工作，开始践行其"终身为党服务，作军事运动"的誓言。大革命失败后，朱德与周恩来等人一起领导了八一南昌起义。当起义军南下广州受挫后，朱德在天心圩发表了激动人心的讲话，他借用俄国十月革命的成功鼓舞大家，表示中国一定会迎来自己革命的胜利，在关键时刻为革命保留了火种。此后，朱德率领起义军余部转战湘南，并领导了规模浩大的湘南暴动（后来称湘南起义）。此时，朱德已经自觉地把革命战争与群众运动结合起来，他清楚地意识到了发动群众的重要性，并且掌握了发动群众的方法，即开展土地革命。朱德在回忆湘南斗争的历史时说："从此，我们的军队就和湖南的农民运动结合起来。这一教训是：大败之后重新整理队伍，恢复元气，转变方向，深入农村，得到了群众拥护，才得以生存与发展。"当年参加湘南起义的萧克说："（当时）朱德同志领导抓了两件大事：一是深入土地革命'插标分田'；一是组织宣传群众，扩大人民武装。"朱德领导的湘南斗争为其人民战争思想的运用与发展提供了重要的实践舞台，这场斗争与毛泽东领导的井冈山斗争遥相呼应，成为中国共产党领导人民战争的伟大开端。在井冈山时期，朱毛红军广泛发动群众，紧紧依靠人民支持，"很短的时间、很好的方法、发动很大的群众"，取得了反"围剿"斗争的伟大胜利。朱德曾于 1929 年 9 月诙谐地说道："朱毛红军，朱毛红军，朱（猪）离不开毛，毛离不开朱（猪），朱（猪）离开毛就过不了冬。"

在抗日战争时期，朱德的人民战争思想更加系统化、理论化。抗日战争是一场规模空前的民族解放战争，这为中国共产党实践人民战争思想提供了广阔的空间。抗战之初，朱德即率部进入抗战前线，在太行山区进行了近三年发动群众、开辟根据地的斗争，他的人民战争思想得到了极大丰富和发展。朱德结合斗争实践，写下了几篇重要的军事著作，较系统地提出和阐述了"民众战争""大众战、民兵战"等思想。在《抗敌的游击战术》（与彭德怀等合作署名）一书中，他首次提出了"群众战争"的概念，认为"游击战争的定义应该是群众战争，是群众直接参加抗战的最高形式"。在该书的同一篇文章里，朱德还指出了动员民众实行全民族抗战的重大意义："一个国家的生命，系之于全国人民的身上。一个战争的胜败，也系之于人民的背向。"在《八路军半年来抗战的经验与教训》一文中，朱德提出"弱国战胜强国，必须要发动广大的民众战争"的观点。1938 年初陆续发表的《论抗日游击战争》是朱德在抗战初期最重要的一部军事著作。在这部著作中，朱德运用马克思主义的战争观，指出抗日游击战争的实质就是"抗日的大众战、民兵战"，这个战争的"全部秘密就在乎它是一种群众运动，一种群众抗日自卫的武装斗争方式"。"抗日游击队能存在与发展，主要的是依靠着人民做自己的堡垒，而不专靠武器与地形。不要以为没有好的武器就不能战胜敌人。"这种群众战争，要求建立"三结合"的武装力量体制。

★ 点评

1937 年 3 月 2 日，毛泽东在中国人民抗日军政大学第二期开学典礼上为学员的题词上，称赞朱德"度量大如海，意志坚如钢"。朱德早年的军事生涯丰富而曲折。幸运的是，他终于找到了人民战争这一伟大的思想武器，与毛泽东不谋而合，二人一起带领朱毛红军从胜利走向胜利。人民战争思想不是毛泽东个人的思想，而是以毛泽东为代表的包括朱德在内那个时代中国共产党人集体智慧的结晶。

9. "山雀满天飞"的办法——毛泽东的"围棋战"思想

"围棋战"这一提法看似新鲜，其实只要你多读《毛泽东选集》就不会感到陌生。毛泽东文韬武略，熟读中国传统经典，以棋论兵，指点江山。毛泽东又是形象语言的大师，他将中国革命比作大棋局，胸中有百万雄兵的大局观。毛泽东多次使用围棋比喻中国革命和中国抗战。朱德将毛泽东的战略思想形象地称为"围棋战"，正是对毛泽东围棋思维理念战略运用的形象总结。八路军129师师长刘伯承说："我们129师当前的任务，就是具体地落实主席的围棋战略思想，要建立根据地，要建立军区、分军区，从游击战发展到正规战，这也许就是'做眼'吧。"这一过程充分体现了毛泽东军事思想是以毛泽东为代表的中国共产党人集体智慧的结晶。

"围棋战"思想于洛川会议首次提出。1937年8月22—25日，中共中央政治局在陕北洛川召开扩大会议，研究抗日方针大计。毛泽东在报告中首次运用围棋的思维理念提出了独立自主的山地游击战的战略方针。他用围棋打比方说，这就好比下围棋中的"做眼"。中国围棋协会原主席林建超在《围棋与战略》中指出，经中央批准公开的开国上将傅钟的回忆录中第一次披露了毛泽东在洛川会议报告中借用的围棋思想。据傅钟在《敌后抗战的开端》中回忆，毛泽东同志高瞻远瞩，用形象的比喻阐明宏伟深远的战略思想，给人留下深刻印象。

陕西革命旧址云上展

洛川会议旧址

"我们已采取'山雀满天飞'的办法,撒出了大批干部,到华北敌后组织群众开展游击战争。我们的主力部队到华北,要像下围棋一样做几个'眼','眼'要做得活,做得好,以便和敌人长期作战。""山雀满天飞"战略思想在八路军的作战中得到了贯彻。

"围棋战"思想内涵极为丰富。灵活机动的战略战术暗合围棋战法的精髓要义。围棋棋诀讲占金角、银边,高者在腹,棋局上的内线与外线、速决与持久、全局与局部无处不在,从围棋战法看毛泽东军事辩证法则更为形象透彻。

其一,兵民是胜利之本,符合围棋和大同的理念。革命为了人民、依靠人民、动员人民、组织人民、发动人民,这类似于围棋的谋势。围棋每颗棋子地位平等且都很重要,其作用取决于所部署的位置。要想胜利,更要注重对棋子排列组合所形成的整体态势。谋势就是塑造有利的态势、局面。谋子就是注重攻杀对方的棋子,占地做活、吃子攻杀就是保存自己、消灭敌人。这也是围棋和象棋的主要区别之一。在《论持久战》中,毛泽东大量使用围棋比喻抗战,堪称"围棋战"思想成功运用的形象范例。面对日寇的猖狂进攻和敌优我劣的不利局面,毛泽东运用多维思考方式,站在全球的角度,从中日两国的国情出发,分析了中日战争的特点,准确预见到日本必然失败、中国抗战必然胜利的结局,并科学地提出"持久战"的战略指导方针,为中国的抗战指明了方向,这是典型的"对比分析+合理预判"的围棋视角。

其二,根据地思想,符合中国革命的本质特点。地多为胜是围棋的基本规则,暗合土地革命。中国的红色政权之所以能够存在,就是利用矛盾在夹缝中求生存,农村包围城市,依托广袤的根据地孤立、挤压敌人。棋经中劳逸攸关的理念注重占地做眼的棋眼战思想,这与建立根据地的思想不谋而合。面对蒋军的残酷进攻,红军以根据地为基础,稳扎稳打、步步为营,总结出"敌进我退,敌驻我扰,敌疲我打,敌退我追"十六字诀和"又要会打仗,还要会打圈"的战术。从井冈山斗争到万里长征,就好比棋盘上的"飞龙在天",直至胜利。毛泽东评价黄巢、李自成、张献忠:"其兴也勃焉,其亡也忽焉",一个重要原因在于尽管他们攻城略地、过府冲州,但没有确立稳固的根据地,陷入了所谓的"流寇主义",胜则一日千里,负则一败涂地。毛泽东在《抗日游击战争的战略问题》中指出:"敌我各有加于对方的两种包围,大体上好似下围棋一样,敌对于我,我对于敌之战役和战斗的作战,好似吃子,敌之据点和我之游击根据地则好似做眼。"在这个"做眼"的问题上，表明了敌后游击战争根据地之战略作用的重要性。"1936年2月，毛泽东伫立在陕北清涧县袁家沟，他和彭德怀率领的抗日东征部队到达此地，面前是冰封的黄河，身后是陕北革命根据地，脚下是白雪覆盖的塬上。此时此刻，谁能不心潮澎湃？毛泽东挥笔写下了大气磅礴的《沁园春·雪》，词中"山舞银蛇，原驰蜡象，欲与天公试比高""俱往矣，数风流人物，还看今朝"抒发了他对祖国壮丽山河的热爱和无产阶级做世界主人的豪情壮志。这种底气就来源于巩固的革命根据地。

其三，灵活机动的战略战术，符合围棋战思想。古今围棋理论关于作战的叙述最为丰富。直观上讲，围棋战包含着运动战、游击战、阵地战以及速决战、持久战。借喻中国革命，四渡赤水出奇兵、平型关大捷、百团大战无不体现了我军的灵活机动、英勇善战。一是争先手，抢大场，弃子取势。不计一城一池的得失，不怕打烂坛坛罐罐。在解放战争时期，"围棋战"思想已经成熟。重庆谈判揭露了蒋介石国民党政府假和平、真内战的面目，同时我军主动撤出8个解放区的部队，在政治和军事上形成有利态势，为反击国民党的军事进攻做好必要的准备。在东北地区"让开大路，占领两厢"，为形成解放全中国的战略根据地奠定基础。二是千里跃进大别山。针对国民党军队对我西北和山东解放区的重点进攻，毛泽东洞察全局，从敌人"两头强、中间弱"的哑铃式布局中，发现并紧紧抓住敌人的"断点"，做出"大举出击，经略中原"的战略决策，刘邓大军千里跃进大别山，类似于围棋的"跳断"，破坏敌战略部署，改变敌我战略攻守态势。三是精心设计三大战役。战辽沈，置长春、沈阳之敌于不顾，"掐吃"锦州，关门打"狗"，扼住战略咽喉，切断东北和华北敌军联系；战淮海，"挖断"宿县，中央开"花"，割断徐州、蚌埠联络，肢解刘峙集团，使敌陷入策应不及、互不能救的困境；战平津，"围而不打，隔而不围，各个歼灭"，充分运用围棋中封锁、分割、攻杀的战法，堪称出敌不意的设计。

老一辈革命家们关于围棋的故事还有很多。井冈山八角楼至今还保留着毛泽东和朱德下棋的棋盘。中央"九月来信"指导了古田会议的胜利召开，而"九月来信"的产生居然和围棋有关：当时，李立三、周恩来、陈毅在上海法租界内一个旅馆的小屋子里开会，外面则由陈毅的大哥和堂兄下围棋作掩护。里面的人开完会出来，看到二人在下围棋，李立三就对陈毅说，革命胜利以后我和你要大战一百盘棋。陈毅开玩笑道，那你输了可不能再把棋扔到海里去了。

原来，早年他们赴法勤工俭学时在船上下棋，李立三输了，就把棋扔到海里去了……类似这些红色围棋故事还有很多，是亟待挖掘的宝贵财富。

★ 点评

　　围棋源于中国，是人民智慧的结晶。"围棋战"思想在洛川会议被首次提出，黑白棋子犬牙交错的棋形生动形象地描绘了抗日战争期间中日双方军事布局的特有形态。这种你中有我、我中有你的斗争态势是世界战争史上少有的。一个下棋的人，将思绪展现于棋局之间，必定是一个善于思索的人；一个下棋的人，一定是一个心思缜密的人，落子之前就已想好布局；一个下棋的人，一定还是一个脑力超强的人，头脑中装满了万千棋局；一个下棋的人，一定也是一个热爱生活的人，琴棋书画诗酒花，一花一木总关情；一个下棋的人，注定是值得仰慕的人！"围棋战"思想源自中国，应用于中国革命，是毛泽东人民战争军事思想的组成部分，毛泽东"围棋战"思想也必将在当代世界传承发展。

10. 从群众中走出来的群众领袖——习仲勋与西北革命根据地

　　习仲勋是我党的优秀党员、杰出的无产阶级革命家，我党、我军卓越的政治工作领导人，陕甘边革命根据地的主要创建者和领导者之一。在长期革命斗争实践中，他脚踏实地、任劳任怨，始终把党的群众工作放在第一位，深受人民群众尊重爱戴，被毛泽东赞誉为"从群众中走出来的群众领袖"。

　　闹革命就是"从群众中来，到群众中去"，发动群众、依靠群众、服务群众。在陕甘边革命根据地的建设过程中，习仲勋、金理科和周冬至等陕甘边革命根据地负责人认识到人民群众的力量，他们时刻依靠群众、相信群众，才把陕甘边革命根据地逐步发展起来。习仲勋还一村一村地调查研究、一家一户地做群众工作，先后深入二将川、南梁堡等地的贫苦农民中，扎根串联，访贫问苦，向农民宣传革命道理，发动群众配合游击队分粮食、分牛羊、分财产，逐步提高了群众的觉悟。1934 年 6 月，他带领游击队没收土豪胡克申 500 余石粮食、100 多头牛、2 000 多只羊、1 000 多块银圆，大部分都分给了贫苦农民。

此外，红军吃群众的饭后，要折算成钱，按价付给群众，并给群众留下纸条让他们安心。

革命力量先后发动了清涧起义、渭华起义、旬邑起义、两当兵变、靖远兵变、西华池兵变等。其中，习仲勋直接领导了两当兵变。这些斗争使刘志丹、谢子长、习仲勋等认识到，军事行动不与农民运动和建立革命根据地相结合，就难以存在和坚持下去。他们开始把开展游击斗争与分地、粮食、财务、租税等具体工作结合起来，把建立革命武装与开创根据地和建立红色政权结合起来。

如何争取部分地方武装倾向革命，是当时苏区统一战线的重要任务。苏区并不只有单纯的国民党政权的武装力量，还存在一些和国民党政权有矛盾的地方武装，如当时的哥老会头目、民团团总、保安团、红枪会，甚至还有不少土匪，这些地方武装都成为习仲勋努力争取的对象。习仲勋等人通过反复给这部分与国民党政权有矛盾的地方武装做思想工作、对他们的队伍进行组织改造、渗透党员骨干进入他们的队伍、用党员骨干的先进模范作用感染启发等方式，把他们从对立面转化过来，成为人民的武装力量。比如，黄龙山的郭宝珊在经过刘志丹的多方面工作后，终于走上革命道路，直到解放战争时期，其间立了许多战功。

⭐ 点评

人民战争思想是指导革命斗争从胜利走向胜利的指路明灯，因此，领导者要有为群众拨云见日的气度和精神。陕甘边的革命行动和革命经验深刻印证了唯物史观中"人民群众是历史的主体和创造者"的科学论断。习仲勋始终认为，要让广大人民群众自觉地追随共产党闹革命，就必须深入人民群众之中，站在群众的观点和立场来解决群众的问题，把群众的事情当作自己的事情来做，处处维护人民群众的利益。没有人民群众的拥护，革命斗争是不可能胜利的。千百万人民群众的力量和智慧成为陕甘边革命根据地党组织的智慧源泉。劳动人民是革命斗争的主力军，在陕甘边革命根据地党组织的正确领导下，人民群众的革命性被充分调动起来，成为社会变革的决定力量。习仲勋等领导人在陕甘边革命根据地时期开展农民运动和根据地建设相结合的思想是马克思列宁主义、毛泽东思想在陕甘边革命根据地实际斗争中创造性地运用和发展，并逐渐演化成轰轰烈烈的人民战争。

11. 人民群众车轮滚滚推出胜利——淮海战役

在淮海战役中，解放军以 60 万兵力击败具有装备优势的 80 万国民党军而闻名世界，这场胜利充分证明了毛泽东的著名论断："战争的伟力之最深厚的根源，存在于民众之中。"

1948 年，国民党军集中了 34 个军、80 余万人，陈兵徐（州）蚌（埠）地区，妄图阻止解放军南下，以挽救其自身垂死命运。在党中央和毛泽东主席的领导下，华东、中原两大野战军 23 个纵队和华东、中原、华北军区的地方武装共计 60 余万人，会师淮海，决战中原。经过 66 个昼夜的浴血奋战，我军先后全歼黄百韬兵团、黄维兵团和杜聿明集团，共歼灭敌军 55.5 万余人，取得了淮海战役的伟大胜利。

淮海战役规模之大、战线之广、投入的人力物力之多，为华东历次作战之最。我军在此战中总共动员了 3 个解放区 5 个省中 8 个行政区的人力、物力、财力用在淮海战役的供给上。华东野战军和华东军区后勤人员在友邻部队及地方政府的大力支持下，集中了苏、鲁、皖、豫、冀 5 省的粮财、民力，以及华东、中原、华北 3 个战略区的解放区人民群众为解放军提供的巨额的粮食、柴草、被服、兵工、医药、运输和其他作战物资，群众积极参加转运伤员、护理伤员、加工军粮、制作军鞋、接待部队、接待民工、警备铁路、修筑公路、押运物资、保护仓库等工作。据统计，淮海战役人民群众共筹集 9.6 亿斤粮食，运送 300 多万吨弹药，转送了 10 万名伤员，抢修了 68 座桥梁、228 座涵洞，修复铁路 220 公里。

面对规模庞大、数量惊人的粮食准备工作，从 1948 年 9 月下旬开始，华野、中野分别提出了初步计划，要求各地支前机关一面沿途布置行军饮食保障，一面开始突击征收粮食，组织加工，做好淮海战役粮食供应的准备。战场的粮食供应人数情况为：华野将近 60 万人（部队 42 万、民工 18 万），中野将近 30 万人（部队 18 万、民工 12 万）。按中央军委规定的两个月至两个半月的时间计算，共需加工粮食情况为：华野 6 100 万～7 625 万公斤，中野 2 700 万～3 375 万公斤。当时考虑到作战地区长期被敌人劫掠，粮食负担能力薄弱，又考虑从千里之外的后方调运距离很远，主要靠小车、挑子运输，困难重重，总前委决定采取后方调运与就地取给相结合的方针，按战区分布进行粮食储备，即以靠近战区的现地粮食为基础，由远及近，逐步向战区集中调运。规定部队行动时自带 3 天粮食，3 天以内无粮由部队负责，3 天以外无粮由地方负责。地方保证将粮食运到师（旅）级粮站，师（旅）以下粮食运输由部队负责。蔬菜等副食品主要依靠部队就地采购，并尽力在后方收购干菜前运。柴草则采取就地征集兑换办法，即统一由地方支前机关在布置粮食的同时布置柴草供应任务，部队在各地取用柴草后，按照规定价格折成现粮，由团以上单位出具领粮凭证，战后由政府凭证偿还。

面对"难啃的硬骨头"，人民群众全力以赴。在淮海战役第三阶段，后勤的主要任务是保障华东、中原野战军全歼杜聿明集团。在此阶段，前方常备民工总计约 50 万人，能够保证各纵队 500 副担架、500 副挑子满员，并能随缺随补。第二线转运担架保持 1.2 万副，直接参加工作的计华支（华东支前委员会）5 000 副、华中 4 000 副，以上两项共计 2.1 万副，其余调后方整顿复原。因铁路修复，交通便利，故小推车除继续留华支 1.3 万辆、华中 1 万辆外，其余一律调后方整顿复原。新调来的半年期担运大队（团），计胶东 10 个、渤海 8 个、鲁中南 4 个。

据统计，淮海战役共组织支前民工 543 万人，担架 20 多万，大小车 88 万辆，挑子 30 多万副，牲畜 76 万多头，船只 8 000 多艘，汽车 200 多辆，粮食筹运数 4.8 亿公斤，实用数 2.17 亿公斤。在 500 多万民工中，随军常备民工 22 万人，服务时间两个月以上，拨配部队建制，受部队调度使用。二线常备民工 130 万人，服务时间 1 个月以上，由各转运站、支前机关调度，执行前后方之间转运任务。后方临时民工 391 万人，服务时间 10 天左右，在后方担任修路、架桥、运输等任务。以上数字尚不包括在家碾米、磨面、做军鞋的民力。

⭐ **点评** ——————————————————————————

规模空前的人民支前运动展现了人民战争波澜壮阔的历史画卷。"部队打向前，小车推向前"，就是这场人民战争的生动写照。陈毅元帅曾说道："淮海战役的胜利，是人民群众用小车推出来的。"淮海战役为人民军队及其后勤史书写了辉煌壮丽的一页。

第三章

"＋"号赋能思维

在 IT 领域，"＋"号通常是表示产品升级更新的符号（相当于英文中的plus），如 C++ 语言、iPhone6+ 等。"＋"号的本义是用来表示整数中的正数或加法运算，后来这个符号被赋予了丰富的抽象意义。例如，"互联网＋"的"＋"号代表通往未来。从某种意义上讲，"＋"号思维更多是从倍增、加速、提升的角度阐述互联网对于产业的催化和赋能。2024 年全国两会，"人工智能＋"首次被写入《政府工作报告》。

通往未来的"＋"号

12. 了不起的枪神之枪——功勋步枪莫辛-纳甘

（1）叛逃引发的改革

19 世纪 80 年代初，沙俄军队刚刚开始装备黑火药单发后装步枪就赶上了无烟火药连发步枪的热潮。1887 年年初的一个夜晚，一名法国士兵穿过封锁严密的边境线叛逃到德国，由于其级别太低，并没有引起德军的兴趣，就当德国军官想敷衍了事的时候，法国士兵将随身携带的步枪放到他的面前，并开出2万马克的天价。此时德军刚刚换装当时最优秀的手动栓式步枪——毛瑟1871式步枪，而2万马克足足能买400支毛瑟步枪。德国军官心想：你在勒索吗？可是当军事专家赶来时却意外地发现这款步枪的枪口初速要比毛瑟步枪快很多，竟达到令人震惊的两倍音速，在射程、弹道及杀伤力方面完全碾压毛瑟步枪，这款步枪便是勒贝尔M1886步枪。这款步枪采用当时被法国视为绝密的无烟火药弹技术，无烟火药配方是瑞士籍德国化学家C.F.舍恩拜偶然中发现的，这种火药燃烧更剧烈且残留物少，当时被称为"火棉"。这次泄密引发了世界范围的步枪变革。

勒贝尔 MI886 步枪

（2）莫辛－纳甘步枪的诞生

面对此次步枪变革，沙俄政府自然也不会甘居人后，为此组织了招标选型委员会，从现役枪型和新的设计方案中进行筛选，最后俄国轻武器设计师谢尔盖·伊万诺维奇·莫辛和比利时武器设计师李昂·纳甘的方案脱颖而出。由于两个方案各有千秋，最后两种设计被合二为一，发射机构采用莫辛的设计，而连续供弹系统则采用纳甘的设计，新枪名称采用两人姓氏合并的方式命名。于是一支既有俄国本土"血统"又吸取了比利时优秀设计的新枪诞生了，该枪最终被命名为"莫辛－纳甘步枪"，这款"混血"步枪也被称为"三线M1891步枪"，"线"是俄国的一种长度度量单位，1 线约等于 0.1 英寸，3 线就是 0.3 英寸，相当于 7.62 毫米。

（3）有了急活大家来干

莫辛因此被晋升上校并被任命为谢斯特罗列茨克兵工厂的主管。因为沙俄政府的订单要得急，俄国兵工厂甚至都没准备好。最初的一批莫辛－纳甘步枪是在 1892 年由法国的夏特罗国营轻武器厂按承包合同生产的。该枪的全面投产是在 1894 年，生产厂家为伊热夫斯克兵工厂、谢斯特罗列茨克兵工厂和图拉兵工厂。莫辛－纳甘步枪诞生后即成为俄军制式步枪，因为俄军规模庞大，俄国自身的产能不足，所以还曾委托给美国的兵工厂生产。

（4）战火中的枪神之枪

1930 年，苏联红军对莫辛－纳甘步枪进行了改进，并将其命名为 M1891/30 型步枪。第二次世界大战爆发后，改进版的莫辛－纳甘步枪依然是苏军的主力步枪，因为其精度非常优秀，所以加上光学瞄准镜后就可以直接当作狙击步枪使用。电影《兵临城下》中裘德·洛饰演的苏联传奇狙击手瓦西里·扎伊采夫使用的正是这一款步枪。到抗美援朝战争期间，中国人民志愿军创造性地发起"冷枪冷炮运动"，这是一种高密度、低强度的小规模袭击和狙击战斗，起到了"零敲牛皮糖"的效果。志愿军的传奇神枪手第 24 军 214 团的狙击手张桃芳使用一支没有瞄准镜的莫辛－纳甘 M1944 卡宾枪，于 1952 年年初的 32 天内以 436 发子弹击毙 212 名敌人，创造了中国人民志愿军在朝鲜战场上冷枪杀敌的最高纪录。张桃芳在接受军长皮定均考核时，表现出了出色的观察和反应能力，他果断出击，两发子弹解决了两个目标，最终以 214 个目标拉平了自己所在 214 团的番号，军长当即赠送张桃芳一双高级军用皮靴作为奖励。张桃芳被誉为"志愿军神枪手""冷枪英雄""上甘岭狙神"，荣获中国人民志愿军特等功并被授予"二级狙击英雄"荣誉称号，朝鲜最高人民会议常务委员会授予张桃芳"一级国旗勋章"。这款枪神之枪与后来用它建立不朽功勋的英雄的名字，已经和他们的祖国紧紧联系在一起。

★ 点评 ——————————————————————————

莫辛－纳甘是一款从诞生开始就闪烁着创新精神的步枪。从这一名枪的诞生历程看，看似折中的方案却融合了不同国家设计师的智慧，该枪在后续的发展过程中既吸取了西欧先进设计理念又保持了本土特色，对其使用、推广起到了重要作用。

13. 源于冷战中的军事对抗——国际互联网的诞生

互联网，也称因特网，是通过计算机网络联结在一起的庞大网络，通过一组通用的协议，形成逻辑上的单一巨大的国际网络。谁能想到，影响世界的互联网，竟是冷战时代的产物。这也说明，重大创新有时也是在危急情况下被逼出来的。

互联网的产生源于美国国防部的焦虑。1957 年，苏联发射了人类第一颗人造地球卫星，20 世纪 60 年代初，古巴导弹危机发生，让人类深深感受到核毁灭的威胁。美国人意识到，能否保持科学技术上的领先，将决定战争的胜负。自第二次世界大战结束后，美国的军事基地遍布全球，美国大兵分布全球作战，美国人认为如果仅有一个集中的军事指挥中心，万一这个中心被苏联摧毁，那美国在全球的军事指挥都会处于瘫痪状态。因此，美国国防部想设计这样一个分散的指挥系统：它由一个个分散的指挥节点组成，这些节点通过某种形式取得联系，即使部分节点被摧毁，其他节点仍能正常运行。1969 年，美国国防部高级研究计划管理局开始建立一个名为阿帕网的网络，该网络只有四个节点，分别存在于加利福尼亚大学洛杉矶分校、斯坦福大学研究学院、加州大学圣巴巴拉分校和犹他大学的四台大型计算机中。作为互联网的前身，阿帕网在技术上的另一个重大贡献是对 TCP/IP 协议簇的开发和利用，这个协议至今仍在使用。

1978 年，UUCP（UNIX 至 UNIX 的拷贝协议）由美国贝尔实验室提出。1979 年，在 UUCP 的基础上，新闻组网络系统发展起来。新闻组为在全世界范围内交换信息提供了一个新的方法，是网络世界发展中非常重要的一部分。1989 年，第一个检索互联网的成果被发明出来。同年，蒂姆·伯纳斯·李与其欧洲粒子物理实验室的同事提出了一个分类互联网信息的协议。这个协议在1991 年后被称为 WWW（World Wide Web），一个基于超文本协议的"万维网"就此诞生。从此，互联网开始连接全世界，地球真正变成了"地球村"。

互联网与地球村

如果真的以为互联网在 1969 年到 1991 年这短短 20 多年间就问世了，那就想得过于简单了。看似只是将一些电脑连了起来，但若追溯的话，还有一位位历史的奠基者，没有他们就没有互联网。以下通过回顾和纪念来展现不一样的互联网历史。

1752 年 6 月，一位美国人带着他的儿子冒着雷电在做实验——放铁风筝（胆子真肥啊！真为这父子俩捏把汗）。他们想通过这种特殊的方法将雷电引下来，证明天上的电和地上的电是一样的，借此还发明了避雷针。这位神奇人物就是本杰明·富兰克林，他首次提出了电流的概念。

1837 年，"不务正业"的美国画家塞缪尔·莫尔斯为解决远距离传输消息的问题，发明了著名的莫尔斯电码（另译"摩尔斯电码"，或称"摩斯电码"）。1844 年，莫尔斯拍发了人类历史上的第一份电报，因此，他也被称为"电报之父"。

1876 年，一位聋人妇女的儿子亚历山大·贝尔发明了电话，并创办了贝尔电话公司，后来著名的贝尔实验室也是从这里独立出来的。贝尔的父辈毕生致力于聋哑人教育，而贝尔本人是一位声学生理学家和聋哑人语言教师，发明电话也是因为他对声学和语言学有着浓厚的兴趣，后来贝尔还发明了助听器。

1911 年，托马斯·沃森创立 IBM 公司（国际商业机器公司），该公司早期的主要产品是商业打字机，之后转为文字处理机，然后又推出计算机和相关服务。1964 年，IBM 推出了划时代的 System/360 大型计算机，宣告了大型机时代的来临。

1946 年 2 月 14 日，世界上第一台通用电子计算机"ENIAC"在美国宾夕法尼亚大学诞生，发明人是美国人约翰·莫克利和约翰·埃克特。在 ENIAC 的研制中，数学家约翰·冯·诺伊曼的理论起了关键作用，因此冯·诺依曼也被称为"现代计算机之父"。

第一台通用电子计算机"ENIAC"

在同一时期，天才数学家艾伦·麦席森·图灵为计算机的发展作出了重大的贡献，他在第二次世界大战中帮助盟军破解了德军密码系统，加速了德国法西斯的覆灭，后人为了纪念图灵，尊称他为"计算机科学之父""人工智能之父"。

1947 年，美国新泽西州的贝尔实验室里，3 位科学家发明了科技发展史上划时代的元件——晶体管，他们是约翰·巴丁博士、沃尔特·布顿博士和威廉·肖克利博士，三个人共同获得了 1956 年的诺贝尔物理学奖。在这里诞生的还有发光二极管、数字交换机、通信卫星、电了数字计算机、蜂窝移动通信、通信网等一系列重大发明。

1955 年，"晶体管之父"肖克利博士离开贝尔实验室，创建肖克利半导体实验室。从这里出走的 8 位"叛逆"天才影响了全世界，分别是罗伯特·诺伊斯、戈登·摩尔、朱利亚斯·布兰克、尤金·克莱尔、金·赫尔尼、杰·拉斯特、谢尔顿·罗伯茨和维克多·格里尼克，他们于 1957 年创办了仙童半导体公司，为硅谷培养了成千上万的技术和管理人才，还开发出第一块集成电路。1968 年，诺伊斯和摩尔成立了大名鼎鼎的英特尔（Intel）公司。

正如科学巨匠牛顿所说："我之所以比别人看得更远，是因为我站在了巨人的肩膀上。"有了前面一代又一代人奠定的基础，在新一轮科技浪潮的催生下，互联网将迎来又一次重大发展。

★ 点评 ───────────────────────

战争可能成为科技发展的催化剂。第二次世界大战后，科学技术快速孵化，大量军事技术的民用化爆发出惊人的产业活力，国际互联网应运而生。互联网的诞生和兴起，属于对整个世界和人类产生划时代影响的创新变革。"互联网＋"思维包含着融合、赋能、升级、换代等思想。"互联网＋"是我国国民经济的一项既定国策，也是老百姓的热门话题。互联网思维具有信息呈现、自由演进、草根文化、开放性竞争、黏性体验、追求极致等特点，具有广阔的发展空间，发展至今已向"人工智能＋"延伸。

14. 坦克为何越打越多——以色列的抢修绝活

1973 年 10 月，第四次中东战争爆发。看待这场战争可以有多种视角，可谓"横看成岭侧成峰"。战争中参战坦克数量众多，双方战损都非常大。值得关注的是，坦克维修保障为以色列军队重新夺取主动权并最终取得战争胜利发挥了重要的作用。

此次战争中呈现出不可思议的数量比。战争开始时，以色列处于被动的境地，参战的 1 700 多辆坦克在战争头几天就出现了大量损伤。在戈兰高地方向，战争的前三天，以军第 7 旅的 100 辆坦克几乎每一辆都被击中过，有时能作战的坦克数量减少到了不足 20 辆。在西奈方向，以军先后投入两个装甲旅和一个装甲营进行反击，结果参战的 290 辆坦克有 2/3 被摧毁。

然而，以军坦克竟然越打越多。据统计，阿拉伯联军在此次战争中拥有 4 100 辆坦克，作战中损失了 2 200 辆，最终只有 1 900 辆能继续使用。相比之下，以色列军队战前只有 1 700 辆坦克，作战中损失了 840 辆，最终却有 2 076 辆坦克可以继续作战。据统计，在这次战斗中，以色列军队不仅修复了己方的 400 辆坦克，甚至修复了从对方缴获的 816 辆坦克。以军维修人员还采用拼装的维修方式，将零件分散给多辆损坏的坦克，大大提升了零、部件的利用率。最终，战争前后双方坦克的数量对比从 2.4∶1 缩小至 0.92∶1。

　　在一场令人惊叹的胜利背后隐藏着的秘诀是什么？那就是以色列在注重战术素养的同时，还在坦克抢修方面保持着超高效率和精湛水平。那么以军对于战场抢修究竟有什么"灵丹妙药"呢？一是立足最困难、最坏的情况做好充分准备。以军坦克大多产自其他国家，型号达 7 种之多。为了战场抢修方便，以色列将同型号的坦克集中使用。M60、M48、M4 型等坦克主要用于西奈战场，百夫长等坦克则主要用于戈兰高地方向。以色列战前还对所有坦克统一换装了本国发动机，坦克炮也一律改为 105 毫米火炮。这样就为战场快速抢修提供了便利条件。以军还仔细预测了部队损失情况以及维修工作量和器材消耗量，并在战线后方设置维修地域，储备了大量零、部件。比如在西奈方向，补给中心吉夫加法距一线部队仅 70 公里。在戈兰高地方向，斯诺尼地区和海法附近的迈特那斯地区都建有补给、维修基地。在一线部队身后的 10～30 公里范围，以军还建有多个小型后勤基地。二是靠前保障现地抢修。战争一打响，以色列即将大批维修力量紧急投入前线。这些力量在装备的损坏现场或附近的掩蔽地，甚至是在战斗前沿随时有对方火力威胁之下进行了大量的修理工作。战争中期，以军转入反攻，以军的维修力量还及时将叙、埃军丢弃的坦克修复，交给作战部队使用。战争后期，以军更加强调维修力量前伸，部队打到哪里，维修分队就跟到哪里。

以色列坦克

⭐ **点评** ————————————————————————————————

从后勤的角度有一句常用语："外行谈战略，内行谈后勤。"以色列的胜利从某种意义上说是重视后勤的结果。中东战争在某种程度上创立了坦克战场维修技术的全球标杆。这一经验不仅改变了战局，还对现代战争产生了深远的影响。战争在某种意义上就是保持和恢复战斗力的竞赛，装备维修技术恰恰可以帮助部队完成这一使命。可以说，这就是维修保障力为战斗力带来的规模倍增效应。

15. 《珊瑚岛上的死光》——激光的军事妙用

我国第一部科幻电影《珊瑚岛上的死光》是由张鸿眉执导的故事片，也是著名配音大师邱岳峰先生主演过的唯一一部彩色电影。影片讲述了科学家陈天虹由于"高效能原子电池"而卷入某大国财团的世界争霸中，在逃亡途中与华裔激光科学家马太博士共同用鲜血和生命捍卫人类和平的故事。

影片的主要情节是这样的。在某国 W 城，爱国华裔科学家赵谦教授试制高效原子电池成功，他拒绝了各大财团重金收购原子电池专利权的要求，决心把样品和资料带回祖国。就在此时，赵教授惨遭暗杀。赵教授的未来女婿，青年科学家陈天虹为实现教授遗愿，携带电池样品驾机逃走。途中，飞机被一种奇特的空中武器击落，陈天虹落入海中。他挣扎着向附近的一座小岛游去，一条鲨鱼向他游来，在这危急关头，只见一道火光闪过，鲨鱼即刻死亡。陈天虹游上小岛，这是一座神秘荒岛，岛上只住着一位老科学家——赵教授的好友马太博士和他的哑巴仆人阿芒，岛上有一座复杂、神奇的实验中心，马太博士在这里经过十年奋斗试制成功了激光

被摧毁的军舰

器，此前就是马太博士在实验室里运用激光器救起了陈天虹。激光武器本来是爱因斯坦的纯真幻想，维纳斯公司正是企图把赵教授和马太博士的研究成果结合起来，制造一种威胁全人类的新式武器。为阻止这一罪恶行径，两位科学家决定联手反击霸权。当了解到马太博士尚未解决激光器的电源问题时，陈天虹把高效原子电池交给了马太博士。维纳斯公司担心阴谋败露，便派人前往小岛企图斩草除根、消灭罪证。经过激烈的搏斗，来人乘军舰携资料逃走，小岛即将被炸，在这千钧一发的时刻，陈天虹配合生命垂危的马太博士用新试制成功的激光器和高效原子电池击沉了军舰，小岛爆炸了。科学家们的新发明虽没能留下，但他们用鲜血和生命捍卫了人类和平。

激光具有定向、快速、灵活、精确和抗电磁干扰等优异性能，在光刻机的制造上激光可以发挥测量定位等功能。随着激光技术的发展，激光武器作为定向能武器，可以对远距离目标进行精确射击或用于防御导弹、无人机、巡飞弹等，在光电对抗、防空和战略防御中可发挥独特作用。在军事装备维修领域，激光清洗、激光焊接、激光打孔、激光冲击、激光熔覆、激光退火、激光打标、激光深刻等先进技术得到发展，这些技术能够有效地延长军事装备的寿命。

★ 点评

《珊瑚岛上的死光》这部电影上映于 1980 年，它承载着一代电影人的回忆。时隔 40 多年，当我们重温这部激荡人心的电影时，在学习创新思维的同时，更加深切地体会到，虽说科学无国界，但科学家有祖国，创新成果更是要用生命来捍卫。

16. 召唤 + 派单——战果将来自跨界的融合

恩格斯说过："人类以什么样的方式生产，就以什么样的方式作战。"2016 年 08 月 11 日的《中国青年报》刊载了一篇题为《未来战场上，召唤直升机将像点击滴滴出行那样便捷》的文章，当时人们对这一观点还是持观望态度的；然而，时至今日短短数年时间，展望似乎变成现实。万物互联时代，通过手机终端 APP 的简单操作，可以进行战场一线呼叫召唤－指挥中心汇总派单－就近的武器平台迅速抢单接单，整个派单流程环环相扣，订单式作战已成为现实。身处互联网时代和数智化浪潮之中，战争的这种必然的形态演变代表了一种趋势。

物联网示意图

战场上接单＋直播已经成为常态。从网红直播吃饭、购物到对战争进行现场直播，发展速度令人瞠目。各类打击力量广域机动、分散部署，敌方军事目标的情报信息经后台研判处理后，利用派单－接单的指挥控制模式，发送给距离最近或最便利的战斗小组实施打击，这种化整为零的方式却做到了高效直达。直播式的行动对战场感知能力和小分队的组织协同能力的要求是极高的。

跨界战争已经到来。如果火炮是战争之神，坦克装甲车辆是钢铁洪流，工兵是清道夫，那么直升机、无人机就是"神行太保"和多面手，可以扮演好坦克克星、炮兵眼睛、特种兵翅膀、C⁴I 系统的触角。从制胜机理来看，火炮、导弹以及战术核弹将陆军火力发展到极致，而机动力却无法与火力发展相匹配。直升机、无人机反应迅速，可快速抵达、可飞越障碍等特性恰恰能够弥补上述不足。可以说，跨界就是要敢于打破常规，从表面上没有关系的其他领域寻找内在的相关性。

⭐ 点评 ————————————————————

战争对被召唤者提出了更新、更高的要求。未来被士兵召唤的可能是无人机、直升机、火炮、激光、巡飞弹等。很重要的一点是，要让官兵们充分熟悉这些力量，因为不熟悉就谈不上协同，流畅的协同才能保障在未来战场上占据优势。对于这些力量的使用将像滴滴出行那样便捷，要形成官兵会用、爱用、常用的局面。便捷的移动终端可进行实时召唤，密如蛛网的网络节点助推战斗力实现指数增长，很多传统装备和新型力量将成为名副其实的战斗力倍增器。

17. 首次智能化山地战——叙利亚 754.5 高地之战

2015 年 12 月，叙利亚政府军在俄军战斗机器人的支援下，攻占"伊斯兰国"武装分子控制的 754.5 高地。此战虽然规模不大，却是一场罕见的战斗机器人成连建制投入作战并取得胜利的山地战，发出了智能化山地战的先声。

受"阿拉伯之春"运动的波及，自 2011 年年初开始，叙利亚政府与反对派之间的矛盾逐渐加剧。2015 年 3 月 15 日，叙利亚的反政府示威活动升级为武装冲突。754.5 高地位于叙利亚拉塔基亚省西部，扼控附近多条通往阿勒颇省的道路。此地地形复杂、坡度大，反政府军控制了高地并修筑了坚固火力点。叙利亚政府军为尽快收复整个拉塔基亚省，于 2015 年 12 月开始攻击高地。

（1）叙利亚政府军三板斧初战失利

叙利亚政府军开始采取传统的情报侦察、火力准备、装甲集群冲锋的进攻三板斧，"伊斯兰国"武装分子凭借地利设置障碍物、构设隐秘火力点。由于准备不足、敌情不明，叙利亚政府军遭受严重损失。在先期受挫情况下，叙利亚政府军不得不向俄军求援。

（2）俄军混编，紧急驰援

俄军接到求援后，指挥官首次成建制派出一个以无人作战平台为主的机器人作战连参加战斗。战前俄军确立了"蜂群侦察、狼群进攻、人机协同、稳扎稳打"的战法，通过有人、无人混合编组将作战力量高效组合，构建起以"仙女座－D"自动化指挥系统为核心、空中无人机"蜂群"为"眼"、地面无人战车"狼群"为"拳"的智能化作战体系。由六台"平台－M"履带式战斗机器人和四台"暗语"轮式战斗机器人组成的地面"狼群"作为主要攻击力量。

（3）有人、无人配合，体系制胜

俄军隐蔽进至 754.5 高地前沿，首先放出"蜂群"无人机不间断地搜集情报，并将战场情况实时回传指挥系统，运用辅助决策软件优选地面"狼群"进攻路径，指挥有人力量攻占高地。战斗

无人战车

机器人突然发起集群冲锋，抵近至距反政府武装分子据点 100～120 米处，用机枪、榴弹和反坦克导弹进行攻击，叙利亚政府军则在俄军机器人侧后方跟进，肃清残余武装分子。当遭遇坚固火力点时，俄军再引导"洋槐"自行火炮群根据无人机和机器人回传画面实施精确炮击。通过这种空地一体、有人和无人结合的方式，该连仅用时 20 余分钟，歼敌 77 人，顺利夺占高地。

（4）适应环境，降维打击

俄军进攻 754.5 高地，本是仰攻，不占优势，但俄军大胆使用体形较小、机动快速的战斗机器人，采用全维侦察和饱和攻击相结合的作战方式对目标实施打击，在战场上实现了降维打击，顺利夺取战斗胜利。可以说，发挥无人武器的机动和防护优势是克服地形劣势的重要手段。

⭐ 点评 ————————————————————————

俄军使用智能化的作战平台结合有人部队，巧妙达成了突然性。虽然此战规模不大，但这种作战模式呈现出的新面貌昭示着智能化战争正快步走向现实。未来战场中可能出现大量蜂群、鸟群、鱼群、兽群，军事仿生学将被应用到极致，其智能程度将不亚于波士顿机器狗，这些作用于战斗力的"+"号效应将在战争形态的演变中逐步显现。

第四章

大数据思维

著名数学家毕达哥拉斯说"万物皆数"。从简单数字到海量数据，大数据就像是漂浮在海洋上的冰山，露出水面的仅是冰山一角，大部分还隐藏在水面之下；大数据又好比价值密度低的贫矿，大数据应用则好似沙海淘金、大海捞针，其间充满了不确定性和偶然性。大数据思维的出发点是变废为宝，从海量的、看似无用的数据中发现潜在的利用价值。与传统的小数据相比，大数据来源广泛、获取容易，但挖掘起来则困难得多。人们会基于自己的知识体系来解决问题。同样的信息，不同的主体，采用不同的思考方式或评价模型，可能得出大相径庭的结果。对于军事人员，为使其适应快节奏作战需要，有必要对日常战备和训练演习的经验和记录进行数据化管理，建立起工程化、结构化的知识图谱，为打赢明天的战争作好准备。

大数据向我们走来

18. 阿尔法狗颠覆了什么——人机大战带给我们的启示

正如一些人预料的，围棋人机世纪大战之后，人类被计算机碾压、人工智能时代来临、人类治理骄傲即将崩塌……这些说法充斥在耳边。但在此前，大多数人并不看好人工智能。

（1）天才棋手的至暗时刻

他 17 岁便排名世界第一，四段直升九段，笑傲江湖。他说不狂枉少年，扬言让日本冠军"血溅五步"，放话韩国传奇是时候落幕了。张扬背后是数万盘棋局的坚持，自信背后是背水一战的决绝。而面对阿尔法狗，他遭遇"三连杀"，中途离场，黯然落座，泪痕在，泣难止。镜头以外，柯洁到底经历了什么？

人机大战

（2）颠覆性时刻

早在 2016 年 3 月，阿尔法狗以 4∶1 击败当时世界排名第四的李世石九段时，全球高呼颠覆性时刻到来了。从第一台计算机问世以来，人们就梦想着造出可完美模拟甚至超越人脑的计算机系统。一直以来，外界普遍认为利用人工智能超越围棋专业选手至少需要十年。但 DeepMind 团队只用六年就开发出超越了人类围棋领域最高水平的阿尔法狗。围棋，这一蕴含着人类智慧的古老游戏，借助人工智能迎来了发展的春天。痛定思痛，我们开始接受人类的极限；豁然开朗，人类继续享受下棋的乐趣。人机大战给人们留下格外深刻的印象，也成为人工智能发展的绝佳例证。

这个机器人到底有多牛？有人会好奇，阿尔法狗的发明者不是一家科技公司吗？怎么还能登上《自然》杂志呢？这就是这个团队真正的厉害之处！比如，戴密斯·哈萨比斯不仅是公司副总裁，更是一位科学家，他在管理团队之余，还不忘在世界顶级科学大会上发表论文。2015 年 10 月，阿尔法狗就以 5∶0 击败了中国的职业二段棋手樊麾。樊麾在赛后说："如果没有人告诉我，我一定不知道它是电脑，它太像人了。"这是自 1997 年 IBM 人工智能"深蓝"战胜国际象棋冠军加里·卡斯帕罗夫后，人工智能首次战胜职业棋手。而且，这一次是围棋，不是象棋。为什么要强调这一点呢？围棋的复杂度超过宇宙原子总数：围棋棋盘横向、纵向各有 19 条线，共 361 个交叉点，对局双方交替落子，总共可能有 10^{171} 种可能性。这个数字到底有多大，你可能没有感觉。我们可以告诉你，宇宙中的原子总数是 10^{80}，即使穷尽整个宇宙的物质也无法存下围棋的所有可能性。

（3）阿尔法狗的与众不同

阿尔法狗与其他机器人最大的区别在于，它不是专门被设计用于下棋的，而是来"学习"下棋的。阿尔法狗的强大之处在于它不仅借鉴了人类有史以来的棋谱，还不知疲倦地通过左右互搏的方式自创了海量的棋谱。这是一个有着深度学习能力的机器人，有着类似人脑的神经网络，能模仿人类思维进行学习。换句话说，阿尔法狗今天可以学下棋，明天就可以学写歌，后天还可以学空战。这就是阿尔法狗的厉害之处，它不是一个机械的编码程序，而是一个预判机制，每走一步它都会考虑这种走法是不是更有前途，专业领域中称之为"胜率评估"，是一种类似"想象力"的能力。

不只是围棋，自人工智能不断成熟后，有越来越多的传统领域受到了挑战。围棋人机大战不久，美国国防高级研究计划局（DARPA）曾举办"阿尔法狗斗试验"决赛，AI 算法在虚拟空战中以 5：0 的压倒性优势击败了驾驶虚拟 F–16 战斗机的王牌飞行员。2017 年 10 月，阿尔法狗元在与初代阿尔法狗的对阵中取得了 100：0 的战绩。2023 年，在广州举行的超算创新应用大会上，国家超级计算广州中心发布新一代国产超级计算系统"天河星逸"，在通用 CPU 计算能力、网络能力、存储能力以及应用服务能力等多方面较"天河二号"实现倍增。各行各业、各个领域都将迎来大数据和算法战，战争更是首当其冲。

★ 点评

人工智能使人类的脑力得到解放，是人类无私的陪练，我们要关注其发展变化、算法机理，从而使指挥水平更上一层楼。可以说，大数据是互联网＋时代的新能源，模型是大数据时代的动力，构建有效的模型是大数据时代的船舶和桥梁，在军事领域更是如此。甚至有预言说，到 2045 年，人类将面临机器智能超过人工智能的奇点。人类是不是该向人工智能学一些打仗的本领了呢？

19. 世界杯的军事启示——点球大战中的玄学

足球被誉为"和平时期的战争"。足球与战争有着很多相似之处，无论是两军对垒的激烈程度、世人关注的狂热程度，还是将帅运筹全局的缜密程度，足球都可以与战争相提并论。现代足球对于荣誉感、仪式感和团队协作的要求已达到很高的水平。人们领略足球的魅力、欣赏足球运动的精彩、热爱足球，足球中有排兵布阵的思考，有攻城拔寨的快慰，有破釜沉舟的决绝，有卧薪尝胆的坚韧，有全攻全守的华丽，更有斗智斗法的敏锐，特别是点球大战。

四年一度的世界杯是球迷的节日。点球毫无疑问是令每个球迷血脉偾张的时刻。对于罚球的球员和守门员来说，进球与否到底是听天由命还是另有玄机？自 1978 年世界杯引入点球大战以来，赛场上已经出现了大量点球决胜的案例。当世界杯进入淘汰赛后，不少球员压力巨大，在点球大战中，国家荣誉、个人荣辱汇聚于一脚之上，球员能否顶住压力一举成功直接关系到球队能否晋级。罚丢点球成了越来越常见的事情，而门将的"高光时刻"也越来越多。

在点球大战前做一些功课可以让你有如神助。大数据时代，罚球队员的习惯被全面地解读，门将也会有扑救的底气和信心。如果赛前就运用大数据对以往赛事和特定球员进行统计和分析，做足功课，那就相当于为临场的胜利注射了一剂强心针。

点球射向选择示意图

在 2006 年世界杯四分之一决赛中，德国与阿根廷进入点球大战，在点球大战前，德国队守门员教练安德烈亚斯·科普克递给了门将延斯·莱曼一张神秘的小纸条，不难想象这应该是阿根廷踢点球球员的惯用脚法，莱曼有如神助般地两次扑出了阿根廷队两记点球，德国队最终以 5∶3 淘汰了阿根廷队，打入半决赛。正是这张小纸条成了比赛的胜负手，后来被收入位于德国波恩市的当代历史博物馆，还曾被公开展出。作为矛盾的另一方面，门将的扑救习惯也会被记录在案，聪明的球员也会多加留意。

★ 点评

点球大战不只是看运气。从足球大数据再看军事大数据，现代战争除了技术因素以外，心理因素的影响日益增强，心理制胜也逐渐走向了作战前台。"手中有粮，心里不慌"，数据就是大数据时代的粮。有了大数据，指挥官能够透过战争迷雾看清对手的"半张脸"，有效避免"情况不明决心大"的悲剧发生。学会灵活运用点球大战的统计学方法，无疑将为赢得胜利装上"双保险"。

20. 国防部迎来"老管家"——国防资源的系统管理

2009 年 7 月 6 日，93 岁的罗伯特·麦克纳马拉去世。他的讣闻让不少人回想起 40 多年前的那场战争。麦克纳马拉是一位被记入美国史册的传奇式人物，他的名字与美国国防战略管理联系在一起。

1916 年，麦克纳马拉出生于美国旧金山，是一位鞋店老板的儿子。1939 年，麦克纳马拉获得哈佛大学工商管理学院的硕士学位，在一家会计师事务所工作一年后，成为哈佛大学商学院最年轻同时也是薪酬最高的助理教授。1943 年，时值第二次世界大战后期，麦克纳马拉响应战时的征召，加入美国空军数据控制办公室。在这里，他充分发挥了数学才能和管理才能，运用数理分析方法为著名的东京大轰炸的领导者柯蒂斯·李梅将军优化 B-29 的轰炸方案，并于 1946 年荣获美军优异服务勋章。

（1）辉煌的福特和世界银行之旅

离开军队之后，麦克纳马拉加入福特汽车公司。当时，福特汽车公司正面临亏损且管理混乱，麦克纳马拉为公司引入了现代化的规划、组织、管理系统和财务分析。他在 20 世纪 50 年代末就一反世俗地重视小型、简单、便宜的汽车，而他领导重新设计的四车门林肯车则成为 20 世纪 60 年代美国的标志之一。后来，麦克纳马拉成为福特汽车公司这个家族企业的第一位外来的总裁。

（2）旋转门帮助老麦"上位"

其实美国旋转门的奥秘很直白，就是政、商界循环轮转的制度。麦克纳马拉在企业界的出色表现使得他备受青睐。新当选的美国总统肯尼迪就向他发出了入阁邀请。在财政部部长和国防部部长这两个职位当中，44 岁的麦克纳马拉选择了相对陌生的国防部部长职务，也由此成为美国成立国防部以来的第一位没有将军军衔的文职部长。

（3）五角大楼引入企业管理

麦克纳马拉在改造五角大楼的艰巨使命中表现出他的卓越管理才能。麦克纳马拉运用企业管理方法创建了一整套国防管理体系。他塑造了国防部部长的"主动角色"，"提出领导者的尖锐质询，建议替代方案，提出目标以及激励进程"，同时他也成了一位令人望而生畏、似乎永不出错的国防部部长。麦克纳马拉协助肯尼迪把美国军事战略从艾森豪威尔的"大规模报复"战略改为"灵活反应"战略。

（4）狂热的数字依赖综合征

最值得关注的是麦克纳马拉创建的战略规划系统。他把企业管理中的"系统分析"方法引入美军的战略、战术规划："系统"就是把任何一个问题都放在尽可能广阔的环境中进行考虑；"分析"则是把问题拆解为一个个因素，让来自不同背景的专家分别解决这些因素。这种方法后来发展为人们所熟知的 PPBS（计划项目预算制）。五角大楼造就了麦克纳马拉个人职业生涯的又一项纪录：迄今为止美国在位时间最长的国防部部长。

（5）开创战略管理的摩登时代

流水线让汽车开进千家万户，美国因此被誉为"车轮上的国度"。战略管理是美国军事战略制度和国家治理制度的核心。美国战略管理

卓别林电影《摩登时代》剧照

所使用的一整套流程、技术在项目管理和信息分析过程中发挥着关键作用。美军战略管理的创立、发展和完善反映着整支军队战斗和转型的历程。凭借这套战略管理制度和技术优势，美军得以不断发现问题、解决问题、设计未来，麦克纳马拉功不可没。

（6）对越战的公开支持成为他后半生的痛点

在麦克纳马拉坚持不懈的努力下，美国开始全面介入越南战争。至1975年战争结束时，约5.8万名美军丧命，同时惨遭厄运的还有300多万越南人和150多万老挝人和柬埔寨人。后来的美国国家安全事务助理沃尔特·罗斯托是麦克纳马拉的拥趸，他提交的"泰勒－罗斯托报告"建议加强对南越的支持，导致美国在越南越陷越深。罗斯托至死都在支持越南战争，从未如麦克纳马拉那样公开反省过，《回顾越战的悲剧与教训》便反映了麦克纳马拉沉痛的反思。很多美国人都将越南泥沼中的噩梦归咎于麦克纳马拉，称其为"越南战争的总设计师"。

⭐ 点评 ────────────────────────────

麦克纳马拉的一生是毁誉参半的一生，其通过数据思维理性治军的思想对后世影响很大，甚至走向了全世界。从美军的经验教训看，战略管理不仅要有星辰大海的视野，还要有工程化的方法流程和关键技术。正如黑格尔所说："人类从历史中所得到的教训就是，人类从来不记取历史教训。"类似的剧本依然在上演，数十年过去，立国200多年的美国仍在孜孜不倦地打仗和准备打仗。麦克纳马拉的反省并没有让美国避免错误的战争。

··

21. 军事大数据的发展瓶颈——数据轰炸的副产品

阿富汗战争期间，美军无人机操作员经受了前所未有的考验。据报道，美军无人机操作员的任务非常繁重："每天要通过全球监视网络核查1 000小时的视频、1 000张高空间谍卫星图片及数百小时的通信信息。"一次，美军的无人机操作员正在检查调阅无人机回传的侦察监视视频，伴随这批视频的还有数十条即时信息，无人机操作员需要即时将这些信息进行验证处理，并与情报分析人员和地面部队进行信息交互。其中，有一条信息是在某处的一群人当中可能存在潜在威胁。操作员在向地面部队发送信息时忽略了人群中有儿童的提示，结果导致 23 名平民遇难。

事实上，这仅仅是美军在阿富汗造成平民死亡的众多案例中的一个。据环球网央视新闻客户端报道，2021 年 9 月 23 日，我国外交部发言人赵立坚主持例行记者会。有记者提问：美军中央司令部司令弗兰克·麦肯齐日前宣布，美军 8 月底在阿富汗喀布尔发动的由无人机对一辆汽车的致命袭击造成十名平民死亡，其中包括七名儿童。所袭击的车辆和人员都与 ISIS–K 没有关联，也不构成对美军的直接威胁。麦肯齐称此次袭击是"一个悲惨的错误"。中方对此有何评论？赵立坚表示：中方认为，包括武装无人机在内的任何武器的使用均应遵循联合国宪章宗旨和原则及国际人道法。美方滥用无人机，在没有准确核实的情况下实施打击，无情地夺走了包括儿童在内的 10 名无辜阿富汗平民的生命，这严重违反了国际人道法，是不负责任使用武力的表现，更是赤裸裸的犯罪行为。一名前美军士兵、无人机操作员在给联合国专家委员会的证词中表示，美军的无人机袭击纯粹是"为了杀戮而杀戮"。

上述事件从《联合国宪章》及国际人道法的高度审视的同时，还有必要从大数据视角来分析。信息化战争中，随着各种新技术、新装备的不断涌现，各级别的系统集成越来越复杂。数据量井喷式增加，在处理信息和数据的同时也开始出现各种瓶颈。这些瓶颈主要表现在四个方面：一是作战人员的数据过载。在作战环境中，特别是在指挥人员需要处理的事务异常繁多的情况下，数据过载可能导致错误的发生。例如，指挥控制系统的操作员无法有效处理所有输入信息。二是信息系统的数据量过大。数据量过大是指需要进行传输、处理及存储的数据量对于信息处理与通信系统来说过大，以至于系统无法及时进行分析，从而对任务的顺利执行产生影响。随着无人平台得到广泛应用，将信息实时传递到战术前端的需求也在增长。例如，美军的"死神"无人机每秒可传递多达 65 张视频图像，这些数据可能迅速压垮指挥控制系统的信息处理能力，带来的后果是前端接收到的数据质量较差，实时性受到影响，还可能含有噪声和杂波。三是数据的可信度降低。对于指挥控制系统来说，数据的可信度十分重要。例如，在编制计划的过程中，若经常使用"复制""粘贴"操作，若系统不能从

"复制""粘贴"操作中自动追踪数据来源，就很难评估数据的可信度。例如，美军比较有名的"W7"模型，其要素包含什么（What）、谁（Who）、何时（When）、何地（Where）、哪个（Which）、如何（How）、为什么（Why）等详细信息，对信息的完整度要求非常高。四是数据的共享与互操作难度大。这个问题是制约指挥控制系统顺畅运行的主要因素。美军全球指挥控制系统是一个指挥控制系统簇，包括200多个系统或服务，旨在将各军种的系统都纳入进来，系统簇内各系统之间及与簇外其他系统之间必须能够进行数据交换，以实现全球范围的联通。

⭐ 点评 ───────────────────────

我们常会说"万能的大数据"，但这个故事就告诉我们，大数据不是万能的，有时甚至还会带来麻烦。数据过载、数据量过大、可信度降低、共享难度大等关键瓶颈不仅影响作战效率，还可能导致严重的道德和法律后果。要充分利用数据，避免形成数据依赖。在瞬息万变的战场上，指挥官无时无刻不在经受数据轰炸的考验，如何抓住重点、化繁为简、变废为宝，考验的还是人的良心和智慧。

第五章

复杂性思维

克劳塞维茨在《战争论》中提出了"战争迷雾"理论，他说："所有的军事行动发生在某种黄昏——像迷雾一样。战争是不确定性的王国。"通俗来说，这就是战争复杂性问题。钱学森"把极其复杂的研究对象称为系统"。复杂性思维是 20 世纪 80 年代末兴起的一种新的科学哲学思潮。复杂性思维是主张以多元化的视角和观念，强调主体的积极参与和交互作用，从而构成科学探索过程的思维。战争是典型的复杂巨系统，战争的复杂性主要包括多样性、变化性、差异性和对抗性，要求战争指导者从横的联系上把握事物的全面，从纵的联系上把握事物的全程，立体、全方位思考。毛泽东就是一个善于把握战争复杂性、进行多维思考的战略家。面对强大的敌人和弱小的革命力量，他运用归纳思维、比较思维、批判思维等横向分析了中国革命与 18 世纪法国大革命和俄国十月革命的不同之处，又运用演绎思维、创新思维纵向分析了中国革命的特殊性，决定从敌人统治力量最薄弱的农村开始突破，建立革命根据地，走出一条农村包围城市的革命道路。

$22.$ 游击战的开山鼻祖——草莽英雄彭越

大家在看抗日影视剧时，非常熟悉的游击战是一种以小规模兵力、分散行动、灵活袭击敌人的作战方式。游击战其实可以追溯到古代，早在楚汉相争过程中就发挥了重大作用。除汉初三杰之外，还有一位让楚霸王项羽吃尽苦头，为刘邦夺得天下立下大功的猛将，他就是中国"游击战之祖"梁王彭越。

（1）初露锋芒

彭越，字伯，秦朝砀郡昌邑县（今山东省菏泽市巨野县）人，经常在钜野湖中捕鱼，并与一群人结伙成为强盗，在当地小有名气。当时，陈胜在大泽乡起兵反秦，被压制的各路诸侯亦乘此起义。一日，一个少年建议彭越像其他人一样起兵反秦。彭越认为起义军与秦军胜负难分，时机未到。一年后，彭越已经聚集了一百多人，许多人专程来此投靠他，随着人手增多，天下反秦的局势越来越清晰，在众人劝说下，彭越开始起义反秦。彭越率部攻略土地，收集其他诸侯的散兵多达一千多人。他严明军纪，杀伐立威，整肃部队，使一群匪贼转变成严守纪律的军人，为以后反秦和与项羽作战打下坚实基础。

（2）归汉击楚

当沛公刘邦进攻砀郡北部的昌邑县时，彭越听闻，率领部众前来支援。彭越助阵对刘邦来说是雪中送炭，初次会面刘邦便封其为将军。彭越命人在昌邑城西北处挖了一条运粮河，帮助刘邦军队运输粮草。但是，昌邑城久攻不下，刘邦只得放弃攻打昌邑，率军西行。而彭越又率军回到钜野泽中，收编了魏国散兵。后来，项羽率北路军进入关中，分封各路诸侯，项羽认为彭越在反秦战争中出力不多，又看不起其强盗出身，未赏赐他地盘，彭越因此对项羽大为不满。公元前206年，远在巴蜀的汉王刘邦趁项羽与齐国交战之时，拜韩信为大将，明修栈道，暗渡陈仓，一举袭定三秦。刘邦率军从巴蜀之地出征，沿途各路诸侯闻风而来，彭越亦带领其三万多部众归附刘邦。刘邦因彭越收复魏地十几座城池，功绩显著，命其为魏国国相，独揽兵权，平定魏地。在彭城之战中，刘邦被项羽打得大败，彭越只得率军驻守在黄河北岸，等待时机。

（3）灵活游击

若从正面战场硬碰硬，刘邦的汉军难以取胜，于是汉军采取避开项羽锋芒，不断骚扰其侧后的策略。通过这样的策略，汉军取得了京索之战的胜利。

愤怒的项羽亲率大军猛攻刘邦所在的荥阳城。正当荥阳之战如火如荼进行之际，彭越抓住机会袭击了项羽从彭城至荥阳的粮道，他不断劫持运粮车辆，斩杀楚军后勤部队。而当项羽部将回击彭越时，彭越充分发挥"敌进我退、敌退我进"的游击战法，神出鬼没，演绎了一场"彭越挠楚"的精彩故事。彭越的做法为汉军补充兵力与军粮、调整军事部署争取了宝贵的时间。而当项羽攻下荥阳、夺下成皋之时，刘邦却逃跑了，逃出生天后，刘邦收拢士卒，打算与项羽决一死战。

（4）局面逆转

楚河汉界划定后，局势逐渐朝着有利于刘邦的方向转变。韩信攻克赵国，驻军在黄河以北。而彭越又乘机攻陷睢阳、外黄等十七座城池，再一次切断项羽军队的供给线，打乱了楚军的进军计划。项羽听闻后方线路又被切断，已经意识到危机，派大将曹咎驻守城皋，而他亲自带兵，势要杀死彭越。彭越再次运用游击战法，任凭项羽如何追，他抢了粮食就一直跑。结果项羽没捞到半点好处，反而疲于奔命，曹咎被杀、城皋被刘邦夺下，损失惨重。公元前 203 年秋，项羽军队南撤至夏阳，彭越率军再次攻克昌邑旁二十多个城池，获得谷物十余万斛，献给了刘邦作为军粮。

（5）悲惨结局

此后，彭越率军会盟垓下之战，参与了著名的十面埋伏，一代英雄楚霸王就此落幕，不过此战的主角是项羽和韩信。后来，彭越的部下向刘邦诬告彭越谋反，刘邦乘彭越未有防备将其抓获并贬为平民，流放到蜀地，后彭越被吕后陷害，全家惨遭灭门。彭越的结局，与韩信何其相似，可谓鸟尽弓藏，兔死狗烹。

彭越是史书记载的第一个灵活运用游击战的军事家，其神出鬼没的作战方式被中国战争史奉为经典，彭越也被称为中国游击战的始祖。项羽在军事上失败的一个重要的原因就是低估了彭越的游击战，未能很好地防范。假设楚军能够在数个关键位置秘密埋伏军队，待彭越劫粮或攻城之时，伏兵出动，定能出其不意，歼灭彭越。而彭越出身草莽，豪侠大气，了解底层，熟悉地形，非常适合打游击战。但亦是由于其草莽出身，限制了彭越的思维，他缺乏长远的战略眼光，满足于做一方诸侯，没有争夺天下的雄心，亦为刘邦所灭埋下伏笔。

　　彭越大展身手，使项羽疲于奔命，成为扭转楚汉战局的重要砝码，深刻诠释了战争的复杂性。初期在军事上强大的项羽未能取胜；刘邦虽然正面作战不利，却依靠彭越的游击战获得喘息的机会。游击战深得《孙子兵法》之妙，"乱而取之""强而避之""怒而挠之""佚而劳之""攻其无备"，其秘诀正是"此兵家之胜，不可先传也"。这使人想起了 1931 年为热烈庆祝反"围剿"胜利暨迎新春大会，毛泽东提笔写下的对联"敌进我退，敌驻我扰，敌疲我打，敌退我追，游击战里操胜算""大步进退，诱敌深入，集中兵力，各个击破，运动战中歼敌人"。

23. 第二次世界大战前的蝴蝶效应——诺门罕战役

　　蝴蝶效应是美国数学与气象学家爱德华·洛伦兹于 1963 年提出的。洛伦兹最初提出的是"海鸥效应"，在后来一次演讲中，他把"海鸥效应"换成了更富诗意的"蝴蝶效应"，由此该效应理论广为人知。蝴蝶效应的大意是：一只南美洲亚马孙河流域热带雨林中的蝴蝶，偶尔扇动几下翅膀，可能于两周后在美国得克萨斯州引起一场龙卷风。产生这种效应的原因在于，蝴蝶翅膀的扇动导致周围空气发生变化，并引起微弱气流的产生，而微弱气流的产生又会引起四周空气相应的变化，由此引起连锁反应，最终导致天气发生极大变化。此效应用来描述混沌现象

蝴蝶效应

带来的不确定性，说明了任何事物的发展均存在定数与变数，事物在发展过程中的发展轨迹有规律可循，同时也存在不可预测的变数，有时还会发生反转，一个微小的变化能影响事物的发展及其结果，甚至导致结果出现极大差异。

从系统论视角看，大系统中的一个小小的动作很可能在整个系统中引起一系列连锁反应。现代战争是非常复杂的人类集体活动，战局变化受多重因素影响，战争指导需要从多学科跨界思维出发，蝴蝶效应尤其适用于战争这种复杂大系统。

诺门罕战役，亦称"哈勒欣河事件"，事件经过是：1939年5月11日—6月16日，在我国新巴尔虎左旗境内诺门罕布日德地区及现今蒙古国哈拉哈河中下游两岸爆发了一场震惊世界的"满蒙边境"战争，即日本、伪满洲国的军队与苏、蒙联军的大规模军事冲突事件。此次事件是日军发动的武装挑衅事件，最终日军被苏、蒙联军以坚决迅猛的行动加以粉碎。诺门罕战役，导致了日本大本营不再幻想实施从远东发起进攻与纳粹德国东西对进夹击苏联的北上计划，从而最终决心开启南下战略，后来发动了珍珠港事件，太平洋战争爆发。

哈勒欣河地区位于当时黑龙江和外蒙古交界处。1939年5月11日，日军伙同伪满洲国军队以诺门罕以西直至哈拉哈河这块呈三角形地区的归属问题为借口向苏、蒙军队发动进攻。当天，蒙军第24国境警备队由哈拉哈河西岸涉水到哈拉哈河以东地区放牧。伪兴安警备骑兵第3连驻锡林陶拉盖哨所的一班士兵立即开枪阻截，并上马追赶，将蒙军牧马人和马群赶回西岸。蒙军第7国境哨所50余名骑兵攻占设在争议地区的伪满锡林陶拉盖哨所。5月13日21时，日本关东军第23师团搜索队队长东八百藏中佐奉命率104名骑兵、90名装甲兵到达距诺门罕尚有80多公里的甘珠尔庙，派出侦察兵进行作战准备。关东军司令部将驻齐齐哈尔的飞行侦察第10战队、海拉尔飞行第24战队、关东军汽车队的运输汽车100辆归23师团指挥、使用。5月28日，战斗扩大。

1939年7月，根据斯大林的命令，苏军成立了以朱可夫为司令的第一集团军群，第一集团军群拥有498辆坦克、385辆装甲汽车、542门火炮和迫击炮、515架飞机，苏、蒙军队增至5.7万人，对日军具有压倒性的火力优势。8月，日军扩建的第六军拥有7.5万人，500门火炮、182辆坦克和300多架飞机。8月20日晨，苏、蒙联军发动反攻。8月24日，苏军在正面74公里、纵深20公里的诺门罕地区围歼日军，至31日基本结束战斗。1939年9月9日，日本向苏联表示愿意停火。9月15日，日本政府被迫签订《苏日停战协定》，苏、日两国代表在莫斯科会面，该协定规定双方军队停止军事行动，各自停留在9月15日前所占区域之内……日本在诺门罕事件中遭到了可耻的惨败，此后被迫放弃对苏联强硬政策，而且在苏德战争中不敢轻易参加对苏联作战。

日军策动诺门罕事件的真正原因主要有两点：一是日本面对希特勒发出的共同进攻苏联的邀请，在高层意见不一的情况下发动小规模军事行动以对苏联的反应和苏军的实力进行试探，若可以占领现今蒙古国东部的领土哈拉哈地区，则作为下一步侵入苏联远东地区的跳板，进而实现蓄谋已久的"北进计划"。二是日本希望借此造成反苏烟幕，换取西方国家对日本侵华战争继续推行绥靖主义政策。

★ 点评 ────────────────────────────

从历史的长焦镜回望而去，诺门罕战役从规模来看要远远逊色于第二次世界大战时期的大规模战役，然而这样一个看似不起眼的军事行动也可能像蝴蝶效应那样对未来战争的整体走向产生直接影响。

24. 挥舞想象力的翅膀——敲开一扇创新的大门

创造力与想象力密不可分，超凡的想象力能开创出一片新的天地。当棘手的问题出现时，常有人说问题很复杂，不单单是哪一个部门或方面的问题。运用联想思维，我们可以通过一些看似与我们无关的现象，了解到与我们密切相关的事实真相并且打开前所未有的新思路。这是一次创新思维的课堂，助你打开想象力，赶快来试试吧！

诺曼底登陆开辟了反法西斯战争的欧洲第二战场，但盟军登陆后五十多天，并没有形成原来所设想的那般摧枯拉朽般的强大攻势，更没有对德军构成根本威胁。原来，在盟军前进的必经之路上，密密麻麻、纵横交错地分布着高出田埂一米多的灌木树篱，它们成了德军的

灌木丛中的坦克

天然屏障。机械化部队根本无法前进，盟军坦克和装甲车前进不到数十米便会被这些灌木卡住，从而成为德军的活靶子，德军小分队只用便携式武器就将大队盟军悉数消灭。为解决这个难题，盟军司令部紧急召开了联席会议。会上，各路指挥官纷纷发表意见，他们提出的各种方案最终都被否决。最后，一位农民出身的师长站起来说道："我想到了一个比较笨的办法，但也许是最有效的办法，不知可行不可行。"盟军指挥官当即采纳了这个"笨"办法，没想到还收到了奇效。德军做梦也没想到盟军很快通过了这个屏障，只得仓促应战，很快土崩瓦解。你猜，那位师长的"笨"办法是什么？

答案很简单：那位师长的"笨"办法就是在进攻的坦克上安上两把坚硬、锋利的钢刀，这两把刀就像是两把镰刀一样，其刀刃向外，水平张开，借助坦克的强大推动力，切断灌木树篱，铲平了地埂。这位"农民"师长也是受到用于收割庄稼的镰刀的启发才想到了这个办法。这办法看上去很笨，却非常有效，不仅使机械部队顺利前行，也为后面的步兵扫清了障碍。这位师长所体现出来的便是一种形象思维，他由镰刀的形象想到将镰刀变大，从而解决了难题。直到今天，有些军用推土机的设计依然借鉴了这一思维。

★ 点评 ————————————————————————

思维定式是一道无形的墙，常把人们的思维围于狭小的天地里。多维思考在于指挥人员在运筹具体谋略时不囿于一种思维模式，善于打破思维"隔墙"，从事物不断发展变化的客观规律中由已知推测未知，从横向的联系上把握事物的全面，从纵向的联系上把握事物的全程，立体、全方位地思考。创造力与想象力密不可分，超凡的想象力往往能开创出一片新的天地。运用联想思维，我们可以通过一些看似与我们无关的现象，了解到与我们密切相关的事实真相。

25. 那座遥远的桥——市场花园行动

电影《遥远的桥》是根据科尼利厄斯·瑞安1974年出版的同名书籍《遥远的桥》改编的史诗级战争电影。该影片以第二次世界大战时盟军发动的"市场花园"行动为蓝本，让观众真真切切地感受到了战争的残酷、孤军奋战的军人有多么英勇和无助，以及胜利是何等来之不易。

电影《遥远的桥》

"市场花园"行动是指盟军登陆诺曼底开辟第二战场后向德国占领区进击时所发动的一次空降和地面突击配合作战行动，战斗于 1944 年 9 月 17 日开始，至 9 月 25 日结束，历时一个多星期，以盟军失败宣告结束。

盟军空降作战

1944 年 6 月，盟军登陆诺曼底，为尽快击败纳粹德国，1944 年 7 月 25 日，小乔治·史密斯·巴顿率领的盟军第 3 集团军率先冲出诺曼底地区，在法兰西平原上开始了对德军的大追击，盟军上下逐渐开始弥漫乐观的情绪，很多人开始幻想在"圣诞节前结束战争"。英军伯纳德·芬·蒙哥马利元帅提出了一个代号为"市场花园"的计划。该计划的主要意图是发动一次史上规模最大的空降，配合地面装甲部队进行快速移动的协同作战，旨在从德军手中夺取跨越莱茵河、瓦尔河等河流上的一系列重要桥梁后，确保盟军跨越莱茵河这个德国边境上最后的天然屏障，趁德军尚未站稳之际，从荷兰直插德国腹地，从北面绕过齐格菲防线，直取德国鲁尔地区，争取在 1944 年圣诞前结束欧洲战场的作战。

（1）一场空降的盛宴

"市场花园"具体的行动计划是，由英国第 30 军向安特卫普发起地面进攻，同时由美军第 101 空降师、美军第 82 空降师、英军第 1 空降师及波兰伞兵旅共 3.5 万人的空降部队依次在 63 英里（1 英里 = 1 609.344 米）战役纵深上的埃因霍温、奈梅亨和阿纳姆三地空降，夺取莱茵河上的桥梁。1944 年 9 月 17 日，战役按照计划打响，美、英空军几乎动用了自己的全部家当，包括 5 500 余架运输机、2 596 架滑翔机、8 000 余架战斗机及轰炸机，同时在三地成功地空降了 3.5 万余人、568 门火炮、1 927 辆军车、5 230 吨物资，发动了这场人类战争史上规模最大的空降作战行动。

（2）初战顺利的假象

"市场花园"行动主要由英军指挥，地面的作战也主要由英军担当。第一批空降后半小时，1944 年 9 月 17 日下午 2 时 15 分，第 30 军军长杰雷米亚·霍罗克斯将军下令"花园"部队发起攻击，爱尔兰禁卫装甲师开始向正面的德军防御部队的 5 个营发动攻击，第 43 团和第 50 团在禁卫师之后跟进，迅速推进了一段距离。在第 30 军正面进入阵地防御的德军瓦尔兹师支队于仓促间发挥不了战斗力，爱尔兰近卫装甲师的先头部队从路上一直攻击，将瓦尔兹支队分为两部分，德军防线开始崩溃，被驱逐向道路左右两侧退去。美军第 101 空降师在费赫尔地区空降后，当天就夺取了附近南威廉斯运河大桥并攻占宗镇，18 日与地面先头部队会合，又攻占了艾恩德霍芬。第 82 空降师在赫拉弗地区空降，当日夺取了马斯河和马斯河－瓦尔河运河大桥，19 日与地面先头部队会合，20 日日落前夺取了奈梅亨附近的瓦尔河大桥。

（3）情报失误的灾难

命运的天平似乎一开始就倾向于德军。由于情报失误，蒙哥马利根本不知道，在盟军预定着陆的地区，德军已经部署了党卫军第 2 装甲军的两个装甲师和空降第 1 集团军的部分部队。缺少重装备的盟军空降兵几乎在德国装甲兵头上空降，遭到德军高炮的不断射击，很多人还没有降到地面就被打死了。尤其糟糕的是，盟军发起空中突击不过两个小时后，德军就从一架被击落的盟军滑翔机中获得了一份盟军的作战命令。德军 B 集团军群总司令瓦尔特·莫德尔立即策动了反攻，极度缺乏重武器和机动工具的盟军空降部队暴露在德军猛烈的火力之下。

（4）空降轻骑兵的噩梦

此次行动开始还算成功，盟军在 1944 年 9 月 20 日攻下位于奈梅亨的瓦尔桥，但最终因为步兵援军无法抵达位于阿纳姆市的最后一座桥梁而宣告失败，尽管英军第 1 空降师已经坚守在当地超过最初预期的时间。一直到 1945 年 3 月，莱茵河仍然是一直阻碍盟军踏入德国本土的一道无法跨越的屏障，而令人惋惜的是，这座让无数盟军、德军付出性命的阿纳姆大桥，因盟军为防止德军通过其进行反攻，被一个中队的 B–26 轰炸机摧毁。

（5）夺桥不易，坚守更难

尽管美军第 101 空降师和第 82 空降师前期的空降和夺桥任务完成得相对顺利，然而他们还有更为漫长的等待，只有坚守到己方地面部队接应才算完成任务。在这段难熬的时间里，缺乏重武器的他们需要面对的是装备精良的德军重兵组织猛烈的反扑。两支空降部队在惨遭伤亡 3 542 人后，才与地面部队会师。由于战线被拖长，装甲部队前进停滞，盟军供给不得不一减再减。第 101 空降师和第 82 空降师在前线支撑了两个多月，没能抽调回来，他们在 10 天的"市场花园"作战中伤亡近万人。

1944 年 9 月 27 日，在经过 10 天苦战后，盟军不得不承认"市场花园"行动彻底失败。在此次作战行动中，德军仅伤亡 3 300 人，而盟军则损失 1.7 万多人。其中，美军第 82 空降师伤亡 3 400 人，第 101 空降师伤亡 3 800 人。突击在最前方、负责夺取阿纳姆大桥的英国第 1 空降师和波兰伞兵旅在得不到任何援助的情况下，损失更加惨重。波兰伞兵旅 1 000 名空降人员中伤亡近 700 人。第 1 空降师伤亡和被俘人员近 7 000 人，只有不到 2 000 人从德军坦克的包围下突围成功。第 1 空降师一位指挥官面对那座他们战斗结束也未能到达的阿纳姆大桥哀叹道："那座桥对我们来说太遥远了！"

⭐ 点评 ————————————————————————————————

从战争复杂性视角来理解，一项看似简单的行动，在具有高度对抗性的战争中实施起来是多么困难。"市场花园"行动是一次理想主义的作战设计，这位在北非击败"沙漠之狐"埃尔温·隆美尔、披着胜利光环的蒙哥马利一反自己以谨慎著称的常态，提出了这次大胆而冒险的计划。俗话说，"事出反常必有妖"，结果证明，指挥官一厢情愿的头脑发热很可能会带来不可挽回的损失。

26. 从直升机突击群看越南战争——飞起来的陆军

越南战争对美国陆军影响甚为深远，人们更为关注的是战后美军的转型，由其而产生的"空地一体战"理论直接指导了海湾战争。打遍全球的美军很早就开始了对空中力量的运用。在抗美援朝战争中，以美军为主的"联合国军"出动大量战机对志愿军运输线展开的疯狂攻击，好比一条有力的绞索套在志愿军的脖子上，这就是空中绞杀战。从海湾战争到科索沃战争，陆军航空兵被委以重任，充当急先锋。回顾战争历史，直升机运用规模最大的战争即为越南战争。

在整个越南战争中，美军投入的直升机超过数千万架次，这场战争因而获得了"直升机战争"之称。美军直升机被广泛用于空中支援和机降。在波莱梅战役中甚至出现了百机齐降、千机万人的场面。

百机齐飞的景象

越南战争为美国陆军空中力量赢得了广阔的发展空间，无论是在部队规模数量方面，还是在担负的任务方面，都有了新的拓展。而且在战争需求刺激下，直升机的数量激增，美军先后把超过 1 万架直升机投入茂密的东南亚丛林，其中近 5 000 架被击毁，战损率高达 1/2。在以越南战争为题材的电影《现代启示录》中，铺天盖地而来的"休伊"直升机像蝗虫一样扑向越南游击队，场景令人难忘。

支奴干直升机吊运火炮

越南战争在世界陆战发展史上具有里程碑意义。由于作战空间的不同，长期以来，美国陆军航空兵难以与步兵、炮兵、坦克部队如兄弟般相处。越南战争对美军而言是一场涅槃之战，自此次战争以后陆军航空兵和陆军的命运才紧紧连在一起。直升机具有"垂直起降""空中悬停""贴地飞行""多方向起飞着陆"等特点，占据战场一树之高的优势。直升机大批投入战场，空中机动、特种作战及蛙跳作战等作战样式被大量采用。越南战场上美军采用蛙跳战术的原因在于整个越南战场被越南人民军割裂，战场调动只能采取直升机"蛙跳"的方式，从一个高地跳到另一个高地，每次"蛙跳"距离数十公里左右，时间、地点、飞行高度等都不固定。在波莱梅战役中甚至曾出现千机万人的宏大场面。美军还发明了直升机吊运火炮的"空中炮队"战术。尽管越南战争以美国失利告终，但这一场战争标志着陆战形态自此开始了重大转变，传统的大规模地面兵团线式对抗模式逐渐消退，这一转变具有划时代意义。在越南战争时期美军直升机曾经达到上万架之多，粗放型发展和铺天盖地地分布于战场的场面带来的是规模效应，这也引发了美军对直升机战争的思考，后来美军调整了直升机的规模。到海湾战争时，美军出动了有400多架直升机的战役突击群，从13个集结点陆续起飞，运送了2 000名士兵以及装甲输送车、榴炮、弹药等物资，深入伊拉克境内80公里机降并与地面战役集团协同作战。

直升机与丛林战

⭐ 点评 ————————————————————————————

　　飞行化陆军的本质是一场机动性革命，更是一次跨界融合，充分体现了复杂性思维的多样性、变化性和差异性。一方面，不同军种都在积极拓展空中力量。陆军是最为古老的军种，已经存在数千年，而空军诞生仅一百多年。随着天基、空基平台的出现，陆上作战行动与空大打击平台、侦察预警平台的联系也越发紧密，陆战场的边界再次被淡化。另一方面，不妨把火力比作陆军的拳头和手臂，把机动性比作陆军的腿，两者相比较来看，毫无疑问，陆军是"臂强""拳大"而"腿短""脚慢"。现代火炮、导弹射程远、精度高，甚至还有战术核弹将火力发展到极致；反观相当数量的作战平台尚在地面"爬行"，陆军机动力远远无法与火力发展相匹配，提高机动性已经刻不容缓。因而，要克服陆军的"臂强腿弱",让陆军"飞起来"成为一种思想、一个理念、一股思潮、一次革新、一幅蓝图,使陆军作战力量及作战空间实现地面与低空、超低空的有机融合,达成"1+1＞2"的效果。可以说,陆军的飞行化是一股时代潮流、一种发展趋势、一个动态过程。

27. 阿美石油设施遭袭——开启仿生群实战时代

沙特石油设施

当地时间2019年9月14日凌晨,位于沙特阿拉伯国家石油公司(简称阿美石油公司)的两处石油设施遭到袭击,也门胡塞武装宣布"对此事负责"。据报道,卫星图像显示,沙特炼油厂和油田共遭到19次打击,造成直接经济损失达数百亿美元,还导致世界石油市场出现波动,相当于全球5%的石油供应减产。

这起精心策划的无人机编队攻击行动以较小的成本让沙特付出了高昂的代价,体现了低成本、可消耗无人机集群作战具有的较高的实用性。这个战例预示着:"群"时代的战争模式已然来临。此次袭击之所以成功,无人机集群协同作战的方式对于达成作战目标起到重要作用。从公布的现场残骸来看,通过综合研判沙特石油设施遭袭的损毁程度来推断,袭击者共动用了2～3个型号18架以上无人机和近10枚导弹,组成小型集群执行打击任务。首先,袭击者在战前通过无人机对沙特油田设施进行了详细侦察,获取了较高质量的情报信息。其次,无人机集群采取了"闪电战术",从多个方向低空突破沙特防空系统,完成目标打击。最后,调动不同的型号机种的无人机和导弹,综合运用干扰、欺骗、侦察、打击等多种手段达到预期的作战目标。例如,中大型无人机远距侦察和小微型无人机抵近侦察可以获取更丰富的目标和环境信息,其揭伪能力更强、目标定位精度和识别概率更高。

蜂群作战是由多个低成本小型无人机按集群行动的方式,在群内交互和人的监控下，发挥体积小、数量大、便于突防等优势，实现多机编组、实时通信、协同作战，在战场上执行复杂多变的作战任务。战争向科技碾压方向发展，目标只要被无人机昆虫机锁定便很难逃掉。这些在以前还仅作为一种理念或设计，而自从沙特油田遭袭后，仿生群实战时代便已经开启。

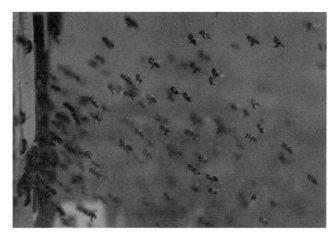

蜂群图

⭐ 点评

　　蜂群法则对于大家来说其实并不陌生。早在冷兵器时代，方阵、圆阵等都是利用了士兵集群的效益。在机械化战争时代就有攻击群、炮兵群等。随着时代的发展，蜂群、鸟群、鱼群、人群无不成为战争模拟和研究的对象。大自然蜂群法则可以用来控制廉价无人机机群，众多个体可以完成巨大而复杂的任务。斯大林曾说过，"数量本身就是质量"。在现代战争中，大量廉价、小型、多能的无人机广泛投入，低成本的卫星终端被大量引进并活跃在战场上，量大、廉价、便捷的巡飞弹和制导炮弹投入实战，能弥补精确制导武器价格高昂、数量不足等缺陷。从沙特油田被袭事件不难看出，以前作为"放风送信"角色的无人机已从幕后走到台前，在战争中扮演更加重要的角色。在此次袭击中，无人机集群实战运用的效果已初现端倪。未来各式各样的无人机群、无人艇群、机器狼群必将得到大量运用。以前部队指挥官常常为谁来进行主战而争得不可开交，因为在传统军人的心目中，打不上主力就会沦为敲边鼓、摇小旗的角色；以后可能都争不过无人机了……

第六章

实验思维

恩格斯指出，"理论永远是灰色的，而实践之树常青"。实验思维又被称为实证思维，是以观察、实验和实证来检验结论的正确性、获取规律法则的一种思维方法。战争领域是实践性极强的领域，只是坐而论道，难免陷入纸上谈兵；同时，受法理道义所限，不能因要练兵就发动战争。此时，实验思维就可以派上大用场。孙武在吴国应聘时虽然拿出了兵法十三篇，仍被要求先训练宫女以考察其统兵才能才得以登坛拜将，"吴宫教战"的故事就体现了实验思维。如今数字孪生技术被用于作战态势仿真，其理念源自炼钢。无论是理论研究者还是实际工作者，都应把实验的结果当作一种重要参考。

28. 统治古战场上千年——测试古战车威力有多大

2014 年，我国对湖北省枣阳市郭家庙曾国墓葬群进行大规模发掘。在一座巨大的战车坑中，28 辆战车一字排开，十分壮观，被评为"2014 年度全国十大考古新发现"。令人诧异的是，发掘现场罕见地出现了两个外国面孔。这两个人时而测量数据，时而绘图对比，时而低头交流，有点像"国外间谍"。事实上，这二人确实是来"刺探情报的"，他们对中国两千年多年前的战车很感兴趣。麦克·洛斯是军事历史学家，罗伯特·赫福德则是文物复制专家，他们复制和测试过世界各地的古战车。

他们在考察中发现，中国战车确有其他任何战车都无法比拟的独到之处。"战车"就是战争中用于攻守的马车，其主体为木质，重要的部位覆盖、包裹、镶嵌金属器件。文献中习惯将攻车称为战车，或称兵车、革车、武车、轻车和长毂。从目前考古出土的文物结合史料来考证，早在夏朝时已有战车和小规模的车战。在公元前1046年的牧野之战中，西周联军依靠战车获得了胜利。在从商到秦的1 000多年中，战车一直是军队的主要装备，而车战则是一种主要作战方式。据《吕氏春秋》记载，夏朝末年，商汤与夏人战于钺邑，使用了战车70乘。商末，在周武王伐纣的牧野之战中，达到一次动用300乘战车的规模。春秋时期，随着生产力的发展和兼并战争的加剧，战车数量有了明显增加。到春秋末期，战车数量代表了国家的军事实力，一些大的诸侯国，如晋国和楚国，所拥有战车的数量已达数千乘以上。战国时期，战车被当作冲锋陷阵、摧坚破敌的先导，常常与步兵协同作战。秦汉以后，战车被更多地用于防守。西汉时期的李陵、卫青都曾以战车构筑环形阵地，守卫大营，以防匈奴偷袭；北宋时期，李继隆也曾毁车为营，用数千乘大车重叠环绕外围，将步兵、骑兵布置于中央，从而打退契丹的进攻。

古战车像

作为那个时代的大型兵器，能够"陷敌阵，破强敌"的战车堪比现代战争中的铁甲坦克，这是 3 000 年前最先进的军事装备，可以轻易割开模拟人腿的猪腿，其威力到底如何？通过模拟测试，我们可以还原战车在古战场上到底是什么级别的存在。

首先，最直观的一点就是大！那么，战车能够跑多快呢？测试人员给战车安装专用的仪器，测试并不顺利，在现代已经很难找到习惯于拉车的马了。测试用马经过数天训练后才能投入测试，可以想象在古代拥有上千辆战车的国家会有多么强大，因此，从商周时期开始，负责国家军事的官职被称为"司马"。据北宋《武经总要》一书记载，这种战车在商周时是由两匹马拉着的，到了战国时期，秦国又增加了两匹马，使其行进的速度更快。同时代以及后世数百年内，只有中国大规模使用了驷马战车，用现代的汽车来进行比喻的话，中国战车的"发动机马力"要数倍于其他国家的战车！

其次，战车速度不快但动能很大。测试过程，试驾的体验并不好，两匹马拉战车的速度可达 21 公里/时，在战车与步兵协同作战时，为照顾整体阵型，战车的速度将适当放缓。以拖拉机模拟战车的速度与动能，给它安装毛竹，模拟战马对敌兵的践踏，被战车撞击的四个假人均严重破损，如果是真人则会骨折、身受重伤。安装在车轴两端的车軎原本的功能类似汽车的轮毂，用于防止车轮脱落，但其精美的外观下暗藏杀机。车軎在战场上能给敌步兵、火骑兵带来多么巨大的伤害？搭建轨道刹车，通过配重拉动钢轨，以冲车的高度模拟战车的高度，根据这样的高度，车軎最有可能撞击步兵的大腿前侧，以猪腿进行模拟，发现猪腿被割开一个大口子，按照法医的说法，这样的撞击足以割开大动脉。3 000 年前的战车类似第一次世界大战的坦克，虽然速度不快，但依旧是步兵的噩梦。

在近战中，车右可以挥戈攻击。战车本身就是武器库，车上的乘员还会手持弓箭和戈。战车乘员一般为三人，分别称为"左""右""御"，其中"御"的位置居中，是负责控制马匹和战车的驾驶员，他的身上也会携带一把短剑作为防身和战斗的武器。以"御"为中心点，左边的称"车左"，是整个战车的"甲首"，也就是战车长的意思，作为全车的中枢，他一般会手持弓弩一类的长距离射击武器进行战斗。车右也称"参乘"，大都由武艺高强、勇猛善战的人担任，主要使用戈、矛、戟一类的长兵器作为近战武器。青铜时代后，戈是最具代表性的武器，戈的攻击方式主要有三种：一是搂，即使用戈的上刃实施攻击；二是琢，即使用戈的尖锋攻击敌人；三是勾，即用戈的下部攻击敌人。实验数据表明，将皮甲蒙在猪排上，由专业棍术体验测试，发现戈可以轻易贯穿两层皮甲，在实战中，借助战车的动能和势能，车右挥戈可以对覆盖战车周围很大半径范围内的敌军进行连续攻击，能够轻易对人体造成致命伤害。

此外，战车作战非常讲究队形和与其他兵种的配合，而且需要有精通战车作战的指挥官进行统一指挥和调配，也需要高强度的特殊训练。

⭐ 点评 ————————————————————————————————

古战车具有强大的突击力。战斗双方哪一方的战车数量更多、质量更高，往往哪一方就是胜利者。采用马匹牵引的战车，其机动力相比步兵有了质的飞跃，为军事行动部署的速度和活动范围带来了相当大的提升，满足了各诸侯国开疆拓土、杀伐四方的目的。通过考古而得的历史见证，需要用现代技术手段和跨学科合作支撑下的实验去还原逼真的场景。这种研究视角和方法，不仅可以用于古战车研究，还可以推广到其他历史领域。

29. 万发炮弹换来一张表——来之不易的火炮射表

火炮要想打得准，离不开射表。火炮是战争之神，而射表是为射击武器及其配用弹种而专门编制的载有射角与射程及其他弹道诸元对应关系的表册。射表数据表明，在不考虑环境因素的情况下，炮管保持一个角度发射不同的炮弹，射击距离是不同的。火炮射表列出了在不同射角情况下，各种炮弹能飞多远，这样就能使炮手们心中有数。大家都知道，大炮是一种对精确度要求很高的装置，所谓"差之毫厘谬以千里"，瞄准如果有一丁点误差，炮弹离目标就会相差很远。那么炮手们是怎么让大炮打得准的呢？炮兵射表里包含了所有射击诸元，并且会根据温度、湿度、气压和风向风速进行修正，在按照射表装定了诸元以后，炮弹射出去就会像长了眼睛一样，准确命中目标。长期以来，射表是炮兵手上的必备品，可谓一表在手，心中不慌。

要编制一张小小的射表，有时要打上万发炮弹并做详细记录，从中归纳总结，凝练而成。射表是指挥射击所必需的基本文件。当目标位置及气象条件适宜时，运用射表就可以得知命中目标所需的射向和射角，射表中包含了指挥射击的一些基础数据（见表1）。现代炮兵追求"首发命中"，而提高射表的科学性且正确运用射表则具有重要的意义。可以说，射表是炮兵的看家"法宝"。

我们先来了解一下射表的前世今生。冷兵器时代就有射表。在西汉时期，军队装备的弩就装有带刻度的瞄准器具——望山。对于射角与射程之间关系的认识可以

表1 一种简易射表

仰角 / 密位	射程 / 码	着速 / （英尺 / 秒）	入射角 / 密位
2.2	5 000	2 312	2.4
4.9	10 000	2 063	5.7
8	15 000	1 852	10
11.7	20 000	1 683	15.5
16.1	25 000	1 560	22.2
20	28 732	—	—
21.4	30 000	1 497	29.9
27.9	35 000	1 496	38.3
30.3	36 500	1 507	40.9
约50	44 150	—	—

追溯到西汉甚至更早。最早的射表是通过纯试验的方法编制的。1638 年，著名物理学家伽利略发现在忽略空气阻力的情况下，子弹飞行的轨道就是抛物线。以该理论为基础，首张不计空气阻力的射表得以问世。1764 年，F.格雷文尼兹采用法国数学家 L.欧拉的方程编制了第一张考虑空气阻力的射表。随着时代发展，射表又被加入一些射击诸元及相应修正方法。到第一次世界大战结束，出现了含有修正栏的地炮射表。防空武器对空射表的编制方法也逐渐完善。根据不同的作战需要，射表的内容和编排方式不同，其表载数据的多少也不等。编制一部大型的、具有较高准确性的完整射表需要耗费较长的时间，很多数据仍然需要一炮一炮地去打来记录、验证。计算机的发展为射表计算提供了有力工具，电子弹道学、空气动力学、光电技术、应用数学等有关学科的发展也为编制射表提供了新的理论依据和测试手段。现代的射表是采用射击试验与理论计算相结合的方法编制的。为适应战场上快速反应的需要，射表开始软件化，作为火炮指挥系统和火控系统设计的依据被融入新型瞄准具、指挥仪以及火控计算机当中，火控系统日趋完善，直接以射表为依据进行射击的机会日趋减少。

射表通常包括表体和说明两部分。表体部分用列表的方式列出弹道诸元之间的对应关系，其内容包括基本诸元、修正诸元和散布诸元。基本诸元指标准条件（根据射表的使用范围而规定的气象、地形以及弹道条件等）下的弹道诸元，如地炮射表通常包括射角、射程、弹道高、落角、落速以及至落点的飞行时间等。修正诸元指非标准条件下的弹道修正量，一般包括射程修正量和方向修正量。当射程较远时，还编有专用表格列出因地球自转造成的射程和方向偏差的修正量。散布诸元指与距离散布和方向散布等有关的散布特征量。射表说明部分用于介绍如何正确使用射表。

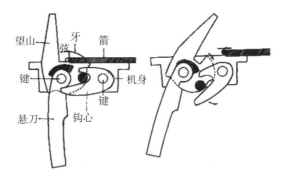

望山

高原射表是什么？有些"军迷"说这种射表只有个别国家有，其他国家都没有，没有的国家还会"眼红"。这种说法本身就已经说明高原射表的编制难度之大。在高原射击与在低海拔地区不一样。高原上空气很稀薄，炮弹受到的空气阻力要小一些，弹道也会相应地有所变化，因而普通射表是无法涵盖的。到了 4 500 米以上高原，空气变得极其稀薄，原有舵面效能急剧下降，是否还能命中地面上的目标难以判断。一般来说，一门炮及其配备的炮弹都要被运到高原上去，通过在现场打很多炮弹来做实验，根据大量的数据最终汇总出一份专用的高原射表。简单地说，一门炮会配备好几种炮弹，每一种炮弹的弹道性能都不一样，都需要单独编制高原射表。编制一套完整的高原射表至少应具备两个条件：一是要拥有完整的军事工业研发能力，二是要有大片高原以及高原作战需求。如果你在军事工业方面主要靠买，要依靠从世界军火商手里买来的大炮，谁会为你专门跑到高原上去打炮弹、记数据、编射表呢？不光是火炮，坦克、装甲车、导弹乃至炊事班的一口锅，如果这些没有进行高原化的适应性改进，到了那里都无法使用。

⭐ 点评 ————————————————————————————

"一张射表打天下"——这是一个美好的愿望，然而射表不可能做到随着炮弹种类、地形地貌的不同自己来实现"七十二变",固定的射表是不够用的。一张简简单单的高原射表只是冰山一角。大数据时代,只有不断创新发展,才能让"老射表"焕发活力,使其打得了"新靶标"。

30. 赶超福特的秘诀——丰田奇迹与"鞍钢宪法"

小公司也能逆袭成为行业"老大"。丰田作为军工企业,在 20 世纪 50 年代转行生产汽车时,其年销售收入只有 2 000 万美金,相当于当时福特年销售收入的 1%,也就是说,丰田全年的产量才相当于福特三天的产量。作为行业"小弟",丰田派出多名经理出国考察,主要是去福特学习其管理经验,还与通用合资成立工厂以继续向美国人学习,同时对生产流程、管理模式、作业效率进行调整。到 1980 年,日本汽车产量高达 1 104 万辆,击败美国,跃居世界第一位。美国人突然发现丰田车的品质比美国车要好,成本还比美国车低廉,丰田一举取代福特,成为全球最大的汽车出口商,可谓"青出于蓝而胜于蓝"。福特、通用不得不低下头再向当年的"徒弟"学习。福特和通用在考察过程中惊异地发现,所谓的丰田"精益管理"不仅借鉴了美国的泰勒科学管理,还在实践中推广了中国"鞍钢宪法",做到了边学习、边思考、边实验、边改进。

(1)"两参一改三结合"写进丰田章程

1982 年,钱学森去丰田公司参观,发现丰田的公司章程里竟然写着"两参一改三结合"的规则。该公司负责人说:"这是来自中国的先进管理经验,我们学习运用以后,效果非常好。另外,我们日本好多成功的企业,其管理要略都是学习了你们的'鞍钢宪法'。"原来,早在 20 世纪 60 年代,丰田公司率先借鉴"鞍钢宪法",对固定的流水线进行分工,改为组成工人、技术人员和管理者的合作小组,提高了效率和质量。工人实行终身制,公司不准随便开除工人,提高了工人的积极性。这套全面质量管理法则在全日本各大企业得到推广。日本管理学界也毫不避讳他们的"丰田模式"是受了"鞍钢宪法"中"两参一改三结合"的启发。日本出版的《管理大百科全书》把"两参一改三结合"列在第一章第一节第一条。著名管理学家石川馨就承认:"日本的质量控制圈小组,实际上也借鉴了中国的'鞍钢宪法'。"日本经济团体联合会会长、新日铁社社长稻山嘉宽则表示："办日铁社，就是采取'两参一改三结合'的办法，就是向'鞍钢宪法'学习的。"

（2）"鞍钢宪法"成为指路明灯

"鞍钢宪法" 宣传画

"鞍钢宪法"是毛泽东亲自定名的一套社会主义国有企业管理制度。当年鞍钢集团是全国第一大的钢铁企业，有十多万职工。1960 年 3 月 11 日，中共鞍山市委经辽宁省委向党中央递交了一份《鞍山市委关于工业战线上的技术革新和技术革命运动开展情况的报告》。毛泽东于 3 月 22 日挥笔在中央转发的这份报告上批示了近 700 字的按语。他在批示中指出："鞍山市委这个报告很好，使人越看越高兴"，并且气势磅礴地宣布："'鞍钢宪法'在远东，在中国出现了。"1961 年，我国在工业战线上开始推广实行"鞍钢宪法"。1968 年 10 月 18 日的《人民日报》刊载了题为《"鞍钢宪法"是办社会主义企业的指路明灯》的文章。今天，六十多岁的人还能记得"鞍钢宪法"的核心内容是"两参一改三结合"，即：干部参加劳动，工人参加管理；改革不合理的规章制度；领导干部、技术人员和工人群众三结合攻关。这是一套社会主义企业管理办法。

（3）日本汽车的发展速度震惊了欧美

沃尔沃装配岛

1988 年，瑞典汽车巨头沃尔沃前往丰田公司取经，看到车间里挂着一条大标语，直译成中文就是"两参一改三结合"。沃尔沃由此大受启发，返回之后将装配线改造为装配岛，工人 8～10 人一组，灵活工作，发挥团队合作的效率优势。美国也不甘落后，1995 年 2 月 1 日，美国国会开始辩论"团队合作法案"。接着，美国通用公司也借鉴"鞍钢宪法"，团队负责人和各级管理者岗位均配备两人，一人由高层管理者选定，另一人由工会选定，二人相互监督。最典型的当属美国摩托罗拉和奥的斯，这两家公司直接在企业任命劳工部长，相当于中国的党委书记，实行"政治挂帅，工人参加管理"。

美国麻省理工学院教授罗伯特·托马斯盛赞："中国毛泽东的'鞍钢宪法'，是真正的经济民主，是增进企业效率的关键之一，是全面质量管理和团队合作理论的精髓。""丰田模式"的基本特征是"团队生产"和在团队合作及自主管理精神下实现的"全面质量管理"。所谓的"丰田生产方式"，就是工人、技术人员和管理者的"团队合作"，每个人不固守僵化的技术分工，随时随地解决"无库存生产方式"中出现的问题。

⭐ 点评

毛泽东说过，"群众是真正的英雄，而我们自己则往往是幼稚可笑的"。应该指出的是，资产阶级管理学者借鉴"两参一改三结合"与毛泽东的"鞍钢宪法"是有本质区别的。资本家的目的是最大限度地从工人身上获取劳动价值，而"鞍钢宪法"的核心思想则强调工人阶级应该是国有企业的主人。"丰田模式"打破了美国"泰勒－福特制"的僵化分工方式，以班组为单位或以兴趣爱好为基础，由员工自愿组成团队，分担由整个企业生产过程划分出的某个"模块"；每个团队进行自我管理，自主决定其职责范围内的生产安排，自主设计管理和技术课题并开展活动。这种团队模式实际上实现了管理、技术设计和劳动操作三方面人员的互相合作、互相配合、互相启发，团队成员共同解决工作质量和产品质量等相关问题。许多工业管理学家认识到，"丰田模式"学习、运用"鞍钢宪法"的精神实质是对福特式那种僵化的、以垂直命令为核心的企业内分工理论的挑战，其本质的进步在于一定程度上实现了"人"的解放——从被"物化"的人还原为具有主动性和积极性的生产参与者。"鞍钢宪法"成功运用于军工企业的经验对于我军实行三大民主——政治民主、军事民主、经济民主也是很好的呼应，对于提高官兵积极性，大兴作战研究之风具有重要的启示意义。

31. 科幻大片推动革新浪潮——阿凡达打开的想象闸门

电影《阿凡达》构建了"潘多拉星球"的神奇世界。影片讲述了2154年，地球人来到潘多拉以后，发现此处美景简直无法用语言来形容。这里拥有无与伦比的独特生态系统，动植物种类繁多：高达900英尺（1英尺＝0.304 8米）的参天巨树，星罗棋布、飘浮在空中的群山，色彩斑斓、充满奇特植物的茂密雨林，各种动植物晚上还会发光，使这里如同梦中的奇幻花园，令人流连忘返。影片中使用的飞行器大部分能在美军现役或历史服役的装备中找到影子，例如，直升机和固定翼飞机的跨界者——V-22"鱼鹰"倾转旋翼机。这种科幻大片的叙事方式符合美国虚实结合的战争设计理念，这也是美军装备发展过程中一种常用的实验策略，只不过这种实验以一种科幻的形式存在。这种虚实结合的策略会影响人们对未来战争的判断和认知。未来世界什么样、世纪战争怎么打，美国的《星球大战》《阿凡达》，我国的《三体》《流浪地球》等给出了各自不同的答案。这些极具想象力、科技感的艺术作品给人们带来了科技、创新无限发展张力的体验，与此同时，也向世人展示着一个国家、民族的科技实力及其支撑住可能的战争的潜力，这本身就是一种强大的战斗力和威慑力。曾斩获海外票房桂冠的《洛杉矶之战》反映了陆战队员抵御外星人入侵大战的英雄壮举，大有捍卫人类安全并参与太空作战的意味。陆战仍是美国安全最后、最可靠的保障。事实上，这是美国人"天定命运"的思想反映在了常规军事领域，有时只是更换了一下假想敌而已。

"潘多拉星球"

⭐ 点评 ────────────────────────────────

电影《阿凡达》中的经典战争场面是"毒蝎"武装直升机对地面生物的摧毁和杀戮。这一冰冷的场面揭露了在物理域战场空间的食物链规则，比如高位势压倒低位势、快节奏吃掉慢节奏、高强度胜过低强度等。食物链是生态系统中不同营养级的生物逐级被吞食而建立起来的链锁关系。战争体系中亦存在类似食物链中弱肉强食的关系。

32. 丛林战训练大本营——冲绳冈萨维斯丛林训练中心

2022 年年初，美国海军陆战队在日本冲绳冈萨维斯营地举行了山地丛林战训练。驻西太平洋美国海军陆战队常驻兵力达 3 万人以上，担负着东亚及中东地区的军事介入任务。近年来，美国海军陆战队多次与日本自卫队实施多军兵种、全要素联合演习，注重在远征前进基地部署演训，尤其注重夺岛作战演练。其中，丛林战被视为重要的训练科目。

美军丛林战

美军在全球都有部署，而全世界有那么多丛林，美军为什么选择在冲绳进行丛林战训练呢？在第二次世界大战期间，美日曾在冲绳岛激战，美国曾在此付出伤亡近 8 万人的惨痛代价。

冲绳冈萨维斯丛林战训练营是目前美国海军陆战队的丛林训练中心。冈萨维斯训练营建于 1958 年，该营地约有 27 平方英里的丛林，最初被称作北方训练区，作为美国海军陆战队和其他军种共用的临时训练场地。数年后，一位名叫迪根的海军陆战队中尉奉命来此地勘察，为营地扩建做准备。至 20 世纪 60

年代中后期，随着美国深陷越南战争，美军不得不面对令人头疼的丛林战，远在巴拿马的谢尔曼陆军丛林战训练中心开始被作为美国陆军的战前训练基地使用。

天时不如地利，从世界地图来看，位于西太平洋冲绳南端的这个临时基地成了当时美军在亚太地区进行丛林训练的唯一、也是最好的选择。一方面，冲绳位于东亚，茂密的丛林和湿热的气候与越南战场很相似；另一方面，在冲绳训练完毕的士兵可以就近投入越南战场。越南战争之后，美国海军陆战队把冲绳训练区改为丛林训练专用场地，并开始扩建，到 1984 年为止，营地面积达到了 80 平方公里。美军对于训练营在训练科目确定和训练场景设置上充分汲取了越南战场的经验教训，并不断完善各种训练设施。1986 年 12 月 5 日，为纪念一等兵哈罗德·冈萨维斯在第二次世界大战冲绳战役中的杰出表现，该训练营被正式命名为冈萨维斯训练营。

丛林战基础训练

每年，一批又一批的陆战队新兵都会到这里参加为期 26 天的丛林训练。这些 20 岁都不到的年轻人，也许前一天还在家里舒舒服服地吃着热乎乎的晚餐，此刻面对的却是冒着泡的沼泽地、泥泞的道路、随时来临的亚热带暴雨、叫不上名字的飞虫，还有教官们近乎疯狂的呵斥。他们在这片危机四伏的丛林中要学会快速行军、野外定向、野外求生和丛林巡逻等战术技能。更重要的是，他们要学会如何去相信身边的战友，如何在恶劣的环境中坚强地生存下去。走进丛林前，他们也许还是稚气未脱的大男孩；走出丛林后，他们个个都成了真正的男子汉。

冈萨维斯营地最被看重的还是其得天独厚的地理环境为丛林战带来了逼真的场景感。丛林战术训练通常依托合同战术训练基地展开。经过多年经营，冈萨维斯营地已被打造为成熟的丛林战术训练场。冲绳地处东经127度，北纬26度，靠北回归线，临浩瀚太平洋，西北距欧亚大陆约800公里，东北距日本本土约760公里。冈萨维斯丛林战训练中心位于冲绳岛北部，紧邻日本国头村国家森林公园（园内有冲绳最高点——与那霸岳，海拔503米），地形以山地丘陵为主。训练中心占地面积约80平方公里，年平均温度为35摄氏度，日均降水量超过45毫米，每年8月多台风和降雨。营地内有热带雨林、溪流、沼泽、密林等复杂地形，山高谷深、草深林密、虫蛇出没，生活着51种濒临灭绝生物，生存环境恶劣。2002年，美军对该丛林战训练中心进行扩建升级后，共划分十处丛林训练区和一处悬崖登陆区，一次可以轮训上百人的部队，年均接纳近万人受训。

一般丛林演练的过程为：召集冈萨维斯训练基地训练规划人员，任务部队指挥官、军士长、参谋等人员，根据丛林作战任务需求、任务部队训练需求，综合考虑训练中"机动部署、情报侦察、火力打击、持续保障、指挥控制、防护"等方面能力生成要求，使用"训练需求生成系统"等工具，综合确定训练环境，选定训练区域或所需设施、场地、器材等资源。

★ 点评 ────────────────────────────

随着战争的发展，地图沙盘、模拟训练、仿真推演乃至作战实验室，这些作为军事实验思维的物化形态，已成为带兵打仗、军事训练、设计战争不可或缺的条件。除了上述物化的方式，我们需要注意的是，美军动辄就要开赴这种逼真的近似实战的场景中去训练、去实验、去探索，似乎已经成为一种习惯。

第七章

计算思维

"夫未战而庙算胜者，得算多也。夫未战而庙算不胜者，得算少也。"这句脍炙人口的名言，让人想起孙子这位将计算思维引入战争决策的军事家。他在两千多年前就说过："凡兴师十万，出征千里，百姓之费，公家之奉，日费千金；内外骚动，怠于道路，不得操事者，七十万家。"带甲十万，千里馈粮，日费千金，是行军打仗的常态。孙子的庙算充分体现了军事计算思维。《孙子兵法·计篇》的"计"就是我们所说的计算，有衡量、运筹之义，而《三十六计》的"计"则特指计谋、计策。计算思维是指人们利用数学知识和计算工具来解决问题的思维方式，在现代社会中扮演着重要的角色，被广泛应用于各个领域，如科学、工程、商业、医学等。作为战争的指导者和士兵命运的主导者，将军们要牢记一条——打仗先计算。

33. 因地制宜的鸳鸯阵——戚家军的胜倭法宝

鸳鸯阵是中国古代一种著名阵法，起源于战国，盛于明清，堪称古代军事智慧的结晶。鸳鸯阵以其独特的作战方法和卓越的实战效果，成为跨越冷热兵器时代的一道亮丽的风景线。这种阵法从兵力武器编配到实战中的一步一动，都包含着设计者对敌我兵力、兵器作战能力的动态计算。

鸳鸯阵的起源可追溯到战国时期。秦军在与六国军队的作战过程中逐渐形成了一套独特的战术体系。其中，一种阵法以形似鸳鸯结伴而得名，其具有严密组织、灵活机动和精确打击的特点，具有很强的实战性。到明清两代，随着火器的发展和应用，鸳鸯阵逐渐演变成了一种以火器为主、长短兵器相配合的战术布阵。

鸳鸯阵示意图

鸳鸯阵在名将戚继光手上得以发扬光大。到明代，军队已经装备火器。火器被广泛运用于战场后，武器的杀伤力和破坏力显著提高，大而密集的战斗队形难以适应作战需要，取而代之的是疏散的战斗队形。在长期抗击倭寇的过程中，戚继光根据倭寇作战特点，结合东南沿海地区多丘陵沟壑、河渠纵横、道路窄小的地形特点，在进行充分计算的基础上继承发展了鸳鸯阵，获得了巨大的成功。

在戚继光之前明军为何屡屡败于倭寇？明代中期，倭寇是沿海地区的一大祸患，他们身体素质强悍，一天一夜能跑百里路，携带刀、枪、弓、箭，经常从海上登陆，抢掠财物，杀害百姓，然后迅速逃跑。更令人气愤的是，倭寇往往能以少胜多，让明军束手无策。其中骇人听闻的一次是在嘉靖三十四年（1555 年），当时只有六七十个倭寇从日照登陆，一路向南奔袭，竟打到南京城下，途中杀伤了四千多名明军，历时八十多天才被消灭。反观士兵数量众多的明军，虽占尽天时地利人和，但暴露出抗倭的军事和心理准备严重不足。长期以来，个人武艺在军中受到大家推崇，很多拳师、打手、盐枭等都被征召入伍，这些人好勇斗狠，排斥排兵布阵和组织协同。直到明军被有组织的倭寇屡屡击溃后，当局者才意识到战斗的成败并非完全取决于个人武艺。

鸳鸯阵为倭寇而设，行动方便，长短兼具，攻守兼备。戚继光在接手抗倭大业、训练新军之时充分注重协同配合。鸳鸯阵是一种以小股步兵为主的战术，其队形因左右对称而得名。其基本配置是，以十一人为一队，最前为队长，次二人一执长牌、一执藤牌。长牌手执长盾牌遮挡倭寇的箭矢、长枪，藤牌手执轻便的藤盾并带有标枪、腰刀。长牌手和藤牌手主要掩护后队前进，可匍匐前进，可投掷标枪，引诱敌兵投入近战。再二人为狼筅手，手执狼筅。狼筅长三米左右，选南方生长的毛竹将竹端斜削成尖状，保留四周尖锐的枝丫，狼筅手利用狼筅前端的利刃刺杀敌人或扫倒敌人。接着是四名长枪手，配备全长十二尺有余的长枪刺杀敌人，其局限性是须与敌保持相当距离，如不能刺中目标而让敌人贴近身边，则长枪立即失效。长枪手左右各两人，分别照应前面左右两边的盾牌手和狼筅手。再跟进的是两名镗钯手，负责本队后方和侧翼警戒任务，必要时构成第二线攻击力量。镗钯为铁制，山字形，长七八尺，顶端的凹下处放置火箭，点燃后可直冲敌阵。各兵器分工明确，互相配合掩护，队员只要精熟自己的技能就可有效杀敌，该阵法关键在于整体配合，令行禁止。

灵活机动的鸳鸯阵正好抑制住了倭寇的优势。戚家军经过鸳鸯阵法的演练后，屡屡战胜倭寇。鸳鸯阵不但使矛与盾、长与短紧密结合，充分发挥了各种兵器的效能，而且阵形变化灵活。在我国南方水网密布、道路狭窄的地形中，作战通常采用纵队；而在地形适当开阔时还可以根据情况和作战需要变纵队为横队，变一阵为左右两小阵或左中右三小阵。当变成两小阵时称"两才阵"，左右盾牌手分别随左右狼筅手、长枪手和镗钯手，护卫其进攻；当变成三小阵时称"三才阵"，此时，狼筅手、长枪手和镗钯手居中，盾牌手在左右两侧护卫。通过变阵可达到出奇制胜的效果，变化了的阵法又称"变鸳鸯阵"。

战功赫赫的鸳鸯阵在北部边防又进一步得到丰富和拓展。明代蓟州军镇的任务是防御蒙古的大部队骑兵。为有效完成这一任务，明军又为鸳鸯阵增设了战车，装备了"佛朗机"轻炮，增编了炮手和骑兵，发扬火器、步兵和骑兵协同作战的强大威力。

⭐ 点评 ——————————————————————————

悠悠历史长河，阵法多不胜数。鸳鸯阵充分考虑敌情和地形因素，在精确计算倭寇冲击的时间和兵器杀伤力的基础上配置兵力、兵器和作战队形，做到因地制宜、以长克短、前后屏护、灵活应变，以算路精深、克敌制胜著称的鸳鸯阵堪称冷兵器时代的一座里程碑。

34. 密码破译者是数学家——重庆大轰炸的终结者

（1）长达 8 个月一筹莫展

1938 年 4 月的一个上午，山城重庆大雾弥漫。国民党密电组组长魏大铭看着桌上摆放的一沓密码电报，一筹莫展。就在刚刚，他又一次接到上峰的通知，责令密电组尽快对神秘电码进行破译。时间回到 2 月 18 日上午，密电组截获了一份由潜伏在重庆的日本间谍发出的密码电报。该电报以杂乱排列的日文字母呈现了前所未有的编码方式。密码员还没来得及反应，随着长短声的交错，十几份类似的电报出现在他们的眼前。破译专家们立刻投入紧张的工作中，半小时过去，破译依然毫无头绪。

这时，城市上空传来了由远及近的飞机轰鸣声。尖厉的空袭警报响彻重庆。日军飞机投下十几枚炸弹，对重庆实施了第一次轰炸。半年后的 10 月 4 日上午，28 架日军飞机对重庆发动猛烈袭击，平民死伤 60 余人。面对咄咄逼人的日军和无从下手的密码，密电组陷入了困境。在这数月间，重庆的情报部门发现了一个异常情况，日军每次出动军机空袭之前，与重庆当地一些隐蔽电台都会频繁联络，神秘电报发出之后，接下来就是大轰炸。这种诡秘的联络引起了情报部门的高度关注，但是面对密码破译依然毫无头绪，破译专家们一筹莫展，束手无策。

（2）"美国密码之父"雅德利支援重庆

蒋介石对此事非常重视，下令求助于美国情报部门。随后，国民党政府驻美国华盛顿使馆武官处将一个关键人物推荐到魏大铭面前。这个人就是赫伯特·雅德利，这位数学家是"美国黑室"（专门负责情报破译的机构）的创建人。

雅德利因其超强的密码破译能力被业内誉为"美国密码之父"。他对日军密码的研究已进行了十几年。1938 年 11 月，化名为"罗伯特·奥斯本"的雅德利在国民党军事委员会技术研究室的邀请下，穿越重重险阻抵达重庆。国民党军方立即安排数十名懂技

"美国密码之父"雅德利

术的留学生作为他的助手，组成了专门破译神秘电码的情报小组，并立刻展开工作。

（3）数学家敏锐的嗅觉

面对狡猾的日军情报部门和敌军高级别的电报密码，雅德利初显其过人之处。不久，雅德利发现截获的密码全是四个数字为一组，不仅如此，每份电报第一组都是由五个英语字母组成。通常而言，破解密码主要有暴力破解、字典攻击、彩虹表攻击、掩码攻击几种方法。由于暴力破解耗时太久，每次尝试都要检查大量可能性，而掩码攻击是一种在已知部分密码信息的情况下进行的优化暴力破解，这在当时的紧迫环境下几乎不可能完成。字典攻击破解密码的技术是使用一系列常用单词作为密码尝试的字典，破解者可通过获取敌人的字典或自己编写字典以尝试破解密码。而彩虹表攻击需要使用一系列已被破解的密码表来进行破解，而如果文件的密码不在表中，就无法破解。雅德利突然意识到，三个关键英语单词的来源很可能是英文小说。于是寻找破译字典的行动开始了。

（4）内鬼浮出水面

在重庆工作期间，雅德利经常到一个英国人开的咖啡馆闲聊。令人生疑的是，每当日本军机来轰炸时，这家咖啡馆就把一面巨大的英国米字旗挂在屋顶，每次都安然无恙。雅德利在这家咖啡馆认识了一位被称为"独臂大盗"的军官，他是中国军队高射炮团的一位营长，他说自己的手臂是在战斗中失去的。一次，"独臂大盗"给雅德利打电话，邀请他去吃晚饭。这时候，一个女人出现在雅德利的脑海中，她叫徐贞，不仅能弹一手好钢琴，且英语流利。雅德利设法找到徐贞，没告诉她自己的真实意图，只说请她帮忙找一本书，而且这几个单词应该在书中的前100页。在吃饭的间隙，徐贞溜进了"独臂大盗"的书房，终于在一本由美国作家赛珍珠写的小说《大地》中的第17、18、19页找到了那三个单词，而且三个单词都有用笔画过的痕迹。日军和重庆间谍的通信密码终于被破解，重庆方面还由此破译了几千份日军和间谍之间通信的电文。结果让所有人都大为惊讶，原来"独臂大盗"是汪精卫安插的间谍，长期为日军提供重庆气象信息。令人震惊的是，有的密码电报是发给蒋介石的炮兵顾问韦伯的，此人数年前已被日军收买，他在接到密码后，再转发给日军的空袭部队。其中一封电报的内容是让日本轰炸机保持在1.2万英尺（1英尺＝0.304 8米）以上的高度，因为中国军队高射炮最高的射程是 1 万英尺，这正是日军飞机进行轰炸时不怕中国军队高射炮的原因。

雅德利回国后写成《中国黑室》来介绍这段经历，该书直到 1983 年才获准解密并出版。从书中我们可以了解到，当时日本在密码设计上有严重缺陷，日军和重庆间谍约定的密码本就在美国著名作家赛珍珠的《大地》一书中，该书于 1938 年获得诺贝尔文学奖。密码所在页数是一个非常简单的公式：发报日期的月数加上天数，再加上 10。如 3 月 11 日发报，密码就在第 24 页（3+11+10＝24）。雅德利的精确计算大大减轻了日军对重庆轰炸所能造成的伤害。

大轰炸下的重庆街道

⭐ 点评

近年来，以抗战为背景的谍战剧走上荧屏，上演着各种惊险刺激、斗智斗勇的故事。而在现实中，情报人员秘密收发电报、密码编制与破译、反间防谍斗争可能更加惊心动魄。1938—1943 年间，日军对重庆轰炸长达 5 年半之久。据统计，日军出动近万架次飞机，投下 1.8 万多枚炸弹，造成数万人伤亡，一万多幢房屋损毁。而一群顶级密码高手，依靠艰苦的计算，赢得了骄人的战绩，震惊了世界，也改变了战争的进程。

35. 暂不过江的底气何在——粟裕的"斗胆直陈"

常胜将军粟裕说过："打仗就是算数学。"在制订作战方案计划时，他总是强调必须进行精确的计算，要用心在敌我兵力对比、武器装备对比、地形条件、解决战斗所需时间等因素方面加以精确计算。

1948年年初，挺进大别山的刘邓大军已完成任务，尽管中原战局依然胶着，中央不少领导都认为渡江作战的时机已经成熟。毛泽东反复思考之后，决定派粟裕带三个纵队下江南。1月27日，中央军委致电粟裕，第三次提出渡江作战计划，并且提出2月、5月、秋季三个方案。中央军委的意图是将整个战争引入国民党统治区，扰乱和破坏敌人后方，迫使敌人抽调兵力回援江南地区，还可以减轻刘邓大军在大别山地区的压力。

接到命令之后，粟裕带领华野三个纵队于2月上旬从漯河北出发，到达濮阳地区休整。正是这个期间，粟裕考虑再三，觉得华野还是应该留在江北打大歼灭战。他把自己的想法向陈毅汇报了一下，陈毅表示支持，粟裕于是下决心"斗胆直陈"。粟裕给中央发了一封很长的电报，分析了挺进江南的利弊，以及我军可能遭受的损失，最后的结论是我军当前下江南不划算，不如留在江北寻找歼敌机会。粟裕给中央军委回复的这封看似正常的电报，其实是需要极大的勇气和很强的底气的。军人以服从命令为天职，作为野战军指挥员，对于中央军委的命令原则上应该不折不扣地执行。而现在相当于，中央军委和毛泽东主席要粟裕挺进江南，粟裕回电报表示，你等一等，我先算个账。

粟裕的算法是这样的。此时，中原地区的敌人主力部队包括整编11师、第五军、整编25师、整编7师等，而中央军委计划挺进江南的是华野的三个主力纵队，也就是一纵、四纵和六纵，共计约10万人。在南下后，如果要建立根据地，就要分兵，不分兵就无法发动群众，也无法建立根据地，加上沿路消耗、伤兵减员，到南方之后还能剩下大约一半兵力，也就是大约剩下5万人。更为重要的是，十万大军南下，完全进入无后方作战状态，比如给养问题，因为没有根据地，也没有地方组织机构，一时之间就很难筹办。尤其是伤病员难以送到后方休养，只能沿途就地安置，实际上就等于流失了，很可惜。像这样的苦粟裕以前吃过，但他没有对中央军委更多地强调这些。

5万人的兵力能干多大的事？粟裕认为，要在南方的浙江、江西、湖南等广大地域内活动，打大仗的机会其实不多。不打大仗，敌人没有必要从江北抽调兵力回援；如果真的打大仗，这点兵力又是不足的。因此，粟裕重点从歼灭敌人的角度向中央军委进行了说明。粟裕认为当前急着过江划不来。相反，如果这 10 万人留在江北，有山东兵团和中野配合，打大仗的机会就比较多了。按照以往与国民党军交手的经验，战损比一般可以达到 1∶3 的比例，我军减员 5 万人，至少可以消灭敌人 15 万人的野战部队，那就有用多了。而且，在之前的鲁南战役、莱芜战役中，每战消灭敌人四五万人，我军伤亡其实并没有那么大，远远超过 1∶3 的战损比，明显要划算得多。即使孟良崮战役损失大一些，但考虑到对手是五大主力中的头牌，战损比也才达到 1∶3 左右，还是划算的。由于我军在北方的根据地比在南方多得多，群众基础也好，因此粟裕认为，如果留在江北打算付出 5 万人的代价，就可以准备打整编 11 师和第五军这两个主力了。

中央军委接到电报，毛泽东主席也并没有马上做决定，而是发电要求陈毅和粟裕去一趟，当面谈。陈粟两人昼夜兼程，面对五大书记，粟裕像毕业论文答辩一样，挨个回答各位委员的提问，陈述自己反对南下的理由。气氛最紧张的时候，毛泽东主席甚至直接问粟裕：你是不是对南下有什么顾虑？如果是这样，我们可以换人带部队南下。还是陈毅帮忙解围说，如果粟裕都不行，恐怕别人也不行。最后，中央提出了一个看上去有点苛刻的要求，要粟裕在一年内消灭国民党军队中战斗力最强的第五军。粟裕也毫不含糊，答应了这个要求，这就等于立下了军令状。军中无戏言，粟裕肩上的担子可想而知。

事实证明，粟裕暂不过江的主张是正确的。但接下来的战争局势变化之快，让粟裕本人也没想到：首先是在豫东战役中先战开封，再战睢杞，两战下来歼敌近 10 万，这还是在邱清泉拼死增援之下救出了黄百韬之后的结果，如果邱清泉"磨洋工"，不肯从侧翼迂回，或者是粟裕手上再多一个纵队，黄百韬就得直接报销在豫东。接下来就是济南战役，山东全境解放，为淮海战役创造了条件，淮海战役这一战我军歼敌 55 万人。

粟裕说："我们只照抄、照传上面的命令，这样下去非打败仗不可。高级指挥员不仅要熟练于在战役方面进行指挥，而且应该懂得一些战略问题。要研究战略问题，有三个方面，就是敌情、我情、民情。"多年后，他在接受采访时回忆道："我带三个纵队下江南，其直接目的呢，是要调动敌人跟着我们的部队去，而减轻刘邓在大别山的压力。我考虑到固然能够调动一部分敌人，但是敌人的四个主力，战斗力比较强的主力部队调不动。蒋介石不会把他们调到江南去跟我们打游击。在中原战场这四个主力军调不动，就不可能减轻敌人对刘邓在大别山的压力。恰恰相反，我们这三个纵队也算是主力之一吧。我们恰恰在中原战场减弱了三个主力纵队，所以出于这样的理由，我主张不过长江。"接着粟裕又讲述了当时围绕开封做文章的构想："我们三、八纵队靠近开封不远，这个时候打开封，邱清泉必定要来援开封。邱清泉来援开封，这也使我们的一、四、六纵可以全部渡过黄河以南，基本上就可以展开了。我们憋在了黄河边上，是我们没有展开的。没有展开的兵力，虽强，也是弱的。"

粟裕打仗擅长精算其实早已是出了名的。在孟良崮之战进入尾声，各部在清点歼敌数字时，上报的总计歼敌数字只有不足 2.5 万人，这令粟裕大吃一惊，经过计算，至少还有 7 000 人不知所踪。后来经过搜索，华野终于在孟良崮和雕窝之间的山谷里发现了 7 000 多敌人。

★ 点评

粟裕担着风险"斗胆直陈"，体现了一名共产党员和无产阶级军事家的非凡勇气和担当。支撑他这份大智大勇的，有党中央、中央军委一贯的英明领导和我军上下级亲密无间的信任，有华野上下同仇敌忾勇猛杀敌，更有根据地人民无私忘我的支持，还有粟裕本人作为军事指挥员时刻保持清醒，头脑冷静，坚持打仗先计算的优秀品格。即便今天来看，粟裕这种战神级的品质也是超越了他所在的时代的。面对数字化的战争，打仗先计算，仍是每个军事指挥员的必修课。

36. 向战斗机飞行员学打仗——约翰·伯伊德的"能量机动理论"

看过《壮志凌云》的人都知道，飞行员在空战（近距离空战）中要面临很多抉择。高速飞行时，飞行员要规避和跟踪敌人，并对目标、地形、燃料和其他关键变量保持关注。空战的复杂莫测正如《孙子兵法》所说的"难知如阴，动如雷震"。约翰·伯伊德是美国空军中一名王牌飞行员，他年轻时作为战斗机飞行员赢得了"疯子少校"的绰号，后来被调至美国空军参谋部装备战术需求分部。伯伊德勤于思考，善于归纳总结，提出了很多重要思想，能量机动理论只是其众多思想之一，著名的还有 OODA 环理论等。

能量机动理论是约翰·伯伊德提出的第三代战斗机设计中非常重要的概念。这一理论的核心在于描述战斗机的机动性，并将其量化为一个简单的数学表达式：单位剩余功率 =（推力 − 阻力）× 速度 / 重量。此外，他与团队在开发轻型战斗机项目时，对 F-16 战斗机的设计理念产生了深远影响。空军向来有"天之骄子"的美誉，空战技术被视为一门艺术。在朝鲜战争中，美国空军喷气式 F-86 飞机的基本战术和第二次世界大战中活塞式 P-51 飞机的基本战术并没有什么两样，无非就是拼速度、拼高度、拼转弯、力争咬尾、力争先于敌方锁定对手。由于美国拥有强大的工业实力和完善的训练体系，在第二次世界大战中保持了明显的空中优势，人们也乐于把美国空军的战绩归功于飞行员的经验和素质。约翰·伯伊德不满足于人云亦云，决心用科学的方法来研究空战艺术问题。他搜集整理了大量的战例，通过统计归纳分析和技术流程分解，认为空中格斗的胜负并不直接取决于常人津津乐道的速度、高度、转弯半径等，真正的决定性因素是飞行员对战斗环境的了解和战斗机迅速改变飞行状态的能力。也就是说，飞行员的个人能力与作战平台的综合素质相辅相成，优秀的飞行员与优秀的战机搭配才能相得益彰，离开高性能的战机，再杰出的飞行员也摆脱不了"巧妇难为无米之炊"的尴尬。随着研究逐步深入，伯伊德发现，战斗机要想在空战格斗中抢占优势位置，并非只是取决于飞机单纯的速度和高度参数优势，而是要依靠战斗机整体的能量水平转换优势。速度相应于动能，高度相应于势能，飞机爬升和俯冲的过程就是动能和势能相互转换的过程。在空战中，谁能更快、更准确地转换能量水平，谁就能增大获胜的概率。

经过无数不眠之夜，伯伊德终于推导出一个简洁优美的数学公式，对战斗机的机动性给予了准确、形象的科学说明。这个公式就是：机动性 =（推力 − 阻力）× 速度 / 重量。

后掠型翼战机

该公式后来成为美国空军"能量机动理论"的核心思想。"能量机动理论"被提出后，率先在北约国家的军机设计中得到采用，西方第三代半和四代战机普遍采用了大型的中度后掠梯形翼设计，从而能得到足够的翼面积。另一方面，这些战机普遍装备了推重比大于1的后燃涡扇发动机，这让战机有足够的能量支持持续转弯。

★ 点评

目前，全世界的第四代战斗机已经普遍接受了"能量机动理论"的设计概念，在超视距导弹技术日新月异的今天，仍依靠强大的空中机动作战能力焕发出旺盛的生命力。回望历史的天空，与伯伊德同时期的苏式战机沿用传统的设计思路，以流畅轻巧的气动布局和小型发动机来保持高空高速优势，虽然它们的翼负荷也很低，却没有足够的能量连续进行小半径转弯机动，空中格斗能力迅速下降。因此，从第四次中东战争开始，直到第一次海湾战争结束，在多次空战中，苏式战机处于劣势。苏式飞机设计师也开始全面采用"能量机动理论"来改善自己落伍的设计理论。伯伊德不是纸上谈兵，他凭借作为战斗机飞行员的丰富经验发展了自己的思想。他的绰号"40秒伯伊德"说明了以他的专业能力可以在不到40秒的时间内赢得任何一次空战。如果你必须快速决策，那么可以从战斗机飞行员那里学到一两件事。对他们来说，哪怕是一刹那的犹豫，都可能付出生命的代价。

中篇

练就超乎寻常的敏锐观察力和想象力

　　古往今来，伟大的军事家把握战场，首要的能力就是对战场的深刻洞察力。这是一种洞若观火的能力，或者说审时度势、全局在胸的能力。正如孙子所告诫的"知彼知己，胜乃不殆；知天知地，胜乃可全"和毛泽东所说的"指挥员的正确的部署来源于正确的决心，正确的决心来源于正确的判断，正确的判断来源于周到的和必要的侦察，和对于各种侦察材料的联贯起来的思索"。而军事想象力是在观察力基础上的一种禀赋，既可以是天赋异禀的存在，也可以后天训练而来。

第八章

形象思维

　　形象思维是以直观形象和表象为支柱的思维过程，侧重使用形象材料进行思维活动。与之相对的抽象思维则侧重运用语言、符号、推理、概念、数字等抽象材料进行思维活动。孙子把善用兵的将帅比作首尾呼应的"长山之蛇"，又讲述了互相仇视的吴、越两国人在过河时面临危险也会同舟共济如同左右手的故事。日本战国第一武将武田信玄特别推崇《孙子兵法》中的"其疾如风，其徐如林，侵掠如火，不动如山，难知如阴，动如雷震"；成吉思汗的蒙古雄师东渡扶桑欲征服日本，舰队遭遇台风而失败，日本把这次摧毁蒙古舰队的台风称为"神风"。

37. 牛、马、狼的战术——刘伯承形象教学法

　　不少红校（江西瑞金时期的红军学校）学员多年后仍清晰记得刘伯承讲授射击学的情景。他了解到大部分学员认为弹道是直的而不是弧形的，就在黑板上画了个简图，说："大家都看到过小孩子挺着肚子小便吧！弹道和小孩小便相似。你们说是直的还是弯的？"说得大家哄堂大笑，真是又生动又好记。在军事

学院期间，他把翻译工作称为学术研究的"水龙头"，把教材编写称为军事学院建设的"重工业"。类似的精辟事例在刘伯承的教育实践中非常丰富，其对于语言艺术的巧妙运用以及不拘一格的大师风范，往往获得鞭辟入里、画龙点睛、深入群众的教学效果。

刘伯承特别善用民谚俗语、典故警句、修辞比喻和群众语言来提升教学效果。他经常用战国赵武灵王学习"胡服骑射"的典故教育和启发干部。他喜欢把深奥的原理通俗化，比如"集中指挥用于打死猪，分散指挥用于打野猪""牛抵角的战术是非常糟糕的，马的战术比牛的战术高明，狼的战术又比马的战术高明"，可谓大道至简。

1951年5月5日，刘伯承为军事学院订立了第一个"学习节"，指出："教员是学校里的无冕之王，像李太白，遇官高一级，今后，每年的学习节首先要表彰教员，给教员行加冕大礼。"

朱德曾经这样评价刘伯承："他具有仁、信、智、勇、严的军人品质，有古名将风……"陈毅将他誉为"论兵新孙吴"。在军事学院，刘伯承密切关注现代战争演变，把诸兵种战术和技术串讲起来，编写想定，提出了"以战术为经，以技术为纬，经纬交织，螺旋上升"的教学方法。他说："我们今后军事建设的方向，就是在人民解放军现有素质及军事思想的基础上提高一步，就是将我们现有的世界上第一等步兵加上正规化与现代化的训练和装备，那就是如虎添翼。"

斗牛中的牛抵角战术

⭐ 点评

刘伯承是名震世界的无产阶级革命家、军事家，也是卓越的马克思主义军事理论家和军事教育家。从战火纷飞的革命战争年代一路走来，刘伯承"常胜将军"和"军神"的称号十分响亮，作为我党我军军事教育事业主要奠基人，他所作的贡献堪称军史上的丰碑。放眼波澜壮阔的世界战争长卷，刘伯承也是名将办学的红色代表，给后人留下了丰厚遗产。我们在看电视剧《亮剑》时，对李云龙粗豪生猛的匪性、果断威猛的虎性、机敏老辣的狐性感同身受。他的这些特质对独立团的官兵影响至深，成为这支部队的独特气质。李云龙形象、独特的语言艺术和言谈风格辛辣爽快、言浅意深、饱含智慧，每每成为经典，充分调动了官兵的主动性、灵活性和创造性，使官兵们发挥出最大的战斗力。这说明指挥员在表达方面要生动形象、简洁明了，话不在多，而在于精，形象生动、浅显直白而不拐弯抹角，官兵听得懂、喜欢听，才有效。形象思维用于指导军事，可拨开战争迷雾，将复杂高深的道理直观、浅显地表达出来，令人耳目一新、眼前一亮，便于各级指战员使用和接受。

38. 为何流行给指挥官画像——从马歇尔的黑皮本谈起

回望战争史，美国陆军参谋长乔治·卡特利特·马歇尔有个好习惯，他会随身携带黑皮笔记本，随时将看到、听到的有潜质的军官名字记录下来并写下评语，凡登上其笔记本者大都能被提拔重用，艾森豪威尔和巴顿的名字就在此列。这就是马歇尔的黑皮笔记本。

（1）早有准备以供将来参考

能否把合适的人用在适合的位置上，是考验一个领导者是否优秀的重要指标。马歇尔多年的参谋功底让他养成了凡事都记下来的习惯，尤其是那些"可造之才"，更是他重点记录的范围。当然，这些都得益于马歇尔丰富的人生经历，特别是在他担任本宁堡步校副校长期间，结识了一大批有为的年轻军官，像布莱德雷、史迪威、李奇微等。马歇尔把他们的名字和优点都记在小黑皮本里。他在这个本子里记录了160多人，这些人中的大多数都成了第二次世界大战的将军。这就是马歇尔打破常规、不拘一格的人才观。

（2）艾森豪威尔命运的峰回路转

有一天，马歇尔翻看着"黑皮本"，德尔特·戴维·艾森豪威尔的名字映入了眼帘，这个人是他在一次实战演习中认识的。当时担任第3集团军参谋长的艾森豪威尔上校运用巧妙的战术化解了对手进攻，这给马歇尔留下深刻的印象。并且，艾森豪威尔还是各单位"争抢"的参谋长。令人吃惊的是，两人有着几乎一样的军人履历——西点军校毕业，在参谋学院深造过，成绩优异，当了16年的少校，但立志从戎、痴心不改，是纯粹的军人。太平洋战争爆发前，艾森豪威尔仅仅是个不为人知的上校。经过对几件大事的严密考察，马歇尔决定对其委以重任。珍珠港事件发生后的第二天，艾森豪威尔就被调往陆军总参谋部，任作战处处长。但是艾森豪威尔干够了参谋工作，就希望在退休前上战场指挥部队。让他没有想到的是，无论他如何据理力争，马歇尔就是不为所动，他只好服从命令。马歇尔对艾森豪威尔的评语是："艾森豪威尔不仅有军事方面的学识和组织方面的才能，而且还善于接受他人的观点，善于调节不同的意见，使人感到心情舒畅，并且真心地信赖他。而这些品德和长处又恰恰是我们驻欧洲部队统帅所必备的品质。"在马歇尔的力荐下，艾森豪威尔超越了前面366名更加资深的将领，被提拔为盟军总司令，此举引来一片哗然——366名，多么惊人的数字！

（3）巴顿，美军四星级上将

小乔治·史密斯·巴顿善于带兵且能浴血奋战，但性情暴烈，在马歇尔的用人原则中在慎用者之列。马歇尔对巴顿的评语有三条："此人能带领部队赴汤蹈火"，"要用一根绳子紧紧地套住他的脖子"，"一有装甲部队，立即交给他指挥"。经过权衡，马歇尔重用了巴顿，前提条件是用缰绳牵住他的脖子。事实证明，马歇尔无愧是伯乐中的伯乐，艾森豪威尔和巴顿在第二次世界大战中建立了不可磨灭的功勋，他们的名字与荣光永远镌刻于世界反法西斯战争的丰碑上。

马歇尔的人才观表明，美军打胜仗靠的是唯才是举。马歇尔具有打破常规、敢为人先的胆略与勇气，他摒弃选用干部论资排辈、能上不能下、能高不能低的陋习，形成"能者上，平者让，庸者下"的格局，把最适合的人安排到最合适的岗位，为人才发挥潜质提供广阔平台。他所体现的更多的是对下属的信任，他不会怀疑他们中的任何一个人。对犯错的人，他都会给一次机会，总是惹事的巴顿就是最好的例子。约翰·约瑟夫·潘兴"慧眼识珠"，为美国选了一个伟大的参谋长马歇尔；而马歇尔未雨绸缪，提拔了一大批优秀军官。与其说是"乱世出英雄"，不如说是"机会总是留给有准备的人"。

⭐ 点评 —————————————————————————

　　大国竞争历来是人才之争。对于战争的胜负，真正发挥决定作用的还是人。军事人才选拔任用成为军队发展的关键环节。"夫英雄者，胸怀大志，腹有良谋，有包藏宇宙之机，吞吐天地之志者也。"这是曹操青梅煮酒论英雄时为心目中的英雄所作的画像。一千多年后，同为伯乐的美国陆军参谋长马歇尔不拘一格降人才的大手笔为现代军事人才选拔提供了可资借鉴的蓝本。马歇尔的评语深刻犀利、一针见血。如何实现指挥员精准选配，一直是事关作战成败的核心问题。反者道之动，给重要军事人物画像，可以更好地掌握对方。应用智能新技术，引入画像新技术理念，通过采集全维数据、完善评估体系、组织有效考核，得到精准的军官画像，或许能够成为未来军队一种新的指挥官选配模式。

．．

39. 避实击虚的蛙跳战术——太平洋夺岛战神奇提速

　　蛙跳战术诞生于第二次世界大战期间的太平洋战争。蛙跳战术又称跳岛战术，其战术构想源于美国太平洋战区司令威廉·哈尔西上将，但最终是由陆军五星上将道格拉斯·麦克阿瑟在西南太平洋成功运用从而名声大噪。

　　（1）惨烈的夺岛大战

　　1942 年，日军占领了位于南太平洋的所罗门群岛，一举卡住了美军向南太平洋进军的咽喉要道。如鲠在喉的美军要想拔掉这根刺也绝非易事。1943 年 6 月 30 日，6 000 名美军登上所罗门群岛中的新乔治亚岛。该岛 4 500 名以逸待劳的日军依托茂密的丛林布下深沟高垒，决心战到最后一人。结果是装备精良的美军最终取得了胜利，但也付出了 1 136 人阵亡、近 4 000 人受伤的惨痛代价。此战用人间炼狱来形容都不为过。

　　（2）"蛮牛"司令的苦闷

　　为将者，千军之司命也。面对巨大的伤亡，时任美军太平洋战区司令的哈尔西十分忧愁。因为新乔治亚岛仅仅是所罗门群岛中的一个，还有无数岛屿被日军占领，照这个打法打下去，伤亡数字是美军承受不起的，况且时间也非常有限。哈尔西成名已久，他为人随和，但作战十分果敢勇猛，有"蛮牛"之称，可这一次他也犯了难。

（3）小小青蛙启发灵感

哈尔西苦苦思索，整日一筹莫展，脾气也变得很暴躁。当时正值秋季，军营外面青蛙的叫声让哈尔西感到无比烦闷，于是他索性出去散步。哈尔西毫无方向地在野外走来走去，苦思破敌之策。正在这时，一只青蛙被他惊起，从草丛中跳了出来。哈尔西想追上去一脚踩死它，怎知青蛙纵身一跳，跃上一个台阶，又是个几连跳，钻入草丛不见了。哈尔西被青蛙敏捷的身手惊呆了，猛然眼前一亮，心想："青蛙一跳可以跃过障碍，我们何不按此方法跃过一些战术意义不大的岛屿，专攻日军占领的一些具有重要战略意义的岛屿，然后凭借强大的海空军优势，封锁那些战术意义不大的岛屿，让日军自生自灭呢？"想不到一只青蛙会启发哈尔西产生了奇妙的灵感，间接拯救了大量美军的生命。

青蛙连续跳跃示意图

（4）选岛争夺屡试不爽

我们在研读第二次世界大战战史时看到，美军在太平洋战场上使用蛙跳战术，将"逐岛争夺"改为"选岛争夺"，在某些情况下，美军选择绕过敌方防线较牢、夺取起来较为困难的岛屿，直接进攻相对较弱的目标。例如，有 1 ～ 10 个岛屿，仅选择 1、3、5、7、9 号岛屿进攻，类似我们下跳棋，号称海上奇数，有时跳跃步伐更大。这样可以节省时间和资源，并避免过多的人员伤亡。此举大大减少了美军的伤亡损失，加快了夺岛的节奏，缩短了整个太平洋战争的时间。不过，美军觉得蛙跳战术听起来不是那么完美，于是将它称为"越岛作战"。

（5）版权之争背后的插曲

后来很多人以为蛙跳战术是麦克阿瑟提出的，其实这是一种误会。1944 年，美军在太平洋地区对日军展开密集的夺岛作战。按照美军参谋长联席会议确定的车轮行动部署，由美国太平洋舰队司令威廉·哈尔西上将与美国西南太平洋战区司令麦克阿瑟密切配合对日军发动进攻。此时，美军的主要目标是位于新爱尔兰岛西北端的卡维恩和阿德默勒尔蒂群岛，但由于美国由来已久的海陆军军种之争，加之麦克阿瑟为人桀骜不驯、刚愎自用，几乎很难接受哈尔西上将的建议。但后来实践证明了蛙跳战术的科学性，并让美军尝到甜头，麦克阿瑟的部队在西南太平洋夺岛中频频使用，屡试不爽。在日本电影《日本最长的一天》中，在日本海军全军覆没的情况下，其陆军将领还色厉内荏地叫嚣着："陆军还有 600 万完好无损的士兵呢！"美军执行从南太平洋—关岛—菲律宾—冲绳—日本本土的"跳岛"战术，使印度尼西亚和东南亚的日军与其本土完全割裂，沦为孤悬海外的"无用兵力"。因此，后来麦克阿瑟也理所当然地以蛙跳战术的发明者自居。

⭐ 点评 ────────────────────────────────

　　蛙跳战术跳出了固有的线式思维模式，是一种典型的非线式思维，攻击部队超越前线直插敌军腹地，夺取一个个中心要点，以此为支撑继续开展进攻，动摇敌方防御根基。这种战术后来在马岛战争中被英军采用，在海湾战争中被美陆军航空兵采用，成为战争中大放异彩的一种战术。

40. 俄罗斯方块的军事启示——简单直接却内涵丰富

　　俄罗斯方块最初是由苏联科学家阿列克谢·帕基特诺夫于 1984 年设计的益智游戏。1985 年，帕基特诺夫将这个游戏程序移植到了个人计算机上，后来该游戏迅速传播，成为一款风靡全球的游戏。俄罗斯方块上手极其简单，但是要熟练掌握其技巧并不容易。从外形看，它像极了粗犷彪悍的俄罗斯军人，俄式面包、俄国装备，看似简单粗糙，却皮实耐用。小小的俄罗斯方块蕴含了深刻的道理。

（1）简单直接的俄罗斯方块

　　玩家在玩俄罗斯方块游戏时，将从液晶屏幕顶端降下的不同形状的砖块模型由低向高砌墙，每砌一层，增加若干分，砌得越高，空隙越少，得分越多；得分越多，砖块下降的速度则越快。直到你用最快的速度砌完它能显示的最高分值时，游戏即告胜利结束。这实际上就体现了提倡高效率、减少无用功。在战争中，资源调配的速度直接关乎战略反应能力和战争结局。随着军事信息系统越来越复杂，有一些系统反而变得脆弱，而一些简单直接的方式却来得快、能管用。从这个角度看，我们也明白了美军作为现代化程度最高的军队，为什么一直没有放弃简易通信、手工标图的原因。

（2）阅兵方阵中的俄罗斯方块

每年莫斯科红场都要举行盛大的阅兵式以纪念卫国战争胜利。在一次阅兵过程中，俄罗斯展示了十余型陆上装备和空中装备。其看点在于，一些阔别红场多年的重型装备再次驶入红场。例如，俄罗斯曾展示过 T–72 坦克、T–90 坦克、BMP–3 步兵战车、BTR–80 轮式装甲输送车，还有 2S19 自行榴弹炮、BM–30 多管火箭炮、"伊斯坎德尔－M"战术导弹系统以及"通古斯卡""道尔""山毛榉"等野战防空系统。这些有名的装备曾经代表了俄陆军的最高水平。其中，T–72 是苏联钢铁洪流的主力军，是俄陆军中规模最庞大的坦克；而 1999 年俄军抢占普里什蒂纳机场使用的则是 BTR–80 装甲输送车。一代名枪 AK–47 以其简单耐用、使用广泛、操作简单、枪管寿命长等特点享誉世界。

俄坦克储备基地

（3）令对手颤抖的俄罗斯方块

这些涵盖俄陆军的大部分主力装备，曾经是令世界眼前一亮的明星装备，而现在有的已显出老态，有的被发配给训练部队使用，还有很大一部分被放在储藏基地。尽管俄军装备情况参差不齐，但这些战功卓著的大家伙很多仍是俄军官兵的挚爱，它们以新老搭配的组合形式出现在战场之上，也始终是令对手胆寒的存在。

（4）千变万化的俄罗斯方块

俄罗斯方块的基本形状并不复杂，只有十余种，但通过不同的组合方式，这些方块可以建构起形态各异、千变万化的"墙"。这与带兵打仗有异曲同工之妙，因为影响作战的基本因素主要包括敌情、地形、我情、友邻等，但凭借指挥员的智慧、意志和科学运筹，就可以在战争舞台上导演出各种威武雄壮、有声有色的话剧。现代战争的形态和面貌都发生了重大变化，这些变化对传统的作战指挥方式提出了严峻的挑战。假如指挥员只会按照传统的方法思考和实施指挥，难免要吃大亏。指挥员如果能够运用超常思维，敌变我变，因势利导，根据当前态势调整决心企图，恰当编组力量，正确分配任务，合理机动调动兵力，转换作战样式，就可能达到孙子所说的"因敌变化而取胜"的效果。

俄罗斯方块

（5）奖励冒险的俄罗斯方块

稍微熟悉这款游戏后，会发现一个有趣的现象，即有时不计较一时小的得失、不按部就班一层一层地往上砌墙，而采取带有冒险性质的不规则方式进行建构，反而能取得意想不到的效果。因为零件下坠速度和冗余存量的消除速度有快有慢，而且每个下坠的零件在排列上也并没有规律可言，要获取高分，必须迅速对每个零件的态势信息做出准确判断。这与战争中的冒险具有相似之处。由于战争迷雾的存在，战场情况变化迅速，获取情报相当困难，指挥官的作战决心或多或少都包含冒险的成分。如果一味谨小慎微，甚至优柔寡断，就不可能在瞬息万变的战场上夺取稍纵即逝的战机和主动权。战史证明，一些在经过周密侦查和冷静分析、判断的基础上果断大胆地采取某些带有冒险色彩的行动，能够以较小的代价换取较大的胜利。

俄宣传画

（6）优化资源配置的俄罗斯方块

将合适的材料置于恰当的位置上是俄罗斯方块的基本精神。兵在精而不在多，这个"精"，指的不仅仅是质量，还包括用兵水平。古今中外，有多少兵精粮足的军队反而输给了各方面条件大为逊色的敌方，这种战例太多了。正如那个著名的例子——两个马木留克士兵能够打败三个法国士兵，而 1 000 个法国士兵总能打败 1 500 个马木留克士兵。战争胜利首先是人才的胜利。在用人方面，历来就有"一个和尚挑水吃，两个和尚抬水吃，三个和尚没水吃"的怪圈，类似于现在所说的"内卷"。诸葛亮虽然忠诚，但在用人方面错用了纸上谈兵的马谡，压制了大将魏延，影响了事业。而对于航天大国俄罗斯来说，能把关键的人和物放在最合适待的地方，提高了总体设计、项目管理的效率，这才是他们的强点所在。

⭐ 点评 ————————————————————————————

　　玩思维游戏是一种锻炼思维能力、提高智能水平的重要方法。作为指挥官，闲暇时不妨玩两局俄罗斯方块，在放松之余体味一下小游戏之中的化繁为简之道还是大有裨益的。"强军之道，要在得人。"只有把人用在合适的战位，人尽其才，物尽其用，才能避免"蜀中无大将，廖化作先锋"的局面。

41. 发明灵感源自围棋——万物互联的极简二维码

　　围棋是中国的国粹，据统计，中国学习围棋的人口已近 6 000 万人。二维码是我们经常使用的工具，这两者之间有何关联？

（1）二维码棋缘

　　二维码的发明者是日本电装公司的原昌宏工程师，他酷爱围棋，并从围棋的黑白矩阵中获得灵感，设计出二维码，这正是科学和艺术的统一。

（2）极高的识别效率

　　风靡全球的二维码与移动设备高度匹配，得到广泛的普及和应用，已成为智能时代万物互联的重要媒介。二维码被翻译为

神似二维码的棋局

Quick Response Code，也充分说明了其即时反应的特点。

（3）千古无同局

据统计，棋局变化的数量可达到天文数字。也就是说，19×19 路的棋盘上可以演绎出相当于宇宙中粒子总数量的变化，名副其实的大数据！惊叹吧，这就是古人留下的宝贵遗产。

（4）二维码改变世界

随着智能手机的广泛使用，从移动支付到个人名片，从快速登录到防伪溯源，二维码被运用到各行各业，得到了企业和大众的密切关注和喜爱。据统计，在与二维码有关的专利中，中国和日本分别占全球申请总量的 56% 和 17%。相比于日本、韩国、美国等国家，中国对二维码的研究虽然起步较晚，但大众对二维码的认识和接受度很高，并且二维码在移动支付、信息传播、物流追踪、溯源防伪等各个领域得到灵活运用。彩色二维码、圆形二维码、带 logo 的二维码、动态二维码等新型二维码层出不穷。然而，一个硬币总有正反两面，二维码的广泛使用也给信息安全带来了新的挑战，包括信息遭泄露、复制的风险加大，大量个人隐私面临无密可保的风险。

（5）二维码的军事应用

在万物互联时代，每名军人都有自己的二维识别码，可以代替金属铭牌用于身份识别，采用高端加密技术还可以有效降低泄密风险；每套装备或许将拥有自己的"身份证""户口簿"，使用二维码扫一扫就可以快速查询调阅；每件快递都有自己的一个二维码，可以在战场物流中十分方便地使用。二维码本身就是一张形神兼备的棋谱。在棋局中，既有按部就班铺地板式的平淡进程，有围大模样与捞取实地相对抗的鲜明对比，还有双方拼死搏杀的乱战局面等。借用于军事领域，可模仿不同的作战场景，将人员流、物资流、能量流、交通流、信息数据流等主要信息进行结构化处理，形成典型作战场景的知识图谱，供决策者随时调用。

（6）揭开棋谱的奥秘

棋谱是使用图片和文字记述棋局全过程的书籍和图谱。棋谱是智慧的载体，是战局的浓缩，也是贯通古今的桥梁。棋谱记录棋局过程和棋子动态，借喻天圆地方。映射在战场上，方圆动静各要素构成战争态势的无穷变化。清代著名围棋国手范西屏所作《桃花泉弈谱》只用寥寥数图就呈现出千军万马、沟鏊纵横、风起云涌。每张棋谱还可分解成无数变化图，以极简的形式记载了万千战例。棋谱与古老的河图洛书颇为形似。河图洛书是远古时代的人们按照星象排布出时间、方向和季节变化的系统，蕴含着宇宙天地之奥秘，也可被称为神仙对弈之谱。"河图本是星图，其用为地理，故在天为象，在地成形也。""洛书"是表述天地变化脉络的图案，因此也称"脉络图"，其形状和图像星罗棋布、错落有致、简洁深邃。从这个意义上来说，知识图谱与河图洛书乃至围棋棋谱之间可以构成某种联系。

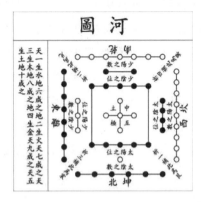 

河图洛书

⭐ 点评

棋谱在大数据时代也被赋予新的意义，成为一种数据集成、智能学习的工具和人机交互的媒介。随着棋谱所蕴含的奥秘被逐渐揭开、二维码在战场上获得推广使用，形象思维的军事应用价值也将不断刷新。

42. 大国重器的神话元素——从"蛟龙入水"想到的

2012 年 6 月 24 日清晨，中国科考船"向阳红 09"号停在预定海域。她那宽阔而坚实的甲板上高高矗立着一台类似龙门吊的设备，这个设备伸出两只长长的手臂，怀抱着红白相间的小鲸鱼一样的机器。该机器机身上漆着一面鲜红的五星红旗和两个醒目的蓝色大字——蛟龙。

2002年早春的一个晚上，已经退休6年的研究员徐芑南接到了一个电话，中国工程院吴有生院士在电话中告诉徐芑南："老伙计，7 000米载人潜水器立项了！我们想来想去，还是要请你出山，这个总设计师非你莫属！"徐芑南说服了家人，放弃了安逸休闲的退休生活，投身到7 000米载人潜水器的研发与试验之中，并被聘任为总设计师，与包括我国第一代潜航员叶聪、傅文涛、唐嘉陵等人的团队一起，奋战了十个春秋，克服了种种艰难险阻，一步步把梦想变成了现实……其实，徐老的故事仅仅是为数众多的研究人员的一个缩影。十年磨一剑。终于，全中国乃至世界瞩目的一天终于到来了！

"可上九天揽月，可下五洋捉鳖"。"蛟龙"号是我国第一艘自行设计、自主集成的深海载人潜水器。大国重器始终与国家军事安全相关联。很多人感到疑惑，"蛟龙"号是怎么得名的呢？俗话说"涉浅水得鱼虾，入深水得蛟龙"。在中国传统文化中，龙是海洋中的王者，"蛟龙"号的研发人员取这个名字，寓意着"蛟龙"号将成为海洋中的王者。其实"蛟龙"号原本计划取名为"海极"，意味着达到深海的极点，但是考虑到"蛟龙"号的下潜深度只达到7 000米，并没有达到深海的极点，所以才重新改了名字，叫作"蛟龙"号。

蛟龙入水

⭐ 点评

别名是对装备的形象化、通俗化称谓，通常使用与装备功能、特征相关联的自然现象、地名、动物名称或者文学作品中的人物名称等。自然界中的众多野生动物，尤其是猛禽、猛兽，本身带有强烈的攻击色彩，代表着强大的攻击性和杀伤力。以动物或神话形象借由隐喻机制为武器装备命名，可以彰显攻击性，给敌人以压迫感，人们熟知的有美国的"海眼镜蛇""黑鹰"等直升机，"猛禽"隐形战机，"超级大黄蜂""鹰"战斗机，还有"火神"高炮、"三叉戟"Ⅱ-DS导弹、"大力神"火箭、"阿波罗"系列航天飞机等。中国五千年悠久的历史也给予了其丰富多彩的神话人物和文化元素。"东风"系列导弹出自三国时期"借东风"的军事典故，"北斗"卫星导航系统得名于北斗七星，类似的还有"红旗""长征"等。丰富的战争场面给人们留下深刻的记忆，在武器设计者的脑海中也总是涌现出那些场面，在此基础上开启信息化、智能化的想象力进行再加工，从而设计出令人身临其境般的场景和想定。

第九章

空间思维

空间思维是指跳出点、线、面的限制，从上下左右、四面八方去思考问题的思维方式。飞机问世仅 100 多年就迅速改变了战争的面貌和形态。而此前漫长的军事活动主要被限制在陆上或海上进行，地理因素对于政治兴衰和军事成败起到十分重要的作用。在军事家眼中，地形具有特殊的价值。《孙子兵法》中指出，"不知山林、险阻、沮泽之形者，不能行军""料敌制胜，计险厄远近，上将之道也"。我们向大家展示的是从宏阔的战略视角看待空间的军事影响。

43. 席卷天下，包举宇内，囊括四海，并吞八荒——大谋士

公元前 221 年，秦灭六国，建立了中国历史上第一个大一统的帝国。

秦国是周朝在中国西北地区建立的诸侯国，秦人先祖嬴姓部族早在殷商时期就是镇守西戎的得力助手。周孝王六年（前 880 年）秦非子因养马有功被周天子封为附庸国。秦国初期只是一个不起眼的小国，而且地缘偏僻，其他诸侯根本不在意。战国初期，秦偏处西陲，地狭人稀，常遭到别国侵略，为了生存，秦开始推行扩张。通过长期蚕食鲸吞，秦终于"奋六世之余烈"，歼灭六国，一

统天下，确立了西自巴蜀、北起长城、南至桂林、东到大海的辽阔领土，也为中华民族的统一和版图的奠定作出了重要贡献。

（1）战争机器

为战胜山东六国，秦把自己打造成一部完美的战争机器，产生了令人惊骇的战斗力。秦能统一六国有多重原因，主要有政治军事改革、经济社会治理、人才选拔任用等。以人才选拔任用为例。在那个时期，从山东六国出发去往秦国的人有很多，有六国的商贾间谍，有破产西进谋生的农民，也有风萧萧兮易水寒的壮士刺客，这些人中也有一些身怀韬略的纵横家。这里要说的是为秦国东出并最终统一六国运筹帷幄的大谋士。著名的有五羖大夫百里奚，有提出"远交近攻"战略的范雎，还有"合纵连横"的苏秦、张仪，他们为秦国出谋划策的一个重要出发点就是空间视角。

（2）天时不如地利

根据饶胜文先生所著《布局天下》中对中国古代军事地理的专门探讨，在古人心目中，中国类似于一个围棋棋盘，关中、河北、东南和四川分别占据四角，山西、山东、湖北和汉中是四边，中原为腹地。中国地理疆域虽然辽阔，但在历史上的统一战争中起决定性作用的主要是上述九大区域。从地形上看，关中更具得天独厚之利。关中山河四塞，南有秦岭横亘，西有陇山延绵，北有黄土高原，东有华山、崤山及晋西南山地，更兼有黄河环绕，可谓山川环抱，气势团聚。从地势上看，关中对东部平原呈高屋建瓴之势。

（3）兼并西戎

五羖大夫百里奚为秦穆公提出兼并西戎、巩固后方的战略。他建议秦不要贸然进入关东与六国争夺，而是先向西发展，通过"灭国十二，益地千里"，灭掉了西边的 12 个小国家，扩张了 1 000 里（1 里 = 0.5 公里）的战略纵深。尤其是灭掉了巴国和蜀国（主要为今四川和重庆地区），使秦在战略上打下了稳固的基础，先立于不败之地，然后东向以争天下。秦在与六国作战的过程中也会打败仗，但打了败仗就退回函谷关，根基不动摇，随时可以卷土重来。

（4）远交近攻与合纵连横

在魏国遭到迫害的范雎入秦拜相，为秦昭襄王提出了著名的远交近攻战略。范雎指出，进攻齐国是战略错误，因为中间隔着韩国和魏国，得到的最多是一块飞地，难以固守；而韩、魏地处中原，是天下的枢纽，应从中原突破，首先拿韩国开刀。更有名的"合纵""连横"则源自苏秦和张仪，六国联合抗秦是合纵，秦国分别拉拢六国则是连横。

★ 点评 ————————————————————————————

秦统一后其战略影响力一直贯穿两千多年至今。汉代政论家贾谊谈到"践华为城，因河为池""乃使蒙恬北筑长城而守藩篱，却匈奴七百余里；胡人不敢南下而牧马，士不敢弯弓而抱怨"。古人尽管没有航天飞机，却高屋建瓴，描绘出中国的地理格局。从地形上看，中国就像一个西北高、东南低的大簸箕，形成了一个天然封闭的保护网，自西北流下了两条大河，大河两岸有肥沃、多形态的土地，可以产生无数可狩之猎物，又有足够灌溉之水源，于是这两河流域和中间地带就成了最适于人类生存的环境，无数大小部落在这片不太大的地域男耕女织，生息繁衍，安居乐业。战略家围绕秦国的生存发展进行了精到的形势分析、积极的战略筹划，他们的主要出发点都是对秦的地利进行分析和利用。上述思维就是典型的空间思维。后世西晋发动统一战争，有了"王濬楼船下益州，金陵王气黯然收"的辉煌战果，也都属于对中国阶梯状地理运用。

44. 建在丝路绿洲上的国防工程——大敦煌

大敦煌示意图

2023年10月，在第三届"一带一路"国际合作高峰论坛举行之际，四集纪录片《大敦煌》在央视纪录频道开播，是继央视和敦煌研究院联合出品十集大型纪录片《敦煌》之后，央视和甘肃省再次合作的一部关于敦煌的力作。该片以宏阔的国际视野、真实的影像记录、丰富的历史资料呈现和讲述敦煌故事，探索文明运行脉络，展现了中华民族高度的文化自信。

敦煌地处亚洲的心脏，是历史上中原王朝经略西域的战略门户。千百年来，中原和西域文化、艺术、科技、政治、经济、宗教以及日常生活等在这里交汇，敦煌的角色在起点、终点、转折点之间不断变换。在《大敦煌》中，敦煌文化发展脉络的重要足迹被清晰地展现在每一位观众眼前：从敦煌到长安之间设置的 45 个驿站。

通过应用高水平航拍技术，敦煌、河西走廊丰富的地形地貌、美丽的风景被展现出来。宏伟而辽阔的河西走廊是一片没有任何人工雕琢、完全由自然而生的独特区域，人们惊叹于大自然的神奇，也感叹于这片土地的神奇。四时皆不同的敦煌莫高窟，白雪覆盖下更加美丽多姿的红色九间楼，强烈的震撼力让观众感受到了祖国山河的雄浑壮美、大气磅礴，同时也让观众领略了色彩斑斓的西域风情。河西走廊是古代丝绸之路上的一条重要通道，是我国古代农耕民族与游牧民族的分界线，也是汉王朝与西域国家交流的门户，丝绸之路经过河西走廊到达河套平原后分为南北两路。纪录片《大敦煌》一经播出，便引起了广大观众和纪录片爱好者的关注。"敦，大也；煌，盛也"，敦煌是世界文明长河中的一颗璀璨明珠，是历史上东西方文化交汇的重要枢纽和丰碑。

河西走廊将中原与西域连在一起，是丝绸之路的咽喉要害。这条商路能兴盛几百年不衰，皆因汉武帝在此设立了四座守卫边城——武威、张掖、酒泉和敦煌，又称河西四郡。四郡西端是著名的玉门关和阳关。可以说，敦煌见证了汉武大帝的文治武功。这条绵延上千公里，宽度从数公里到数百公里不等的狭长地带名叫河西走廊。正是这样独特的地理条件，使得它自古就是"兵家必争之地"。

西汉初年，来自北方草原的匈奴不断南下，威胁着中原地区的安定生活。汉武帝为打败匈奴，巩固统治，派张骞两次出使西域。张骞的出使不仅加深了中原对西域的了解，更扩大了汉王朝在西域诸地的政治影响。张骞通西域后，汉武帝"设四郡，据两关"，敦煌郡从设置起就处在东西交通的关键点上。当年的敦煌郡包括今天的敦煌市、瓜州县和玉门市，加上南北两山和西部沙漠，两汉时上述地区的界线在南、北、西延伸很长，实际面积要比现在大得多。后经三国、两晋、南北朝、隋唐、西夏、元、明、清等不同历史时期，敦煌地区的名称和管辖有所变迁，但其特殊的军事地位和对国家安全的支撑作用没有丝毫减弱。

⭐ 点评 ——————————————————————————

2019 年 8 月 19 日，习近平总书记在敦煌考察调研时提到：第一，敦煌文化保护研究工作很有意义、很有成效；第二，敦煌文化是各种文明长期交流融汇的结晶；第三，敦煌文化展示了中华民族的文化自信；第四，推动敦煌文化研究服务共建"一带一路"；第五，加强敦煌学研究（习近平《在敦煌研究院座谈时的讲话》）。回望千年文明，闪耀中华传奇，点亮丝绸之路。敦煌是"一带一路"上一串闪亮的珍珠，而《大敦煌》的拍摄则是文明交流互动的具体实践。在一张以丝绸之路为主线、横贯欧亚的中国风动画地图上，长镜头从敦煌这个聚焦点反复地推远、拉近，敦煌时而变大、时而变小，在这大与小的转换中，人们清晰地看到了敦煌在自然地理和历史文化发展中的坐标和地位。从历史长卷中展望大敦煌，中华民族的战略家们深邃的目光正凝望我们。

45. 惊心动魄的大纵深战略迂回——蒙古灭金之战

13 世纪，成吉思汗及其子孙统帅的蒙古铁骑横扫欧亚大陆，所向披靡，震撼世界。在这期间，发生在中原大地的灭金之战堪称大纵深迂回战略的杰作。

何为大纵深迂回战略？即利用防御一方大多是正面强而两翼稍薄弱的规律，在全面侦察敌情、地形的前提下，围绕敌军主力或城市等重要目标，出其不意地向敌深远纵深大胆穿插、包围、分割，从而迫使对方迅速瓦解。公元前 119 年，西汉向匈奴发动了著名的漠北之战，这是人类历史上第一次骑兵大规模长途奔袭迂回作战，大将军霍去病率部在匈奴大后方穿插迂回 2 000 多公里，斩敌 7 万余人，兵锋直指贝加尔湖。

（1）首战告捷

公元 1211 年，蒙金战争正式打响。成吉思汗出兵攻金，金朝皇帝完颜永济仓促应战。蒙古军首攻乌沙堡（今河北省张北县西北），再战野狐岭、会河堡，进而重创金军于西京（今山西省大同市）。金军总量达 45 万人，而蒙古军队只有 10 多万人，数量对比一目了然。但是处于兵力劣势的却是世界级的

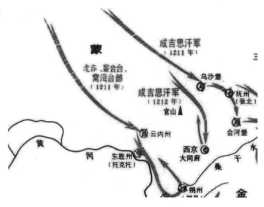

成吉思汗灭金进军示意图

战争大师——成吉思汗所带领的军队，于是这场战争就朝着一个大多数人都想不到的方向开始发展。在著名的野狐岭之战中，成吉思汗就运用了分兵迂回的战略。成吉思汗让自己的三个儿子术赤、察合台、窝阔台率军攻打金的西京，牵制西京的金军。然后他亲率 10 万军队打破了野狐岭（今河北省张家口市附近）的防御。一点突破，全线崩溃，蒙古打开了南下的道路，对金朝统治的中原地区展开扫荡。

（2）攻破居庸关

居庸关之险，可谓一夫当关万夫莫开。公元 1213 年，成吉思汗被绵延百里的铁蒺藜拦在了居庸关前。能征惯战的成吉思汗没有被固若金汤的雄关难住，他果断地再次分兵，自己率手下的少数军队在北口牵制金军目光，派遣手下大将哲别率主力走小路攻击南口。在南北夹击之下，居庸关很快被攻破，蒙古军连下数城，金朝被迫迁都开封。

（3）木华黎攻金

1217 年，成吉思汗授权木华黎作为蒙古大军的指挥官继续进攻金朝。木华黎改变以前肆意杀掠而不驻守的政策，和其子孛鲁招纳汉族地主武装首领，攻取了辽西、河北、山东、山西、山东大片地区，并留下部分兵力驻守。金帝完颜守绪即位后，全力防守潼关、黄河一线，金蒙隔河对峙。

（4）窝阔台大汗灭金

1227 年 7 月，成吉思汗临终前留下遗嘱，利用宋、金世仇的关系，联宋灭金。到 1231 年时，当年牵制西京金军的窝阔台成长为新一代大汗。他继承了成

吉思汗迂回机动的战略思想，并利用与南宋达成的暂时盟友关系借道实施了战略迂回。窝阔台先让自己的叔叔率军出济南，从东面牵制开封金军；令他四弟拖雷率军迂回陕西汉中，又沿汉江绕道湖北，出现在金国的南方。而与此同时，中路由窝阔台亲自率领，从白坡（今河南省孟州市西南）南渡黄河，正面威逼南京。蒙古军南北夹击，形成了一个巨大的包围圈，一举拿下了开封，灭亡金朝。此次灭金，拖雷部迂回的直线距离达到数百公里。

★ 点评

　　蒙古军队历经 23 年，从成吉思汗、拖雷到窝阔台，最终吞并了金，这是世界战争史上著名的以少胜多的战争。蒙古军队凭借骑兵的持久耐力和快速机动能力，越过大漠、险滩、雪谷、荒原等人们难以想象的险恶地形，出其不意地向敌人的深远纵深大胆穿插、分割，四面包围敌人，成功实施了大迂回战略。

46. 虽属外岛，实关四省之要害——施琅《恭陈台湾弃留疏》

　　施琅（1621—1696 年），字尊侯，号琢公，今福建晋江龙湖衙口村人，祖籍河南固始县；明末清初军事家，封靖海侯，谥襄庄，赠太子少傅。康熙二十一年（1682 年）十月康熙对身为明郑降清将领的福建水师提督施琅下达了专征台湾的圣旨。康熙二十二年（1683 年）六月，施琅统兵征台，八月台湾回归祖国怀抱。

施琅将军雕像

　　在收复台湾后，由于台湾位置本就偏远，远离京城，且与福建隔海相望，清廷再次为台湾的治理问题犯难。清政府在收复台湾的过程中采取了一定的怀柔政策，这就导致在日后的治理中有很多问题暴露出来。结合影视剧《康熙王朝》中战前姚启圣提出的"三必剿，三必抚"策略——三必剿即剿其心，剿其兵，剿其海路；而三必抚则是一抚慰郑氏祖上之功，二抚其民，三抚"延平王"郑经——可以更好地理解当时的特殊背景。

大多数官员对台湾的重要地位缺乏充分的认识，认为台湾土地狭小，人口稀少，财赋无多，又远隔重洋，如派兵驻守，不仅糜费粮饷，而且鞭长莫及。他们主张"守澎湖，徙台湾人民而弃其地"。就连康熙皇帝也认为台湾乃"弹丸之地。得之无所加，不得无所损"，此时，施琅力排众议，坚决主张留守台湾。关于台湾弃留问题的这场争论长达数月之久，到了 1683 年 12 月 22 日，施琅对清廷上了一封《恭陈台湾弃留疏》，论述了台湾与东南海防的重要关系，对弃守论的种种错误论点——加以驳斥。

施琅在奏疏中写道："……台湾地方，北连吴会，南接粤峤，延袤数千里，山川峻峭，港道迂回，乃江、浙、闽、粤四省之左护……此地若弃为荒陬，复置度外，则今台湾人居稠密，户口繁息，农工商贾，各遂其生，一行徙弃，安土重迁，失业流离，殊费经营，实非长策……是守台湾则所以固澎湖。台湾，澎湖一守兼之。沿边水师，汛防严密，各相犄角，声气关通，应援易及，可以宁息……盖筹天下之形势，必求完全。台湾一地，虽属多岛，实关四省之要害。勿谓被中耕种，犹能少资兵食，固当议留；即为不毛荒壤，必籍内地挽运，亦断断乎其不可弃。"

"北连吴会，南接粤峤"形象地阐明了台湾的"战略枢纽"的地位。该文中用"江、浙、闽、粤四省之左护"形象地指出台湾对东南沿海起到屏障作用，指出台湾具有"舟帆四达"的特殊地理优势，是门户和屏障。一句"弃之必酿成大祸，留之诚永固边圉"的结论，高瞻远瞩，利害分明。施琅从殖民者入侵的惯性角度深入分析了红毛（外夷）对台湾的"涎贪"以及"依泊"台湾"窃窥边场"可能给国家安全环境造成严重内忧外患的危害性。施琅在《恭陈台湾弃留疏》中重点从台湾与东南海防的重要关系出发，充分论证了台湾的战略价值——台湾实为东南沿海四省的重要屏障，可以有效抵御来自海上的威胁。于是，1684 年，清廷正式设立台湾府，将其划归福建管辖。这再一次证明了台湾是我国不可分割的领土。

⭐ 点评 ————————————————————————

施琅将军超前的战略眼光和精深的军事地理视角令人折服。《恭陈台湾弃留疏》一文洋洋洒洒近两千言，通篇洋溢着维护国家统一的炽烈爱国热忱，对台湾战略地位的深刻认识溢于言表，全文贯穿着海防思想和国家安全思想。《恭陈台湾弃留疏》饱含中华民族对于内忧外患的警醒，告诫人们提高忧患意识，对于中华民族反"独"促统伟大事业仍具有重要的战略参考价值。

$47.$ 得山而生，得山而胜——山地战与中国革命

毛泽东曾说过，我们要做"革命的山大王"。因为有了革命，山便有了魂。1927 年，大革命失败，这证明以城市为中心的革命道路在中国根本走不通。毛泽东带领秋收起义部队引兵井冈，开启了中国革命崭新的起点。有人表示不理解，觉得都去做"山大王"了，还叫什么革命？面对质疑，毛泽东指着地图上的罗霄山脉中段说：我们要到达这像眉毛一样的地方去当"山大王"，我们这些特殊的"山大王"，是共产党领导的，有主义、有政策、有办法的"山大王"。朱德早年到莫斯科东方劳动者大学秘密军事训练班学习，担任学员队长。一次，当苏联教官提出"回国后如何打仗"的考题时，朱德回答："部队大有大的打法，小有小的打法。我的战法是'打得赢就打，打不赢就走，必要时拖队伍上山'。"教官一听脸色就变了，摇头晃脑地批评他不敢跟敌人决战，显得太懦弱，还给了朱德差的成绩。朱德的观点真的错了吗？

战场实践最终给出了公正的裁决。在中国革命战争时期，朱德的观点与毛泽东的游击战思想不谋而合，两位伟人带领工农红军创立的游击战"十六字诀"以灵活机动的战略战术巧妙地与敌周旋、有效消灭敌人，由此奠定了我军由弱胜强的重大理论基础。朱德的游击战理论，由开始遭受冷遇否定，到回国后成为红军的法宝，这一转变发人深省。

山地作战是党领导革命战争走向胜利的重要拐点和亮点。从南昌起义打响武装反对国民党反动派的第一枪开始，到 1949 年中华人民共和国成立，在党的领导下，我军历经长达 22 年的战争才赢得了革命的宝贵胜利。这一期间经历了土地革命战争、抗日战争和解放战争三个阶段。无论是对国民党反动派军队还是对日本侵略军作战，在这几个阶段战争的初期，在战略力量对比上，毫无疑

问，均为敌强我弱的非对称态势。由于敌人统治力量强大的地区往往位于大中城市，且我军武器装备较敌人落后，因此不得不转入敌人力量薄弱的山区和广大农村，在打击敌人的同时，不断发展壮大，可以说山地作战是改变敌强我弱态势的重要转折点。

从土地革命战争经验来看，我军是得山而生，得山而胜。南昌起义后，起义部队在向南转移的过程中被敌人打散。为了保存力量，起义部队一部分转入以山岳、丘陵地为主要地形的海陆丰地区，而另一部分由朱德带领上了井冈山，后来与毛泽东领导的秋收起义部队会师并建立根据地，从而开启了中国革命的新篇章。八百里井冈，战略纵深广阔，成为红军反"围剿"的重要战场。红军

革命的红山——井冈山

运用诱敌深入方针一次次战胜敌人。而第五次反"围剿"由于受到"左"倾错误路线指导，红军被迫御敌于国门之外死打硬拼，这种作战丧失了山地作战特有的机动、隐蔽、突然的优势，使红军遭受重大损失。遵义会议后，红军在毛泽东的指挥下夺取娄山关、重占遵义、四渡赤水、强渡大渡河、飞夺泸定桥、奇袭腊子口、翻越夹金山等，这些战史上的杰作基本都是在崇山峻岭之间和敌人斗智斗勇，使红军巧妙摆脱数十万国民党军队的围追堵截，于 1936 年胜利抵达陕北高原，从进兵方向上看是北上抗日，占据了中国地形的高点，瞰制中原，为抗日战争制定我党独立领导的以山地游击战为主的战略方针奠定了基础。

在抗日战争中，我军多次创造了山地作战的不朽神话。1937 年 9 月，林彪指挥八路军 115 师利用平型岭"瓶状"的地形巧妙设伏、大量歼敌，取得了平型关伏击战的胜利，粉碎了日寇不败的神话，极大地提振了全国军民的抗战士气。1937 年 10 月，刘伯承率领八路军 129 师在井陉地区的七亘村两次伏击日军第 20 师团一部，毙敌 400 余人，缴获大批骡马和军用物资，是战史上的神来之笔。1939 年年底，率兵进犯我晋察冀根据地的日军中将阿部规秀在黄土岭被杨成武所部神炮手一举击毙，被誉为"名将之花"的山地战专家陨落在太行山上，是抗战时期在中国战场被八路军击毙的日军最高军衔将领，对日军构成极大的震撼。1940 年，针对日寇的"囚笼政策"，彭德怀指挥八路军围绕华北地区日军交通线、据点进行了规模空前的破袭战，即百团大战。在此次战役期间，大部分战斗依托太行山脉及周边山地进行，其中围绕五台山、忻口、狼牙山、娘子关、井陉等山地地形的激烈战斗沉重打击了日寇。

在解放战争中，我军多有山地作战的神来之笔。刘邓大军在有"中原之脊"之称的上党地区发动了对敌反击作战，收复了屯留、潞城、长子、壶关等城镇，并将敌聚歼于沁河东岸将军岭、桃川地区，上党战役有力支援了重庆谈判。党中央撤离延安后，彭德怀指挥西北野战军在沟壑纵横的陕北高原与胡宗南周旋，创造了三战三捷。同时，陈毅、粟裕在山东战场利用地形和国民党内军队派系矛盾，痛歼敌整编第 74 师于孟良崮。通过山地作战，我军彻底粉碎了蒋介石的重点进攻。1947 年，毛泽东作出了"三军配合、两翼牵制"挺进中原的战略决策，刘邓大军创造了千里跃进大别山的伟大胜利，拉开了我军战略反攻的序幕。

★ 点评

中国是一个多山之国。从历史上看，山地对于打赢战争和国家安全筹划具有极为重要的意义。古往今来，多少战将在山地作战中挥斥方遒，克敌制胜，一战成名。从全球范围来看，中国共产党领导的中国革命有一个非常独特之处，既不同于俄国十月革命，也不同于其他国家的革命战争，那就是得山而生，得山而胜；建立巩固的革命根据地，从而获得生存和发展的空间，依托山地充分发挥灵活机动的战略战术，从而战胜敌人。

48. 善攻者动于九天之上——从宇宙流大作战看太空圈地运动

兵圣孙子在《孔子兵法·形篇》中指出，"善攻者，动于九天之上"。宋代《棋经十三篇》又提出"高者在腹"，意思是棋局的中央地带是高手行棋的重中之重。至 20 世纪，首个围棋世界冠军日本围棋选手武宫正树九段开创了著名的"宇宙流"围棋理论，美国人丹尼尔·格雷厄姆则提出了高边疆理论。21 世纪伊始，美国空军举行了有史以来首次大规模太空战演习。这几件事的跨度前后达两千年之久，却带领人们的思绪自由飞翔。

（1）高者在腹、动于九天

中国古典兵书战策"善攻者，动于九天之上"和围棋经典理论为"宇宙流"提供了依据。武宫正树提倡在棋盘上高位优先、抬高棋子的位置、加快布局速度，体现了高度的完整性、系统性、连贯性，非常契合太空联合作战的特点。在实用主义至上的棋坛，"宇宙流"以其宏伟壮丽的全局构思、一气呵成的连贯风格、不拘一格的行棋方法让人眼前一亮，一度风靡世界经久不衰，就连"阿尔法狗"也借鉴了这一思想。对弈如用兵，"宇宙流"引入战争领域，其跨维度的军事思想和战略战术对太空联合作战具有借鉴意义。战争已经穿越天空向太空延伸，太空可能成为真正的战略纵深。

决胜空天

（2）奔向太空、夺取制权

自 20 世纪以来，"闪击战""空地一体战""高边疆""空海一体战"等理论层出不穷，这些理论的"吃螃蟹者"们不仅赢得了战场上的主动权，也赢得了军事竞争领域的主导权。当前作战理论大有向"空天地一体"大融合发展之势。打个形象的比方，"宇宙流"给人的感觉不是像坐汽车、火车、飞机那样，而是开着"宇宙飞船"奔向了太空。而在此方式下，战胜对手主要依靠占据高位要点、构筑中央势力，完成居高临下实施打击，从手段上来看与"高边疆""制空权"理论别无二致，通过夺取制天权、制空权来发展战略力量，以绝对的高位势实现对地打击。谁掌握了太空的制权，谁就掌握了敌人的命运。再机敏灵活的蛇也逃不过鹰的发现和攻击，因为二者所处的位势有着天壤之别。这类似于人类对太空早期的探索，很多战略要地并未受到限制，而是一种自由开发状态，只要开启"天空之眼"，只要能力具备，"落子"也类似于想在哪里落就可以无拘无束无阻碍地落在哪里。"宇宙流"对同时代的压制正如人工智能对人类的碾压，昭示着在太空战领域仍然存在这种非对称的态势，人们不得不高度警惕这种具有变革性的理论和颠覆性的技术，只有这样才有可能赢得未来。

（3）战区从此走向立体

21世纪伊始，美空军举行了有史以来首次大规模太空战演习，太空战及其可能引发的种种后果成了国际媒体争相报道的猛料。然而，在沸沸扬扬的炒作背后，不少人却忽略了这背后的神秘主角——美国太空战实验室。正是这一神秘实验室提出了"天战"设想的验证步骤。长期以来，美国国防部对太空战讳莫如深，但纸里包不住火，特别是进入21世纪后各军事强国纷纷在太空领域迈出坚定步伐，这也是时代的必然走向。美军太空战的重点意图在于，确保美军在航空和航天中相对潜在敌人占有绝对优势，主导太空联合作战或密切配合其他军兵种进行战斗，并有步骤地对太空开发创意设想或计划进行验证。2005年4月29日，美国国家安全太空学院设立了一个建模与仿真实验室，并在许多课程中增加了基于太空的演习。2020年前后，美国成立了太空军。美国太空战实验室的存在对于提升美国太空战能力、助力美国取得太空战先机具有重要意义。

（4）太空是一个战区

美国《国家利益》双月刊网站2021年9月27日发表题为《美国空军和太空军准备好"全面"武器化太空》的文章，作者为克里斯·奥斯本，文章提到美空军部长弗兰克·肯德尔证实正在探索这些可能性，他称之为"从太空发出的全球打击"。肯德尔说："将武器发射至太空，作为一种入轨后再脱离轨道对目标予以打击的系统，或许是一种更具生存能力的攻击方式。太空飞行武器具备变轨能力，可以避免传统的洲际弹道导弹因飞行轨道可被预测而遭拦截。这可以使进攻性武器能够避开对手的导弹预警系统。"肯德尔最重要且最有力的言论之一是，他说在太空武器的可能性方面，"技术上的可行性是毫无疑问的"。肯德尔有关太空战的言论与美国太空军司令约翰·雷蒙德的言论非常相似。雷蒙德明确表示过太空是一个战区。

✦ 点评 ————————————————————————————

　　事关决胜未来的新一轮太空圈地运动已经开始了。星链计划试图将数万颗卫星送进太空，其军事意义不言自明。太空中存在类似地球上的重要航道和战略要地，除了稀有的轨道资源外，还有一些不易发现的隐秘点，意味着存放大型空间站并以极低燃料消耗长时间维持存在具有可行性，并且能够更好地实施侦察监视，或实施以点控面、震慑全局。

49. 善守者藏于九地之下——深地作战

　　2018 年 5 月 14 日，据以色列国防军证实，以军战斗机摧毁了伊朗和巴勒斯坦武装分子的运兵隧道，大批武装分子被活埋于地下，这是几个月以来以色列摧毁的第九条隧道，据悉，巴勒斯坦武装分子利用该隧道渗透到以色列境内发动袭击。近年来，精确制导武器对地面军事目标构成了巨大威胁。

　　一些国家和军事组织将重要军事目标和大量军事活动转入地下。在伊拉克战争和阿富汗战争中，反美武装多次利用地下工事进行游击作战，让美军饱尝苦头。叙利亚战争自 2011 年算起已历时十余年，战事陷入胶着，叙利亚政府和反政府武装之间的胜负角力点延伸至地平线下，反政府武装依托绵密地道网一度使叙政府军一筹莫展。深地空间作战将是一场关于新环境、新问题和新挑战的新型战争。人类活动向地下延伸、战场向地下拓展是战争中攻防对抗发展的必然结果。深地之下可藏有军事人员、军事设施和战略要地，地下空间与战争的渊源甚深，与国家安全紧密相关。

　　早在远古时期，人类为防寒避暑、避风躲雨、防范野兽就开始居住于洞窟。在冷兵器时代，地下工程就被作为攻防作战的重要手段。受技术条件制约，直到 20 世纪，以盾构技术为核心的地下开挖技术、现代安装技术和地下通信技术取得重大突破，人类得以突破岩层造成的重重障碍，大规模构筑地下作战体系。

　　钻地武器的发展威胁着浅层地下目标，推动战场空间不断向深地拓展。美、俄装备了号称"炸弹之母"和"炸弹之父"的燃料空气弹药，装药量多达

数吨，杀伤半径数百米，但它们只适用于破坏地面目标或浅层洞穴，对于深埋

美国投掷的炸弹之母

的地下目标而言威胁有限。需要指出的是，钻地炸弹难以解决深地作战的根本问题。据称，钻地炸弹，甚至是小型钻地核弹，也只能穿透地下最上面的几层。而一般地下军事设施都属于高度机密，很难准确定位，而且很多地下军事设施甚至能抵抗核弹攻击。

钻地弹不仅难以达成作战目标，而且极易造成人道主义灾难；而如果针对一般民用设施还会背上制造灾难的罪名。战争需求逐步刺激了深地空间技术群的新发展。美军认为，深地作战必须依靠专用武器装备。为此，美陆军不断寻求领域拓展和技术突破，未来或将引发一场新的战争。美军对深地空间作战高度关注，加大投入、实战检验，这一系列动作暴露出其对于军事霸权的焦虑，也表现出战略上试图拓展新领域、增加新筹码的意图。

夏延山北美防空司令部大门

毫无疑问，具备了深地打击能力的美军将在其全球打击目标清单上增加一系列目标，迫使任何国家都不能无动于衷。像位于夏延山基地的北美防空司令部这样的防护工程，各大国都有。到目前为止，美国已对驻扎韩国、夏威夷、阿拉斯加等部队加强了坑道作战训练，预计会进一步扩大训练规模。深地作战危险的加大对防护工程提出了新的挑战，大大增加了战场防护工程建设难度和投入。深地作战有几个方面的威胁：一是全方位的侦察监视提高了战场透明度和对防护工程的发现概率；二是精确制导打击

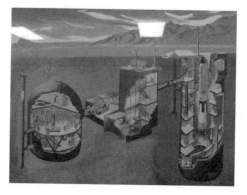

深地发射井剖面示意图

能力提高了对地面或浅埋目标的毁伤概率；三是战争突发性和敌军的快速机动能力缩短了构筑野战阵地的时间。

⭐ 点评 ————————————————————————————————

　　地下成为国际博弈的新型空间，也决定了战场空间将向地下延伸。察"九地之变"，谋求向深地安全对其军事动向保持紧密关注，跟踪技术发展和预判，发展有自主知识产权的前沿技术，做到"致人而不致于人"，确保国家发展和利益的安全。

第十章

预测思维

"愚者暗于成事，智者见于未萌。"商鞅的这句话深刻指明了预测思维的重要性。预测思维是指人们利用已有的知识、经验，在对事物过去和现在的认识基础上，对事物的未来或未知的前景预先作出估计、分析、推测和判断的一种思维过程。"先知先觉，才能高瞻远瞩"也是预测思维。作为一种思维方式，与其他思维方式相比，预测思维有着其独特之处，如超越性、探索性、近似性和局限性。诚如制空权理论创始人朱利奥·杜黑所言："胜利只向那些能预见战争特性变化的人微笑，而不是向那些等待变化发生后才去适应的人微笑。"

50. 其安易持，其未兆易谋——范蠡的预知与远见

"其安易持，其未兆易谋；其脆易泮，其微易散。为之于未有，治之于未乱。"这段话出自老子的《道德经》第六十四章，意思是说：局面安定时易于把握，事情尚无迹象时易于图谋；事物脆弱时易于破除，事物微细时易于化解。要在事情尚未发生时就处理妥当，要在祸乱尚未出现时就治理到位。这段话谈的是先知和预见问题。

老子不仅是伟大的思想家、政治家、哲学家，也是充满睿智谋略的军事家。《道德经》不仅是一部哲学著作，《隋书》等典籍还把《道德经》列入兵书一类。老子的军事和战略思想源于大道，卓尔不凡，又切入实际。但由于老子本人的形象更近乎仙风道骨，很难找到老子本人治军打仗的故事。千百年来，尽管把《道德经》当作兵书来读的人不在少数，但能够对老子思想心领神会和成功践行的人寥寥无几，而春秋时期的范蠡当属其中一位。

范蠡，春秋末期著名的政治家、军事家、经济学家，辅佐越王勾践灭亡吴国、称霸中原，创作《范蠡兵法》，被后世的唐、宋帝王列入武庙 72 将。

（1）对勾践伐吴失利的预见

据《国语》记载，当时"勾践之地，南至于句无，北至于御儿，东至于鄞，西至于姑蔑，广运百里"。越王三年，勾践得知吴王日夜练兵，就想先发制人。范蠡劝谏说："不可。臣闻兵者凶器也，战者逆德也，争事者之末也。阴谋逆德，好用凶器，试身于所末，上帝禁之，行者不利。"这段话大意是：战争是一种凶器，打仗违背人道，争斗是解决问题的下策，皆有违天道，注定失败。《道德经》第三十章言："以道佐人主者，不以兵强天下。其事好还。"第三十一章言："夫唯兵者，不祥之器，物或恶之，故有道者不处……兵者，不祥之器，非君子之器……"可见范蠡所谏与老子原话极相近，都是说用兵不祥，战争有违天道。而所谓"争事者之末也"，则强调不争，更是老子的核心理念，在《道德经》中，诸如"水善利万物而不争""夫唯不争，故无尤""夫唯不争，故天下莫能与之争""是谓不争之德""不争而善胜""圣人之道，为而不争"等，更是随处可见。只可惜，范蠡如此大智之谏，勾践不听。公元前494年，勾践坚持出兵伐吴，夫椒一战，结果大败，几乎全军覆没，被吴军围困于会稽山，差点亡国。这一事例即是范蠡最初预见了勾践的失败。在国家生死存亡关头，范蠡等人建议勾践以退待进，求和图存，只要能保存国号和勾践越王的名号就能赢得转机，后来便有了勾践"卧薪尝胆"的故事。

（2）对伐吴时机的正确预见

据《吴越春秋》记载，范蠡认为吴国强敌在前，随时可能发动突然袭击，越国弱小，在这么小的地盘上和地广人稠、军力强大的吴国抗衡，必须时刻保持警惕，立足持久防御——"审备慎守，以待不虞，备设守固，必可应难"。之后，在越国逐渐恢复元气，勾践急于报仇雪恨之时，范蠡认为客观环境制约力太强，在有利时机还没有出现、条件还不具备时，切不可主动发起进攻，而应等待时机——"时不至，不可强生；事不究，不可强成"。不要和别人挑起干戈、战争——"天时不作，弗为人客""按师整兵，待其坏败，随而袭之"。在时机不成熟的情况下盲目进攻，就会"逆于天而不和于人"，必然招致惨重失败——"王若行之，将妨于国家，靡王躬身"。范蠡认为要战胜强吴，一要兵强，二要粮足，"兵之要在于人；人之要在于谷"，始终坚持以守待攻、后发制人的战略主张。这一次勾践听取了范蠡的建议。

（3）对唯顺天之道方成大业的预见

公元前 482 年，越师袭击吴国，斩杀吴国太子；公元前 475 年，范蠡采用围而不攻、以柔克刚之战略，令吴师自溃；公元前 473 年，越灭吴，吴王夫差自杀。正所谓，"苦心人，天不负，卧薪尝胆，三千越甲可吞吴"。越国终于强大，实施灭吴大计，将夫差围困于姑苏之山时，夫差派人求和，希望勾践能放他一马。司马迁这样写道："勾践不忍，欲许之。范蠡曰：'会稽之事，天以越赐吴，吴不取。今天以吴赐越，越其可逆天乎？且夫君王蚤朝晏罢，非为吴邪？谋之二十二年，一旦而弃之，可乎？且夫天与弗取，反受其咎。'"老子说："人法地，地法天，天法道，道法自然。"此时范蠡冷静而清醒，直言当年在会稽，老天将越国送给吴，吴国不要，结果自遗其咎，落得今日之下场；现在老天又将吴送给越，咱们能逆天之命吗？

（4）对狡兔死走狗烹的预见

公元前 468 年，越王称霸中原。范蠡激流勇退，泛舟五湖，从商创经，被奉为商业界的鼻祖。吴国已灭，越王称霸。此时，范蠡却突然急流勇退——范蠡遂去，自齐遗大夫种书曰："蜚鸟尽，良弓藏；狡兔死，走狗烹。越王为人长颈鸟喙，可与共患难，不可与共乐。子何不去？"范蠡此言，我们是何等熟悉。在老子那里，他有更简洁的表达："功遂身退，天之道。"此七字箴言，看似简单，但能力行者，古往今来又有几何？历经艰险为国尽忠，而当终成大业之时，功名富贵加身，似也是己所应得。"富贵于我如浮云"，说说尚可，真要抛之而去，实在太难，但范蠡做到了。用司马迁的话来说，他知道"大名之下，难以久居"，于是"乘舟浮海以行，终不反（返）"。"终不反"三字是何等决绝？那乘舟浮海的远行，大体也是得道之人的修为。

勾践能有此功业，真是少不了范蠡与文种的奇谋辅佐。特别是范蠡，在辅佐勾践期间显示出极高的智慧，而这些智慧，又几乎处处应和着老子的思想。甚至可以说，范蠡在本故事中所说的绝大多数话，都能从《道德经》中找到契合之处。

⭐ 点评 ────────────────────

　　读到此处，掩卷沉思，不由感叹，天道自然。范蠡是真正具备老子所说"为之于未有，治之于未乱"的大本事。范蠡辅佐弱小的越国，要战胜强大的吴国，主要是做到了以守待攻、持久防御、过细准备、隐蔽意图、瓦解敌人、捕捉战机。上述几条的核心就是坚持后发制人、以柔克刚，而能够做到这一点最难能可贵的是他对敌我力量、君主性格、形势变化的精准把握和具有远见的预判。

．．．

51. 有如神助的绝地反击——田单破燕复国的谋划

　　战国时期是我国历史上战争最频繁的时期。当时有七个较强大的国家，即燕、韩、赵、魏、齐、楚、秦，号称"战国七雄"。这七个国家，今天你打我，明日我杀你，整个天下动荡不安。其中，齐国和燕国相邻，两国经常发生冲突。

　　（1）燕齐相争

　　齐宣王趁燕国内乱，借口替燕国平乱，派兵攻占蓟丘（今北京市西城区白云观附近），逼死了燕王哙。燕昭王即位，为了报仇雪耻，招贤养士，不惜千金买马骨，拜乐毅为上将军，统率五国联军伐齐。此时，齐宣王已死，只能是父债子偿了。齐宣王的儿子齐湣王残暴好战，在位期间与秦、楚大战，吞并宋国，自称东帝，多行不义。公元前284年，乐毅攻占临淄（今山东淄博东北），接连攻下齐国七十余城。齐王不得已退守莒城（今山东省日照市莒县），不久被杀，最后齐国只剩下了莒城和即墨（今山东省平度市东南），危在旦夕。

　　（2）田单为将

　　田单，临淄（今山东省淄博市临淄区）人，战国时田齐宗室远房的亲属，任齐都临淄的市掾（秘书）。田单与齐国的王宗虽属同宗，但关系已比较疏远，远远称不上齐国的达官显贵。当乐毅攻破临淄城时，田单带着族人逃难到安平，乐毅的军队又迅速攻到安平；为尽快摆脱敌军的追击，田单教导族人把车轴多余的部分截短，并用铁皮把车轴包起来，改良后的车子轻便而坚固，使田单一行人能够顺利地到达即墨。由于田单多谋善断、思虑周密，被当地军民推举为将军。

（3）巧施反间

乐毅可谓文韬武略，乃军政奇才，为巩固战果做了许多笼络齐国人心的事情，比如说探访齐国贤才、减轻齐国百姓赋税、废除严苛的法令，使得齐国百姓对燕国的敌意减轻许多。田单看到，不搬开乐毅这块绊脚石是不可能赶走外敌实现复国的。可乐毅有什么弱点呢？这个人如此廉洁，燕昭王对他又是那么信任……对了，燕昭王不是刚刚死了吗？他的儿子燕惠王可比不了他父亲。田单一拍大腿，有了！田单拿出家财，让人潜入燕京，收买间谍，散布谣言，说乐毅对燕国心怀二心。古人说，三人成虎。燕国人还真信了！燕惠王听说这些传闻，心想：我爸在位时要把齐地封给你，你没有接受，现在却收买人，何况现在赵国也拉拢你，要是你为赵人所用，来打我燕国就不妙了。想到这些，燕惠王就任命骑劫为大将，取代了乐毅。

（4）割鼻掘坟

乐毅在伐齐最关键的时候被罢免。田单得知反间计成功了，高兴之余突然想到，乐毅虽走了，但他的影响力还在，必须想办法毁掉乐毅在齐国树立起来的威信，这样才能够使得齐国上下同仇敌忾地对付燕国。田单便派出人散布消息说："齐国的军人以及百姓最担心的是燕军将所抓俘虏的鼻子给割掉，如果那样，齐人必定胆寒心惊，那即墨城便能轻而易举地攻破！"燕军将领竟信以为真，果然将所有俘虏的鼻子割去。齐国军民出离愤怒，决心要与燕军拼个鱼死网破。田单又施一计，在燕军中散布消息："即墨城外埋葬着齐国先人的坟墓，现在齐人都担心燕国的大军将他们先祖的尸骨挖出来，如果真是如此，守城的士气将大受打击！"结果燕将再次听信谣言，派兵将即墨城外的全部坟墓统统挖掘并毁灭了。当时在即墨城内的百姓听说祖坟被毁，都流着眼泪和鼻涕，请求出城，要与残暴的燕军决一死战。

（5）巧用火牛

田单知道自己的时机来临了。此时，即墨军民们已经同仇敌忾、摩拳擦掌，田单犒劳这些将士，准备带他们杀出城去，收复失地。为了迷惑敌人，田单募集了黄金白银整整一千两，然后让一个富豪出城，将这些东西都送给围城的燕国大将，并说："即墨城内的人马上便要投降了，希望将军入城后不要掳夺城中的百姓！"燕将特别高兴，觉得马上就要拿下即墨，便放松了戒备。后面的故事很有名，田单收集了一千多头牛，牛角上全部捆绑上利刃，牛尾拴上沾满油脂的芦苇，士兵紧随牛群身后，突然点火出击，狂奔的火牛令燕军大为惊骇，遂大败，这就是火牛阵。齐军乘胜一举收复了被占的七十几座城池。田单因复国大功被拜为相国。

⭐ 点评 ————————————————————————

　　从整个故事来看，田单复国的过程从用反间计去除乐毅，到割鼻掘坟使齐国上下同仇敌忾，最后运用火牛阵破敌，可谓环环相扣，似乎水到渠成。但事实上，在国家生死存亡的危急关头，在手中资源极为有限的情况下，能做到临危不乱、头脑清醒、思路清晰、准确判断是很不容易的。尤为可贵的是，田单对君王将相的心理活动、草民百姓的喜怒哀乐拿捏得非常到位，从而充分预料到了他们的种种反应，为完成复国大业创造了先决条件。

···

52. 东则海防，西则塞防——左宗棠论海防、塞防并重

　　1875年，左宗棠被任命为钦差大臣。1876年4月，左宗棠以65岁高龄在肃州（今甘肃省酒泉市）西征，短时间内便击溃阿古柏，接着将行辕前移1500里，抬着棺材出征伊犁，一举收复新疆。左宗棠此举显示出不光复全境决不后退的决心和意志，最终逼得沙俄只能选择归还伊犁，不仅为清王朝守住了西北门户，更为中国的崛起保留住了希望。

　　19世纪70年代的清王朝内外交困，风雨飘摇。偏偏此时，西北边疆和东南海疆同时告急，可是以清廷的财政能力，塞防、海防只能保全一方。在当时多数人的眼里，新疆土地瘠薄、人烟稀少，若是夺回，成本高且收益低，因此应该牺牲"塞防"而保全"海防"。已经两鬓如霜的左宗棠力排众议，痛陈新疆的战略地位，终于换来了大清王朝对新疆的重视。

左宗棠在奏折中说：臣认为就当今时事来看，应该筹谋规划的，一个是东面的海防，另一个是西面的塞防，二者并重。当今秉持海防论的人，认为目前无力专顾西域，而应当严守边界，不必急于进取，请求以停撤边防的军饷来补充。而持塞防论的人，认为俄国人怀贪诈之心图谋入侵，朝廷应当把全部力量用于西征，西北没有危险，东南自然巩固。这些都是作臣子的为国尽忠作出的谋划，而不是囿于一己之私的偏见……我想，无论乌鲁木齐收复与否，都没有撤兵撤饷的道理；即使乌鲁木齐已经收复，商定划地驻守，将出征军队变为屯垦戍边军队，也应为巩固边疆而加强防备……即便乌鲁木齐能够快速收复，在此派兵把守，而乌鲁木齐以南的巴里绅、哈密，以北的塔尔巴哈台各路，均应增置重兵，形成掎角之势；精选良将，兴办兵屯、民屯，招徕外地人和本地人，以充实边塞……若此时即准备停兵节饷，自己撤除藩篱，则我退一寸而敌寇就会进一尺，不光陇右地区会出现危险，就是北路的科布多、乌里雅苏台等地恐怕也不能安宁。

（1）左宗棠眼中的新疆

提起新疆，很多人的第一印象就是大漠孤烟、茫茫戈壁。可实际上，在这片辽阔的土地上，有着异常丰富的资源。而左宗棠曾经评价新疆："所谓千里荒漠，实为聚宝之盆。"新疆的真正价值还不止于其丰富的物质资源，更在于其重要的战略地位。古代中国东南濒临大海，西南有喜马拉雅山系，北方地接寒冷的亚极地地区，历史上是天然的防御屏障。因此，西北则成了国家防御的重点战略区域。"边境强则中国安，中国安则晏然无事。"历史上的新疆虽然一直孤悬塞外，但是在国家边防中，新疆始终有着重要的战略意义。

新疆自古以来就是我国领土不可分割的一部分，对内地的政治、经济、文化都产生着重要的影响。新疆古称西域，早在距今六七千年以前的新石器时期，内地与西域就存在着密切的联系。公元前60年，汉朝就设置了西域都护府管辖天山南北诸地。随着西域都护府的建立和中央王朝对西域的有效经营，丝绸之路也日渐繁荣。长期以来，西部一直是中原的屏障，只要控制西部，中原政权就能够始终保有弹性。危急时刻，西部也能为中原政权赢得喘息之机。因此，历代王朝都十分重视对新疆的治理。

（2）风云突变

到了19世纪中叶，由于帝国主义的侵略和封建压迫的加剧，中国各地之间建立了割据政权，削弱了自身的防卫力量，浩罕汗国和俄国开始趁机侵入新疆。此时的清廷衰败腐朽，无力抵抗入侵，南疆、北疆的多数领地都被阿古柏残酷统治着，沙俄也觊觎着伊犁丰饶的土地和河流。而远在大西洋的英国也虎视眈眈，意图瓜分中国西北 160 多万平方公里的新疆，中国西北数千年来的屏障面临着从中国版图上消失的危险。

值此危急时刻，左宗棠指出，"重新疆者，所以保蒙古，保蒙古者，所以卫京师"。左宗棠不仅指出了新疆对于国家安全的重要性，也说明了收复新疆对国家整体利益的重要意义。

左宗棠的远大眼光和真知灼见最终得到了清政府的支持，由此也成就了左宗棠晚年的辉煌。实际上，早在 1849 年，年迈的民族英雄林则徐专程来到岳麓山下的湘江之滨，约见了素未谋面的青年才俊左宗棠，林则徐将自己在新疆整理的资料和绘制的地图全部交给左宗棠，托付以光复新疆的大业，这就是著名的湘江夜话。作为后辈的左宗棠怎能想到时隔 20 多年后，他终于不负林公之重托，收复了新疆。

★ 点评

革命先行者孙中山先生曾经提出过将中国首都设在伊犁的主张。他大声疾呼"谋本部则武昌，谋藩服则西安，谋大洲则伊犁"，并且提出包括开辟交通、移民实边、发展农牧业、开发矿业等在内的发展新疆的计划。《把"一带一路"打造成合作之路、健康之路、复苏之路、增长之路》是 2020 年 6 月 18 日习近平总书记向"一带一路"国际合作高级别视频会议发表书面致辞的要点。沿着先贤眺望的战略方向看去，一面鲜艳的五星红旗已经冉冉升起。

53. 目光如炬的女中豪杰——冯婉贞大破英法联军

清朝咸丰十年，英、法联军从海上入侵而来，京城周围骚动起来。

在离圆明园十里的地方，有一个村子叫谢庄，全村都是猎户。村民中有个叫冯三保的山东人，精通武术。他的女儿婉贞，十九岁，从小喜爱武术，只要学习过就没有不精通的。这一年，谢庄创办民团，因为冯三保勇敢而又会多种武艺，大家推选他当头领。村民们在险要的地方筑起石墙、土堡等防御工事，树立起旗帜，上面写有"谢庄团练冯"几个大字。

一天中午，侦察消息的人报告说敌人的骑兵来了。不久，只见一个白人军官率领着大约一百名印度士兵向村子方向跑来。冯三保提醒团丁装好火药、上好子弹，但不要乱放枪，他说："这是强敌啊，瞄不准就不要轻易发射，白白浪费弹药，这对我们取胜没有好处。大家一定要当心这一点！"

这时，敌人已逼近石寨，枪声大作。寨子里的人蹲曲着身子趴在那里，一动不动。不久，敌人离得更近了。冯三保见这阵势有机可乘，急忙挥动旗帜，说："开火！"开火，是军中规定放枪的号令。于是寨子里的所有人一齐发射，敌人像落叶似的纷纷跌下马来。等敌人的枪再次射击时，寨子里的人又趴在地上，这是借寨墙来作掩护。攻打了一阵，敌人退却了，冯三保非常高兴。唯独婉贞忧愁地说："小股敌人走了，大股敌人要来的。如果他们拿大炮来攻打，我们全村不就化为粉末了吗？"冯三保吃惊地问道："那怎么办呢？"冯婉贞说："西洋人的长处是使用枪炮等火器，短处是不会武术。枪炮对远距离攻击有利，而武术对近身作战有利。我们村前后十里都是平原，跟敌人较量枪炮，那怎么能取胜呢？不如用我们的长处，去攻击敌人的短处，持着刀，拿着盾，像猿猴那样敏捷地进攻，像鸷鸟那样勇猛地搏击，或许能避免这场灾祸吧？"冯三保说："把我们全村人都算上，精通武术的不过一百来人，让这样少的人投身到强大的敌群中搏斗，这跟把一只羊孤身投到狼群里有什么不同呢？小女孩子不要多嘴。"冯婉贞微微地叹息说："我们村庄眼看就要完了！我一定要尽全力来拯救我们的村庄。"于是她把谢庄精通武术的少年召集起来，激励他们说："与其坐着等死，怎比得上奋起抗敌拯救我们的谢庄呢？各位如果没有这种意思也就算了，如果有这种意思的话，就听我的指挥好了。"顿时，群情振奋。

于是，冯婉贞率领一伙少年人整装出发，他们都穿着黑衣黑裤，手持雪亮的钢刀，行动敏捷得像猿猴一样。离村四里的地方有一大片树林，树荫浓密，遮天蔽日，他们就埋伏在那里。没过多久，敌人果然抬着大炮来了，有五六百人。婉贞拔刀跃起，率领大家袭击敌人。敌人没有意料到此情况，惊慌失措，忙用枪上的刺刀来迎战，可是再怎么轻便敏捷、勇猛凶狠，到底比不上以冯婉贞为首的众人。冯婉贞挥舞钢刀奋力砍杀，跟她对打的没有一个不倒地的，敌人纷纷败退。冯婉贞大声喊道:"各位!敌人想远远地甩开我们,要用枪炮消灭我们,赶快追赶,不要坐失良机!"于是,众人尽全力拦截逃敌,双方混杂在一起,激烈交战,敌人的枪炮火器始终不能发射。太阳落山时,被打死、打伤的敌军不下一百多个。残敌只好扔下大炮,仓皇逃命。谢庄于是得到了保全。

★ 点评

　　故事记述了谢庄人民抗击侵略者并取得胜利的经过,热情讴歌了不畏强暴、与侵略者斗争到底的精神。这一胜利归功于冯婉贞对敌情的准确预测,其先决条件是对敌我态势、地形、装备、战法的准确把握,正所谓"先知者,必取于人,知敌之情者也"。首先,首战告捷后,她是众人中唯一一个预见战事危机的人。当谢庄村民们沉浸在胜利的喜悦之时,冯婉贞却很冷静,她预料敌人必有炮火开道进攻,村庄面临着危险。而此时冯婉贞的父亲冯三保也正陶醉在刚刚取得的胜利之中,并没有看到即将到来的危机。因此,婉贞独戚然曰:"小敌去,大敌来矣。设以炮至,吾村不齑粉乎?"冯婉贞虽为女子,却颇具战略眼光,一个"独"字用得精妙传神,鲜明生动地刻画出冯婉贞出类拔萃的预判眼光。其次,她准确预见了下一步战事的进程和前途。冯婉贞的话如一瓢凉水,猛然直击其父,此时冯三保的头脑似乎清醒了一些,感到女儿言之有理,于是向女儿问计。冯婉贞分析了地形和装备的劣势,提出了克敌制胜的良策,答曰:"吾村十里皆平原,而与之竞火器,其何能胜?莫如以吾所长,攻敌所短,操刀挟盾,猱进鸷击,或能免乎?"无奈冯三保不采纳。但冯婉贞洞若观火,把眼前战事前景看得一清二楚,她感到如不采取非常措施,"吾村亡无日矣"。她当机立断,发动众少年果敢出击。最后,她在短兵相接时敏锐地预判了敌兵后撤欲用火器的阴谋。为克敌制胜,冯婉贞考虑得非常周密,率众勇猛伏击。勇士们同仇敌忾,与敌拼杀到底。激战中的婉贞不愧为女中豪杰,勇士们武艺高超,置敌于死地,保全了村庄。

54. 先知者，必取于人，知敌之情者也——战略参谋

孙子在《孙子兵法·用间篇》中指出，英明的君主和贤能的将帅之所以能动辄战胜敌人，取得出众的战绩，就在于他们能事先了解敌情。而想要事先了解敌情，不可以祈求问计于鬼神，不可用过去相似的事情作类比，也不可用观察日月星辰运行位置去验证，必须取之于人，一定要从了解敌情的人那里获得敌情。

孙子在《孙子兵法·用间篇》中强调了军事情报、军事间谍对于战争和统帅的高度重要性。先知，其实就是对情况做出判断的基础和先决条件。如果在对敌情一头雾水的情况下，一拍脑袋就下定决心，就会犯"情况不明决心大"的错误。但孙子仅在文末蜻蜓点水般地列举了伊尹与殷商兴起、吕牙与周朝兴起这两个例子，给后人理解先知和预判留下了思考和想象的空间。

我们的故事以朝鲜战争中两次著名的军事预判为素材，主角是我军高参雷英夫和"联合国军"指挥官道格拉斯·麦克阿瑟。电影《跨过鸭绿江》中对二人均有体现。

（1）战略高参做出神预判

1950 年 6 月 25 日，朝鲜战争爆发，虽然朝鲜人民军一路高歌猛进，美韩联军被挤压至釜山一隅，似乎马上就要被赶下大海，但朝鲜人民军始终无法攻下这最后的据点。此时，中国军队的参谋部门正在密切关注朝鲜局势。1950年 8 月 23 日，年仅 29 岁的参谋军官雷英夫通过密切观察战局，对麦克阿瑟即将实施的仁川登陆作出精准预测。后来，这一情况被汇报给了周恩来总理和毛泽东主席。雷英夫将军在 1993 年所著的《抗美援朝战争中几个重大决策的回忆》和 1997 年出版的口述回忆录《在最高统帅部当参谋》中对这段历史进行了详细的叙述。美韩联军被围釜山后，已经有大批舰船向朝鲜半岛南部以及日本集结，同时，驻日美军也组成美第 10 军团，而从 1950 年 8 月下半旬开始，以美国为首的"联合国军"就在仁川港周围几个岛屿实施了几次军事行动。雷英夫不仅精准地预测了仁川登陆的地点，还精准地预测了作战的时间。"美军将在9 月 15 日在仁川登陆。"雷英夫的预测精准到了时间，令毛泽东主席都十分感兴趣。雷英夫胸有成竹地对毛泽东主席说："我们对于朝鲜西海岸 9—11 月的海潮做了考察研究，发现有三个最佳日期可供选择：9 月 15 日、10 月 11 日和 11

月 3 日，而 9 月 15 日的海潮时间有两次，一次在上午 6 时 59 分，另一次在下午日落 35 分钟后的 19 时 19 分。所以我们觉得 9 月 15 日更有可能。"毛泽东主席听完汇报后当即指示："立即通知情报部门严密注视朝鲜，立即将总参的看法向斯大林和金日成通报，提供给他们参考，希望人民军后撤和做好仁川港防御的准备。"然而，中方的情报并没有引起金日成的足够重视，不久后，美军以强大兵力于 1950 年 9 月 15 日大潮时在仁川成功登陆，打了朝鲜人民军一个措手不及，后路被断的朝鲜人民军陷入一片恐慌，防线最终全面崩溃。而美韩联军则一步步向朝鲜北方逼近……

（2）麦克阿瑟放出大昏招

1950 年 10 月 25 日—11 月 5 日，我志愿军在朝鲜人民军配合下，在中朝边境及其附近地区对美国为首的"联合国军"发起第一次战役，毙伤俘敌 1.5 万余人，粉碎了麦克阿瑟在感恩节前占领朝鲜的计划，初步稳定了朝鲜战局。1950 年 11 月初，我志愿军即将发起第二次战役。美军远东司令部和第 8 集团军、第 10 军的情报部门多方搜集情报，最后的结论是：在朝鲜抗击"联合国军"部队进攻的敌军共计 82 799 名朝鲜士兵和一支 4 万至 7 万人的中国正规军。"联合国军"总司令麦克阿瑟同意了情报部门的分析，认定中国进入朝鲜的部队只有几万人，主力部队并没有跨过鸭绿江，于是便作出了突破"三八线"向北进攻的错误决策。事实上，此时进入朝鲜参战的志愿军兵力已达 30 多万人，严重的判断失误使"联合国军"付出了惨痛代价，贸然进攻的部队遭到严阵以待的中朝军队以迎头痛击，被歼数万人，美第 8 集团军司令官沃尔顿·沃克也死于此次战役。这是美军遭到自珍珠港事件以来最惨重的失败，而导致作战失败的原因就在于情报部门判断失误，而麦克阿瑟作为指挥官一贯高傲自大、刚愎自用，轻信了情报部门的分析结论，造成主观指导与客观实际相违背。

⭐ 点评

小故事再次印证了大道理。指挥官在定下决心前还是应先默念孙子的金句："故明君贤将，所以动而胜人，成功出于众者，先知也。先知者，不可取于鬼神，不可象于事，不可验于度，必取于人，知敌之情者也。"

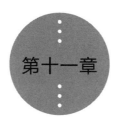

第十一章

历史思维

　　"欲知大道,必先为史。"所谓历史思维,就是高度重视历史、正确认识历史、把握历史规律、汲取历史智慧、增强历史自信以指导现实工作、明确发展方向的思维方式。2021年2月20日,习近平总书记在党史学习教育动员大会上的讲话指出"树立大历史观,从历史长河、时代大潮、全球风云中分析演变机理、探究历史规律,提出因应的战略策略"。习近平总书记还在多个重要场合强调"历史是最好的教科书(习近平《在复兴之路上坚定前行》)",要"重视历史、研究历史、借鉴历史",明确要求广大干部及青年确立历史思维、养成历史思维的习惯并提高历史思维能力。在军事领域,好的战例、故事能够引人深思、发人深省,其效果有时胜过若干说教。西方历史上最伟大的参谋总长老毛奇(赫尔穆特·冯·毛奇,德国),一生从未打过败仗。他非常重视历史研究,对新知识、新技术也极为敏感。据考证,在德国境内尚未修建铁路线之前,毛奇即已开始研究铁路问题。

55. 六王毕，四海一，大一统的先驱——秦始皇、李斯论分封制

秦统一六国后，其统治疆域幅员辽阔、人口众多，但很多问题也纷至沓来，比如国土的管理、货币的使用，特别是对于推行分封制还是郡县制的问题，在朝野上下引起了一番争论。秦统一六国之前，周王朝土地上实行的是分封制，即把国土分封给宗室、外戚、功臣，让他们自己建立诸侯国，而周天子则拥有一块直属地，作为天下共主。

以丞相王绾为代表的众臣提出，帝国疆域辽阔，很多地方距离帝国中枢太远，不便于控制，因此，立诸位王子为诸侯王，可以镇守疆土。其实这一提议就是想沿袭西周的制度，即所谓的"封亲建戚，以藩屏周"。不过，秦始皇还是决定让大家讨论一下。而廷尉李斯有不同的想法，李斯认为，周实行分封制，结果后期造成了天下大乱的局面，诸侯王之间互相倾轧，不听号令，甚至最终周王室灭亡，所以不可取；实行郡县制才能保证天下是名副其实的统一，有利于中央集权，皇帝可以控天下如臂使指。最终，秦始皇赞同了李斯的观点。李斯说："前朝周天子封其子弟及宗亲为王，三代以后亲缘关系疏远，以致后来相互攻伐，弱肉强食，都想割据一方称王称霸，致使周天子无法控制，天下大乱。现今四海一统，可以实行郡县制，天下分三十六郡，每个郡设置郡守、郡尉、监郡，如此便可相互制衡和监督，从此也就不会有割据称王的现象出现了。"李斯的体制改革想法正是秦始皇所希望的，秦始皇只说了一句：李斯的意见正合朕意。后来大秦帝国的管理体制就是按照李斯提议的郡县制设立，全面废除了封王封侯的分封制，加强了中央集权的专制主义统治。秦始皇采纳了李斯"废分封，行郡县"的建议，将天下分为三十六郡。后来秦版图扩张，又增加到四十余郡。

⭐ 点评

从整个历史长河来看，郡县制具有不可磨灭的历史意义。首先，郡县制消除了地方分裂主义，维护了天下一统的局面；其次，郡县制加强了中央集权，使皇帝大权在握，执掌天下；再次，为保证郡县制推行需要强大的国家机器，能够集中力量办大事。作为硬币的另一面，历来也有人对此持怀疑态度。比如，有人认为如果当初秦始皇继续推行分封制，后来的农民起义或许就很容易被扑

灭。即使帝国首都咸阳被包围，各路诸侯也能派兵勤王。主导这则故事的核心思维就是大一统思维。"大一统"一词的正式提出，始见于《公羊传·隐公元年》："何言乎王正月？大一统也。"在中国这块土地上，首要的战略思维就是大一统思维。分封制的废除符合历史潮流，是时代的进步。李斯作为法家思想的倡导者，凭借他敏锐的政治嗅觉，逐步得到了秦始皇的赏识和信任，在秦始皇统一天下、建立大一统帝国的过程中发挥了关键作用。废分封，行郡县，这种跨越时空的超前模式一直被后世效仿沿用。大一统也融入中华民族的血脉之中，和华夏这片热土紧紧联系在一起。

$56.$ 秦人以急农兼天下，孝武以屯田定西域——曹操《置屯田令》

兵马未动，粮草先行。没有粮食，人难以生存，更谈不上打仗。屯田制是曹操借鉴历史案例、采纳谋士的合理建议而推行的重大举措，为曹魏军事胜利提供了强大的物质保障。

（1）屯田制的兴起

屯田制是汉以后历代政府为取得军队给养或税粮，利用士兵和无地农民垦种荒地的制度。建安元年即公元196年，曹操军营发生了两件大事：一件是"挟天子以令诸侯"，曹操迎汉献帝到许昌，占据了政治上的主动权；另一件是曹操采纳枣祗、韩浩的建议开始屯田，在许昌招募农民屯田，当年得谷百万斛，后推广到各州郡，由典农官募民耕种。

（2）军屯与民屯

屯田分为军屯和民屯两种。军屯田并不是一个新鲜事物。早在西汉时期，汉文帝用罪犯、奴婢和招募农民的手段戍边屯田。汉武帝时期，调发大批戍卒屯田于西域。但是，那时屯田主要集中在边陲，主要方式为军队屯田，军屯以士兵屯

屯田

田，通常 60 人为一营，一边戍守，一边屯田，规模较小。真正的大规模推行屯田是从曹操开始，这时开创了民屯。曹操规定，屯田之民免服兵役和徭役，称"屯田客"；民屯每 50 人为一屯，屯置司马，其上置典农都尉、典农校尉、典农中郎将；直接归军队管理，不隶属地方郡县；收成与国家分成，使用官牛者，官六民四，使用私牛者，官民对分。屯田农民不得随便离开屯田。曹操颁布的《置屯田令》明确指出："夫定国之术，在于强兵足食。秦人以急农兼天下，孝武以屯田定西域，此先代之良式也。"是岁乃募民屯田许下，得谷百万斛。于是州郡例置田官，所在积谷。征伐四方，无运粮之劳，遂兼灭群贼，克平天下。

（3）曹操屯田成功的四大功臣

曹操屯田成功的四大功臣是枣祗、韩浩、任峻、袁涣，正是他们踏踏实实地工作，保证了屯田制度的有效健康发展。枣祗和韩浩是曹操屯田制度的开拓者、创始人。公元 196 年，曹操击败了颍川汝南的黄巾军，夺得了一大批耕牛、农具和劳动力。枣祗和韩浩于是建议曹操设置屯田，政府将耕牛借给百姓，用于农耕，并按规定收租。曹操采纳了这一建议，任命枣祗为屯田都尉，在许昌周边招募百姓屯田，兴修水利，当年就收获了万斛粮食。可惜不久枣祗因病去世。时隔多年，曹操对枣祗还是念念不忘，追封枣祗为列侯，追赠他为陈留太守，并让他的儿子枣叔祎承袭父亲的侯位。

任峻是河南中牟人，曹操起兵时路过他的家乡，任峻带领全郡归附曹操。曹操非常高兴，上表封任峻为骑都尉，并把自己的堂妹嫁给他，对他非常信任。曹操每次出征，任峻常常留守后方组织粮草供给军队。许昌屯田实验成功以后，曹操所占领的各郡国都开始设置田官。公元 196—199 年，这几年间屯田的地方都储备了粮食，仓库也都堆满了粮食。曹操认为任峻这个后勤部长功劳很大，于是上表封任峻为都亭侯，封邑 300 户，任长水校尉。

袁涣完善了屯田制度。屯田制一开始是靠强制手段推行的，有的农民不愿意离开家乡去屯田，纷纷逃离。袁涣对曹操说，老百姓在自己家乡生活习惯了，有的人不太喜欢搬家，应该顺着他们的心意，愿意去垦荒的就让他们去，不愿意去的不要勉强。曹操采纳了他的意见，老百姓非常高兴，更加拥护曹操，这才使屯田制得以大规模推行。

屯田制度的实行不仅使军队解决了军粮问题，也对安置难民、恢复农业生产发挥了重要的作用。由于战争连年不断，有大量难民产生。社会生产力遭到极大破坏，土地荒芜，人口锐减，粮食短缺。灾荒年间，有的郡甚至出现相互换孩子吃的现象。"白骨露于野，千里无鸡鸣。生民百遗一，念之断人肠。"这是出自曹操《蒿里行》的诗句，是对当时社会现状的真实写照：一方面，大量难民食不果腹；另一方面，大片荒地无人开垦。曹操的屯田制则把这些难民安置在国家土地上从事生产。他们辛勤劳作，向朝廷缴纳租税。难民有了收入，朝廷也有了税收来源。

屯田制的实施使长期遭受战争破坏的北方农业生产得以恢复并稳定下来。失去土地的农民又重新回到土地上来，许多荒芜的农田被开垦，政府积存了大量的粮食。据《三国志·魏书·武帝纪》记载，"数年中所在积粟，仓廪皆满"，使曹操"征伐四方，无运粮之劳"。

在曹操进行屯田的同时，蜀国与吴国也有限地展开屯田。蜀国在与魏国接壤的汉中实行军屯，吴国则在长江流域实行军屯和民屯。因为蜀国和吴国内部豪强势力庞大，他们占据大量土地，因此，蜀、吴两国只在前线有限地域展开屯田，规模很小。

★ 点评 ————————————————————————

善于向历史学习正是曹操的聪明之处。曹操继承并发展了秦汉时期的军队屯田制度，开创了大规模的民屯。屯田制不仅在当时起了一定的积极作用，而且为后世开创了一种大规模的"寓兵于农、兵农合一"的先例，为历代统治阶级不同程度地仿效。到隋唐时期，隋文帝在《改革府兵制诏》中颁布："凡是军人，可悉属州县，垦田籍帐，一与民同。"南北朝时期以及唐、宋、元、明、清时期，都在边疆大规模地推行屯田，屯田在中国政治、经济、军事发展史上占有重要的地位。明朝朱元璋实施屯田，不仅解决了军队的军需，也大大减轻了朝廷的财政负担，并且军队在发完饷银后还剩有一两成。中华人民共和国成立后，人民解放军在解放新疆、云南等地之后，把大量军队成建制地转化为生产建设兵团，一手拿枪、一手扶犁、一边生产、一边训练的军农合一体制，对保卫边疆、改变当地薄弱的生产条件都起到了极其重要的作用。

57. 以史为鉴，可以知兴替——唐太宗的边疆治理

唐太宗论治安中国兼论中华夷狄爱之如一："昔人谓御戎无上策，朕今治安中国，而四夷自服，岂非上策乎！自古帝王虽平定中夏，不能服戎、狄。朕才不逮古人而成功过之……自古帝王多疾胜己者，朕见人之善，若己有之。人之行能，不能兼备，朕常弃其所短，取其所长。人主往往进贤欲置诸怀，退不肖则欲推诸壑，朕见贤者则敬之，不肖者则怜之，贤不肖各得其所。人主多恶正直，阴诛显戮，无代无之，朕践阼以来，正直之士，比肩于朝，未尝黜责一人。自古皆贵中华，贱夷、狄，朕独爱之如一，故其种落皆依朕如父母。此五者，朕所以成今日之功也。"

唐太宗李世民是中国历史上一位杰出的君主，在其统治时期，对边疆地区的管辖和开发都有着不可忽视的重要影响。唐太宗为加强对边疆地区的管辖，主要推行了四项战略举措。一是设立安西四镇：安西四镇是唐朝在西域地区设立的军事据点，包括疏勒、龟兹、焉耆、于阗四个镇。二是开发河套地区：修建灌溉系统和城池，使得这一区域成为唐朝的重要粮食供应地。三是推行藩镇制度：在边疆地区推行藩镇制度，任命有功将领为边疆镇守，加强对边疆地区的管理和防御。四是安置回纥部落：安置了大量回纥人在内地定居，增强了内地对边疆地区的控制力。与此同时，唐太宗加强了对西南地区少数民族的管理，设立了西南五夷道，定期巡视和征讨，使得这一地区的安全得到了保障。唐太宗加强对边疆地区的管辖，不仅为唐朝的稳定和发展打下了基础，也为后世提供了重要的经验和启示。

唐朝对边疆的管理措施在总结前朝历史经验的基础上也有一定的创新，可以概括为三方面。一是继续和亲。比如汉朝和隋朝均有和亲政策，而唐朝建立后仍推崇此政策。至唐太宗时期，国力日益强盛，公主和亲除了为稳定边疆，更多的是为了笼络少数民族政权。贞观十四年，唐太宗将文成公主嫁给松赞干布，换来了数十年的安定。二是"以夷制夷"。从历史上看，唐朝几乎是与大食、吐蕃等强大政权同时崛起的，并且唐朝和大食、吐蕃在西域还存在利益冲突，为了在西域的竞逐中获利，唐朝除了强化自身在四镇的军事部署，还采用了"以夷制夷"的手段，先后利用突骑施、回纥、南诏等抗衡大食、吐蕃在西域的扩张，以保证自己的边疆利益。三是军事手段。在上述手段失效的情况下，

免不了要运用军事手段等硬措施。特别是唐太宗至唐玄宗期间的盛唐时期，以硬实力的方式往往更能实现唐朝的战略目标，扩大唐朝的疆域和国际影响。尽管唐朝注重以软实力或者比较柔性的方式保护边疆利益，但也继续使用加强武备、经略边疆的硬手段。

⭐ 点评 ————————————————————————————

唐太宗李世民在边疆治理上的成功，深刻体现了历史思维的重要性。他不仅总结前朝经验，更在此基础上创新，如设立安西四镇、开发河套、推行藩镇制度等，均为后世提供了宝贵经验。其"爱之如一"的民族政策，促进了民族团结与边疆稳定。唐太宗善于从历史中汲取智慧，如和亲、以夷制夷等策略，既巩固了边疆，又扩大了国际影响。他的治理理念，与习近平总书记强调的"树立大历史观"不谋而合，均强调从历史中分析规律、指导现实。唐太宗边疆治理的故事，不仅是军事领域的经典案例，更是一部生动的历史教科书。它告诉我们，只有正确认识历史、把握历史规律，才能更好地指导现实工作，明确发展方向。

58. 武举人必读之经典教材——《武经七书》的故事

《武经七书》是中华传统兵法的代表作和古代第一部军事教科书。这一成果由《孙子兵法》《吴子兵法》《司马兵法》《六韬》《尉缭子》《三略》《李卫公问对》七部著名兵书汇编而成，因此得名《武经七书》，又称《武学七书》，简称《七书》。

北宋元丰三年，宋神宗为改变与外敌辽和西夏对抗的弱势地位，开始选拔军事人才。他命令国子监司业朱服和武学博士何去非两人组建一个兵书编纂机构，把从先秦至宋神宗元丰三年存世的兵法进行汇编和整理，然后从中选取最优秀的兵书结集出版，《武经七书》由此问世。从那时起，北宋朝廷将《武经七书》作为官方颁行的军事教材，列为武举人的必考书目。这一重要举措对中国和世界近代、现代军事科学发展起到了积极的作用。

　　《武经七书》是中国古代著名的军事理论丛书，收录从先秦到唐宋间的七部重要兵书。《孙子兵法》，作者是春秋末期著名军事家孙武。此兵书共有十三篇，分别是《计篇》《作战篇》《谋攻篇》《形篇》《势篇》《实虚篇》《军争篇》《九变篇》《行军篇》《地形篇》《九地篇》《火攻篇》《用间篇》，共六千余字。《孙子兵法》以辉耀千古的六千言成为全世界、全人类的文化瑰宝。《孙子兵法》中有诸多亮点，比如其浑然一体的理论体系、贯通古今的哲学思维、精到严密的论证方法、朗朗上口的语言、夸张比喻的修辞等不一而足。《吴子兵法》，作者是战国时期杰出的军事家吴起。此兵书分《图国》《料敌》《治兵》《论将》《应变》《励士》六篇，共五千余字。吴起与孙武并称为"孙吴"。《司马兵法》，亦称《司马穰苴兵法》，是齐威王令大夫追论以前的诸司马兵法，并将其穰苴的兵法纳入其中，著成《司马兵法》。此兵书分《仁本》《天子之义》《定爵》《严位》《用众》五篇，共五千余字。《六韬》，相传是周朝开国功臣吕尚（即姜子牙）所著，全书以姜子牙与周文王、周武王对话的形式编著，分为《文韬》《武韬》《龙韬》《虎韬》《豹韬》《犬韬》六篇，近两万字。《尉缭子》，相传为战国时期尉缭所著。现存此书共二十四篇，主要论述统帅军队、整训士卒、健全军规、告诫将领以及安民、胜敌等有关权术、措施，万余字。《三略》，也称《黄石公三略》，相传出自秦、汉之际黄石公之手，全书分上略、中略、下略三卷，主要论述做国君及主将的人如何治国整军、用贤统兵，共四千余字。《李卫公问对》，据称出自宋朝阮逸之手。此兵书分上、中、下三卷，主要以唐以前的著名兵家言论、战例，联系唐朝前后经历的战事，论述奇正、虚实、攻守、列阵及军制等问题，万余字。

　　《武经七书》集中国古典兵书之精华。观其大略，该书阐述了一系列军事战略思想和战术原则，凝聚了中国古代的人们对战争的认识之精华，校定、颁行《武经七书》，是北宋在中国古代军事理论建设方面的一项贡献。就文史价值而言，这七部兵书字字珠玑、史论结合、各具特色，称得上中国文化史的瑰宝。

　　《武经七书》为后世广为传颂并产生深远影响。明代思想家、军事家王阳明十四岁时便开始学习弓马之术、研读《三略》《六韬》。弘治十年（1497年）五月，鞑靼达延汗进攻京师，军情紧急，朝廷仓皇应付，推择将才，一时竟没有敢于应征的人。王阳明听后感叹道："武举之设，仅得骑射击刺之士，而不可以收韬略统御之才。平时不讲韬略欲备仓卒之用，难矣！"日本人推崇王阳明，也非常重视兵法研究。而《孙子兵法》则被列为西点军校的课程参考书。1990

年，海湾战争进行到关键时刻，媒体爆料称，美军陆战队军官手中还流传着一本《孙子兵法》，这一消息很快就传遍全球，引起军事理论界的高度重视。经调查发现，美军手中的这部兵法是我党一位老党员、著名军事家陶汉章的著作《孙子兵法概论》。早在1934年，17岁的陶汉章在湘赣军区红军学校担任战术教员时，利用自己之前跟随冯玉祥身边学到的军事知识，为中央苏区红军编著了一本训练大纲"军事问题100题"。

⭐ **点评**

习近平总书记在中共中央政治局第十七次集体学习时指出，在马克思主义军事理论、中国革命战争和人民军队建设实践、中华传统兵法相结合的过程中，我们党靠不断创新，逐步形成了一整套建军治军的原则和制度，创造了人民战争的战略战术，形成了我军的特有优势。中华传统兵法是老祖宗留下的宝贵遗产，是中国文化、中国智慧的结晶，是新时代创新发展的深厚底蕴。直到今天，一些高校还把兵法作为一门课程纳入教学，有的研究生还选取《孙子兵法》《六韬》《尉缭子》作为研究对象，形成了饱含历史智慧和现实启迪的丰硕成果。

59. 巧借历史教训作警示——萨克斯说服罗斯福

1939年10月的一天，美国白宫在进行一次具有历史意义的交谈。美国经济学家亚历山大·萨克斯受爱因斯坦等科学家的委托，试图说服罗斯福总统重视原子能研究，抢在纳粹德国之前制造出原子弹。此时第二次世界大战已经打响，而美国还在作壁上观。

萨克斯一直等了两个月，才得到了这次面见总统的机会，自然十分珍惜。他先向总统面呈了爱因斯坦的长信，接着又读了科学家们关于核裂变发现的备忘录，可罗斯福听不懂那些艰深晦涩的科学论述，反应冷淡。直到萨克斯说得口干舌燥，总统才说："这些都很有趣，不过政府若在现阶段干预此事，看来还为时过早。"萨克斯只得心灰意冷地告辞。而当他告别的时候，罗斯福为了表示歉意，邀请他第二天来共进早餐。这无疑又给了萨克斯一次机会。萨克斯心事重重，深知问题的严重性和紧迫性。纳粹德国早在当年的春夏之间，已经连续多次召开原子能科学家会议，研究制造"铀设备"的问题，近期又突然禁止从它的占领国捷克斯洛伐克出口铀矿石。如果数百万人的德国钢铁军团得到在当时还绝无仅有的核武器，整个战局将难以设想。然而，美国政府对这一威胁还一无所知。为此，萨克斯整夜在公园里踱步，苦苦思索着说服总统的办法。

拿破仑

第二天早上 7 时，萨克斯与罗斯福共进早餐。他还未开口，罗斯福就以攻为守："你又有什么绝妙的想法？你究竟需要多少时间才能把话说完？"总统把刀叉递给萨克斯时又说："今天不许再谈爱因斯坦的信，一句也不许谈，明白吗？"

"我想讲一点历史。"萨克斯看了一眼总统，见罗斯福正含笑望着自己，他说："英法战争时期，在欧洲大陆上不可一世的拿破仑，在海上却屡战屡败。这时，一位年轻的美国发明家富尔顿来到了这位法国皇帝面前，建议把法国战舰上的桅杆砍断，撤去风帆，装上蒸汽机，把木板换成钢板。可是拿破仑却想，船没有帆就不能走，木板换成钢板就会沉没。于是他把富尔顿轰走了。历史学家们认为，如果当时拿破仑采纳了富尔顿的建议，19 世纪的历史就得重写。"萨克斯说完后，目光深切地注视着总统。

罗斯福沉思了几分钟，然后取出一瓶拿破仑时代的白兰地，斟满了酒，把酒杯递给萨克斯，说道："你胜利了！"萨克斯热泪盈眶。他激动地说："总统的这句话，揭开了美国制造原子弹的历史第一页。"

★ 点评

历史是最好的教科书，也是最好的清醒剂。罗斯福总统不是科学家，但他作为大政治家，能够具有如此的历史敏感性，这帮助他在关键的节点上作出了正确的决策，避免了重蹈拿破仑的失败。

60. 不可沽名学霸王——打过长江去，解放全中国

三大战役期间，随着人民解放军在各个战场取得节节胜利，中共中央和毛泽东开始筹谋渡江计划。1948 年 10 月，中共中央和毛泽东就曾设想在 1949 年秋季进行渡江作战。12 月 12 日，毛泽东致电淮海战役总前委，希望华东野战军和中原野战军在淮海战役结束后，经过两个月休整，基本完成渡江作战所需的各项物资准备和政治动员。

三大战役结束后，长江以北的国民党军主力基本被消灭。在此背景下，不断有人释放和平烟幕，企图"划江而治"，建立所谓的"南北朝"。也有人试图依托长江天堑，进行殊死顽抗。为了打破敌人的幻想，毛泽东主张"将革命进行到底"，号召"打过长江去，解放全中国"。为了完成这一历史任务，人民解放军百万大军齐集长江北岸，为渡江作战做准备。其中，安徽中部的巢湖位于合肥东南、长江北侧，与渡江战役指挥部近在咫尺，同肥东、肥西、无为、芜湖等地连成一片，湖面开阔，河网交错，人口稠密，是人民解放军进行渡江准备的中心区域。渡江战役开始后，在当地人民群众的支持下，人民解放军英勇冲锋，突破长江天堑，吹响了"百万雄师过大江"的号角。

1948 年 12 月 30 日，为了打破一些人企图划江而治的幻想，毛泽东在题为《将革命进行到底》的新年献词中明确提出："一九四九年中国人民解放军将向长江以南进军，将要获得比一九四八年更加伟大的胜利。"在那段时间里，毛泽东主席在闲暇时间看了很多场有关项羽的戏剧作品，在一次表演散场的时候，他不住地说着："不要学西楚霸王，我不要学，你也不要学，大家都不要学！"在发布向全国进军的命令仅仅两天后，解放军便收复了国民党政权的首府南京，毛泽东主席激动地写下了著名的《七律·人民解放军占领南京》。在这首诗中，他又一次提到了项羽，"宜将剩勇追穷寇，不可沽名学霸王"。

毛泽东在青年时代就曾经发表过一篇著名的论义《体育之研究》。义章中他多次引用楚霸王项羽的例子，突出锻炼身体的重要价值。但后来随着他投身革命事业，对项羽的看法也发生了较大的转变，在 1963 年年初，毛泽东主席在阅读《史记·项羽本纪》的时候，认为这篇文章有十分重要的意义，还建议身边的同僚都要仔细阅读。之后，他还在文章的旁边标注了这样一段话："项王非政治家。汉王则为一位高明的政治家。"毛泽东主席之所以会对项羽做出这样的

评价，主要是因为项羽除了出众的武力和人格魅力之外，在很多重大决策上都犯了十分严重的问题。

★ 点评 ————————————————————————————————

　　毛泽东主席从历史中吸取了经验教训，明白一定要在有条件的情况下彻底击垮敌人，不能给他们喘息的机会。也正是因为他深谙"不可沽名学霸王"的道理，国家才能迅速完成统一。一般认为霸王项羽的"沽名"之举有以下两个：其一是项羽希望将自己塑造成一个仁德君主。项羽对底层士兵非常体贴，在听到他们受伤后甚至还会流下眼泪，但他嗜杀，甚至连降卒也不放过，对手下的大将也不能及时封赏，甚至有所怀疑，以至于后来出现众叛亲离的局面，其"沽名"之举仅仅是妇人之仁，对于其政治形象的建立并没有太大帮助。其二是在项羽和刘邦争夺天下的时候，项羽本可以在鸿门宴上一举杀死刘邦，从而瓦解汉军，但他的"妇人之仁"在此时再次影响了他的决断，最终让刘邦逃出生天，给自己留下了一个巨大的隐患。在楚汉正式开战之后，项羽本来占据了绝对优势，将汉军围困在荥阳一带，但此时刘邦主动示弱求和，想用荥阳换取和平。范增认为这只是刘邦的缓兵之计，要求项羽将刘邦一举歼灭，项羽却信不过范增，最终答应了刘邦的请求，这让刘邦有了重整旗鼓的机会。当时向项羽求和的刘邦，与解放战争时期派使者到北京进行和谈的国民党政府是何其相似。

61. 唇亡齿寒的启示——抗美援朝战争决策的历史借鉴意义

　　10月25日是中国人民志愿军赴朝作战纪念日。70多年过去，我们回顾这场战争，结论会更加客观公正。一个任何人都无法否认的事实是，"抗美援朝，保家卫国"使中华民族真正站了起来。从世界的目光和战略视角去审视这场战争，应首先从

跨过鸭绿江

毛泽东主席的抗美援朝战争决策中获得思考和启示。

"出兵利益极大，不出兵损害极大"是从国家和民族利益出发，站在全局高度做出的科学预判。兵者，国之大事。战争决策是国家头等大事，战争决策的出发点和落脚点是国家利益。面对朝鲜战争爆发，金日成十万火急地求援，中南海决策层主张不出兵的占据了多数。他们的主张也并非没有道理，中华人民共和国成立伊始，解放战争刚刚结束，国力消耗严重，各项事业百废待兴，去支援朝鲜有些力不从心，而且要与头号帝国主义强国美国迎头相撞，包括林彪在内的一些将领心里也没底，特别是我军没有空中力量。但毛泽东主席在经历了长达十多天的艰苦思考后站在全局高度提出"出兵利益极大，不出兵损害极大"。从现实威胁看，帝国主义企图将共产主义政权扼杀在摇篮中，美帝战火已然烧到鸭绿江，直接威胁我东北，国民党蒋介石集团企图反攻大陆，国内各种匪患敌特活动猖獗。此时中华人民共和国敢于出兵朝鲜能够凝聚军民力量，战胜敌人，同时为新中国打出一片和平安宁的环境，可谓"打得一拳开，免得百拳来"。从中国历史看，东北亚特别是朝鲜半岛震动直接危及北京安全，进而危及民族安全。隋炀帝东征高句丽失败直接导致隋朝灭亡。日本两次侵华（1895 年和 1931 年）均是从朝鲜及东北方向进入我国，并且危及中华民族安全。通晓中国历史的毛泽东主席对此了然于心，因而最终能力排众议定下决心。

"抗美援朝，保家卫国"伟大决策体现了中国绝不向任何敌人屈服的英雄气概和敢打必胜的战略决心，并留下宝贵的战略遗产。自明代乃至近代，中国发展落后于世界，频遭外敌入侵，特别是 1840 年鸦片战争以来，泱泱中华遭受百年屈辱，国家积贫积弱，与列强屡战屡败，割地赔款，人民涂炭。中华人民共和国的成立宣告了这一历史的终结。毛泽东自青少年时代就树立了为中华民族独立而奋斗的雄心。抗美援朝战争正是中国真正洗刷百年国耻的开始。面对武装到牙齿的帝国主义军队和核威胁，毛泽东主席提出了"你打你的原子弹，我打我的手榴弹"。抗美援朝战争胜利是中国依靠自身力量战胜美帝国主义为首的"联合国军"，这是前所未有的伟大胜利，大大激励了广大殖民地半殖民地国家的民族独立运动，树立了中华人民共和国的国际形象。日后我国重返联合国，自立于世界民族之林仍然与此密不可分。上述决策历程完全符合毛泽东主席战略上藐视敌人、"敢教日月换新天"的战略气魄。

迅速调整战略部署和国防布局，体现了战略家的权变性、不打无把握之仗，以及战略思维超前性和后验性的统一。中华人民共和国成立之初，战略重点在台海方向。在朝鲜半岛内战尚处于小规模冲突时，毛泽东主席就预见到朝鲜半岛内部一旦爆发全面战争，美国就会有进行武装干涉的可能性，基于对形势的判断和对朝鲜半岛地理状况的分析，他甚至准确地预测到将来美军干涉朝鲜，很可能在仁川实施登陆。随着朝鲜战争局势迅速逆转，战争性质发生了根本转变，且战局日趋尖锐复杂。为策应万全，朝鲜战争一爆发，毛泽东主席就召集中央领导商量对策，制定预防措施。1950 年 7 月，两次召开国防会议，做出保卫东北边防、组建东北边防军的决定。1950 年 8 月 4 日，中央又召开政治局会议，讨论朝鲜战局。毛泽东主席一再强调，不能不有所准备，早做准备主动，晚了等人家动手了，就被动。后来战局发展验证了毛泽东主席的战略预测。由于毛泽东主席在朝鲜战争之初就对战局发展做出准确预测，不仅为之后出兵援朝战略决策奠定了必要的认识基础，而且有力推动了现实的准备工作，为志愿军出国作战顺利展开并迅速打开局面、赢得战略主动提供了可靠的保证。

★ 点评

抗美援朝的战争历史大剧《跨过鸭绿江》是多么激发爱国热情！实际上，入朝参战时，志愿军司令部以及各军首长都是三十出头、四十左右的黄金年龄。可以想象他们在抗日战争、解放战争时也不过二三十岁。朝鲜战争爆发前，他们已经在抗日战争、解放战争中经历了血与火的淬炼，中华人民共和国好不容易建立了，正是他们想要解甲归田、安享和平幸福生活的时候。可当豺狼将战火烧到家门口，国家和人民遭受危险的时候，这些年轻的先辈们依旧义无反顾、挺身而出，与武装到牙齿的侵略者浴血搏击，战斗在崇山峻岭和冰天雪地里……毛泽东主席及早部署战略预置，做出出兵决策，通过灵活的战略指导赢得抗美援朝战争的胜利。毛泽东对美军事斗争思想具备很强的生命力，有着重要的指导性和现实意义，并在指导实践的过程中不断发展，特别是"入局"思想对很多国际及地区问题具有启示意义。中国在很多区域存在国家利益，首要的是安全利益。放弃抗美援朝遗产，就是对国家安全的极大危害。正是因为当年的出兵决策，才有今天的"入局"。党中央和毛泽东主席的战略决心、战略思维、斗争艺术对于我们处理今天很多复杂问题仍有深刻和广泛的借鉴作用。

第十二章

法治思维

孙子在《孙子兵法·形篇》中指出："善用兵者，修道而保法，故能为胜败之政。"修道保法思想也是兵圣孙子的主要思想之一。法治思维是以法治为价值追求和以法治规范为基本遵循来思考问题、指导行动的一种思维方式。"以事实为依据、以法律为准绳"的精神，体现了实事求是的科学精神。而在古今军事领域，法治思维的运用具有殊为重要的意义。

62. 所谓治者，居则有礼，动则有威——吴起治兵

吴起（公元前 440—公元前 381 年），战国初期卫国人，著名军事家、政治家与改革家，少时曾随曾申学儒，后弃儒而习兵事，同时是兵家与法家的代表人物。我们要讲的故事从吴起与魏武侯的对话开始，这段对话的核心是"兵以治为胜"的思想。

武侯问曰："兵何以为胜？"起对曰："以治为胜。"又问曰："不在众寡？"对曰："若法令不明，赏罚不信，金之不止，鼓之不进，虽有百万，何益于用？所谓治者，居则有礼，动则有威，进不可挡，退不可追，前却由节，左右应麾，

虽绝成陈，虽散成行。"春秋战国时期，怀揣富国强兵梦想的君主常常邀请贤德之士探讨治国和用兵之道。作为兵家重要代表人物的吴起与魏武侯的这段对话，充分体现了吴起在长期戎马生涯中形成的强烈的法治观念。吴起认为，"任其上令，则治之所由生也"，要求军队的一切行动要坚决执行上级的命令。反之，即使百万之众，纪律不严，毫无战斗力，也不能用于作战。这是吴起较早提出的精兵思想。军队的强大依靠的是严格的治理，而不在于人数多寡。只有从严治理、军法严明，才能形成强大的战斗力。

三家分晋后，历史进入战国时代，魏国地处中原四战之地，稍有不慎就会面临亡国的危险，雄心勃勃的魏文侯变法图强，使魏国呈现出蒸蒸日上的旺盛生机。战国时期历时 250 余年，魏国是最先强盛而称雄的国家，训练了令天下谈之色变的魏武卒。

在建军治军理念上，吴起认为，兵不在多而在"治"，他建议魏文侯用他的新标准考选士兵，组建一支精锐部队，名叫"武卒"，并最终得以施行。魏武卒是吴起训练的精锐部队，其装备精良，以重装步兵为主，采用募兵制。据《荀子·议兵篇》记载，魏武卒的选拔标准是，士兵身上必须能披上三重甲（就是重甲的别称），手执长戟，腰悬铁利剑，后负犀面大橹、五十弩矢和强弩，同时携带三天军粮，半天内能连续急行军一百里，这样才有资格成为武卒。

魏武卒

魏武卒编制灵活，指挥有力，组合迅速。武卒的编制是：五人为伍，设伍长一人；二伍为什，设什长一人；五什为屯，设屯长一人；二屯为百，设百将一人；五百人，设五百主一人；一千人，设二五百主一人。其中，"二五百主"也称"千人"，也就是以一千人为基本的作战单位，类似一个团。需要打仗的时候再灵活编制，设将军一人指挥。这种编制，充分体现了魏武卒的指挥系统在作战中的灵活性，能达到如脑使臂、如臂使手、如手使指一样。即便是战败了，也是可以迅速组建军阵——不管各军队士兵是否相识，在这种各级将官都存在的情况下，都是可以迅速组合起来的。

　　吴起率领魏武卒南征北战，创下了"大战七十二，全胜六十四，其余均解（不分胜负）"的奇功伟绩。《吴子兵法·励士》记载了他最辉煌的胜利，即周安王十三年（公元前389年）的阴晋之战——吴起以五万魏军，击败了十倍于己的秦军，创造了"步卒五万人，车百乘，骑三千，而破秦五十万众"的中国战争史上以少胜多的著名战役。吴起率众攻下函谷关，夺取了秦国黄河西岸的五百多里土地，将秦国压缩到了华山以西的狭长地带，自此，魏武卒名动天下，成为当时军队中精锐和彪悍的代表。魏武卒帮助魏国在战国初期力压诸国、横扫中原，堪称魏国的一柄利剑，是吴起治军的经典例证。

　　在军事训练方面，吴起主张"用兵之法，教戒为先"。吴起提出，"夫人常死其所不能，败其所不便"。要建设一支强悍的军队，教育和训练就是让将士掌握在战场上所需的各项技能，以避免无谓的伤亡。吴起还提出了教育、训练的具体方法。在《吴子兵法·治兵第三》中，他把训练方法分为"学战之法"和"教战之令"。所谓"学战之法"就是从单兵格斗、拼杀技术到学习战术和各种阵法，由"一人学战"推广到"教成三军"的办法。"教战之令"就是在组织部队训练上，根据不同士卒的特点，进行与之相适应的训练，如"短者持矛戟，长者持弓弩……智者为谋主"。同时，吴起还提出"行军、进止、驯马"之道，强调进止要有度，饮食要适当，人马要相亲。组建武卒后，吴起聘请了类似"八十万禁军教头"的专职教练，对这些军事基本素质较高的士兵进行了严格的军事技能训练，包括单兵技艺训练、阵法训练、编队训练以及联络记号训练等。在训练中，吴起还特别注重发挥军事骨干的先锋模范带头作用，"一人学战，教成十人；十人学战，教成百人……万人学战，教成三军"，使全军的素质迅速得到提高。此外，与一般军队不一样的是，魏武卒几乎从组建就是由实战中训练出来的军队，在九死一生的战场积累经验。

　　在激励赏罚和士气锻造方面，吴起认为"制国治军，必教之以礼，励之以义，使有耻也"。意思是激励百姓把个人安危与国家兴衰联系起来，用人义礼治教化民众，使民众有羞耻之心，这样国家才能上下一心，把握政治军事上的主动。吴起强调"进有重赏，退有重刑"，严明军纪是胜利的保证，"有功而进飨之"。吴起认为将士中"有工用五兵（兵器）、材力健疾、志在吞敌者，必加其爵列，可以决胜，厚其父母妻子，劝赏畏罚"。他认为，"此坚陈之士，可与持久"。他还对魏武侯说，治军的关键是要使士卒能够"乐闻"（军令）、"乐战"

和"乐死"，使军队形成高昂的士气。如何做到这三点？吴起主张"励士"，即奖励有功、激励无功。他认为对有功的将士，国君要赏赐隆重的"进飨"待遇，功劳越大，规格越高，仪式越隆重，还推及家属；对阵亡将士亲属，每年进行慰问和赏赐，以示君主不忘。这个措施仅实行了三年就取得了成效。有一次秦军进犯魏国西河，未经动员，魏国中主动穿上盔甲迎敌的将士就有上万人。

★ 点评

　　吴起一生事业卓著，历经鲁、魏、楚三国，均出将入相，位极人臣，可贵的是，他所到之处治理有方，带领军队战无不胜。吴起在治兵的理论和实践方面都进行了深入的研究和可贵的探索，是军事法治史上具有灯塔意义的人物。

63. 唯才是举，任人唯贤——曹操颁布《求贤令》

　　《求贤令》是东汉末年军事家、文学家曹操所作的一篇散文。文中连用史实和典故，使得求贤标准被形象地表达出来，突出"唯才是举"。这篇文章写得起伏跌宕，感情如层峦叠嶂，行文似行云流水。文章语言简明、洗练，要言不烦，颇具说服力。

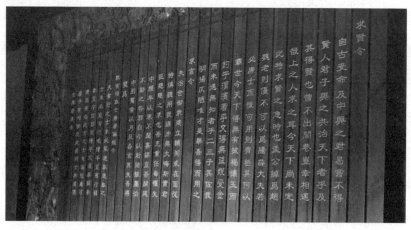

求贤令木刻图

《求贤令》的颁布吹响了向陈旧的官员选举制度反攻的号角。东汉末年，察举和征辟制度已沿袭数百年，这种重出身、看品德的制度到了后期的实施中出现的舞弊情况越来越严重，实际上已沦为乡党拉帮结派、结党营私的工具。乡党名士要么本身就是地方豪强大族，要么依附于豪强大族而作为其代言人，《三国演义》中的袁绍就是士族集团代表。对此，曹操率先颁布"唯才是举"的命令，彻底否定了察举征辟制的选人标准，剥夺了士族选拔官员的特权。他强调，历史上那些像孟公绰一样"德备而才不足"的人没有位居高位，而像陈平一样"德有缺而有大才"的人居高位能助国君平天下。

（1）知人善任，敢于放手使用

曹操善于挖掘人才。例如，他将荀彧任命为谋士，让郭嘉负责政治事务，让许攸担任幕僚，让典韦负责作战指挥等。在人才培养方面，曹操注重对人才的培养和训练，不断提高他们的能力和素质。他为人才提供了良好的工作环境和发展机会，为他们提供了广阔的发展空间。例如，在官渡之战期间，曹操将许都的政务全权委托给荀彧，嘱托荀彧专注于治理政务，并将他的政绩归功于荀彧的能力和贡献。这些人才在曹操的麾下表现出色，成为曹操军事生涯中的重要支柱。将优秀的人才引入军队，提高军队的核心竞争力，这也是世界上强大军队的通行做法。

（2）组合人才团队，发挥组合效应

曹操不仅注重对将才的选拔和培养，更重要的是将不同的将才融合起来，形成协同效应。他善于将不同领域的人才组合起来，通过人才的协作和配合，达到整体效能的最大化。例如，他将贾诩、荀彧和程昱三人组成智囊团，负责决策和计划；将徐晃、典韦和许褚三人组成"三把火"，负责战斗和攻城；张辽、李典、乐进三人的组合镇守合肥，多次打败孙权的进犯；将张郃、郭淮委以防守汉水的重任，有效遏制了刘备的进攻。曹操的人才融合方式使得人尽其才，极大地发挥了团队的效能。这种将不同人才融合的方式使得曹操的军队在战争中表现出了强大的协同效应，赢得了许多重要的战役和战争。

（3）信赖专业人才，在战争中改进

除了放手任用将才以外，曹操还充分信赖并大力使用情报战、装备技术、军事工程等专业人才，不仅拥有专门的情报收集和分析团队，还组建了兵器营和战车营，推动弓箭手和火枪手协作，将水坝工程用于战争。

⭐ 点评 ────────────────────────────

　　曹操作为中国历史上卓越的政治家、军事家、诗人，其文治武功对后世产生了深远的影响。这篇《求贤令》从人才选拔视角表现了曹操卓越的领导才能和创新思维。曹操的军事人才思想打破了东汉末年沿袭下来的陈旧观念制度，这种石破天惊的大胆创新对于曹魏政治改革和军事建设具有非常重要的意义。步入信息时代乃至智能时代，在战略制定、建军治军、技术创新等领域，军队仍可以借鉴曹操的创新思维，提高效率和创新能力，实现高质量发展。

──────────────────────────────────────

64. 结硬寨，打呆仗——湘军打胜仗总靠笨功夫

　　"结硬寨，打呆仗"也被称为"扎硬寨，打死仗"，这是晚清名臣曾国藩从其长期率领湘军与太平天国作战的经验教训中作出的深刻总结。后来曾国藩把它固化下来，作为其作战和治军的重要原则。

　　所谓结硬寨，就是湘军到了一个地方以后马上要扎营，挖掘壕沟、伐木建筑、筑起防线和栅栏，确保防区构建得非常牢固，易守难攻。曾国藩有个规定，湘军行军，到了一个地方，不管多么晚，不管多么累，也不管天气如何，第一不能休息，第二不能主动去挑战太平军。要先挖壕沟，一共要挖四道沟，内外各两道，对沟的深度和宽度都有要求。然后"垒墙子"，用挖沟挖出来的土，在内外各两道沟之间垒一圈墙，对墙的高度和厚度也都有要求。墙子垒完之后，再在最外的一道沟之外，将五尺长花篱木埋进土中二尺，做成障碍。工事这才算修完了。然后再派出三成的人"站墙子"，也就是警戒值班，其余人可以休息。过一个时辰，再由三成的人起来换防。曾国藩要求，哪怕是临时住一晚，也必须施行"坚不可拔之计"。太平军想来偷袭，没门儿！这叫"结硬寨"。曾国藩说："但使能守我营垒安如泰山，纵不能进攻，亦无损于大局。"即使是强大的敌军，如果无法攻破巩固的防御工事，也很难取得胜利，即便我不能取胜，也能立于不败之地。

　　所谓"打呆仗"，是说湘军在安营扎寨、站稳脚跟之后，不急着进攻，而是等别人进攻，即便主动进攻也要按作战流程一步一动，构筑阵地、安放警戒、

派出侦察、严密防守……不轻易出奇兵，仗打得"呆头呆脑"，但能够稳扎稳打，步步为营。即便进攻也是不断挖壕沟，采取囚笼战术。一旦双方的阵地筑好，就会进入一种被称为"打呆仗"的状态。以坚韧之心，做好日常之功。这种做法符合孙子的知胜思想。孙子说："昔之善战者，先为不可胜，以待敌之可胜；不可胜在己，可胜在敌。故善战者，能为不可胜，不能使敌之必可胜。故曰：胜可知，而不可为。不可胜者，守也；可胜者，攻也。"意思就是先立于不败之地，等待敌人可以被我方击败的时机到来。

捷径多数是路越走越窄，"打呆仗"却笑到最后。这一思想体现了曾国藩不相信捷径的性格，他用"结硬寨，打呆仗"这种稳扎稳打的"笨"方法带领湘军最终消灭了太平天国。湘军的对手太平军作战用兵颇有谋略，却最终失败。张德坚撰写的《贼情汇纂》中说，太平军"山川形势，颇能谙习。虽不读书，罔知兵法，然皆谲诈机警，逞其毒焰，竟能成燎原之势者，盖盗亦有道也"。太平军"熟于《三国演义》《水浒传》，用兵颇有纪律，诡计百出"。事实也证明，太平军主动进攻湘军营垒往往受挫，湘军在对手进攻受阻、士气沮丧之时发动反击的战术屡屡奏效。毛泽东曾这样评价曾国藩："愚于近人，独服曾文正，观其收拾洪杨一役，完满无缺。"后来在平捻战争中也是得益于曾国藩的决策，以静制动，"以有定之兵制无定之寇"。

"结硬寨，打呆仗"非常符合曾国藩坚韧的意志品格。打呆仗的战略就是要避免盲目进攻，这也是湘军之所以在战争中能够连战连胜的重要原因。可以说，曾国藩"结硬寨，打呆仗"的战略思想是一种相对保守的战略，更注重稳定性和整体素质的建设。曾国藩不相信捷径，他用人用"笨"人，打仗也打"笨"仗，可谓大巧不工，大巧若拙。他认为，军人要冲锋陷阵、流血牺牲，作战最忌偷奸耍滑，那些精明灵光、善于投机取巧之辈就会被曾国藩排除在用人之列，他爱用具有淳朴之气、血性血气之人，湘军的作战原则也非常能体现曾国藩的性格特点，那就是"以静制动""自固为本"。这也类似于棋经的守拙思想。

曾国藩针对九弟善于打死仗、长围久困，并获得"曾铁桶"这一著名称号之事，告诫弟弟："古人用兵，最重'变化不测'四字。弟行军太少变化。"1858年，曾国藩特意送给九弟一副对联，传授用兵之道："打仗不慌不忙，先求稳当，次求变化；办事无声无息，既要精到，又要简捷。"

在这方面，曾国藩首创"活兵""呆兵"之说。"谋定后战"图"稳当"，"以活济呆"求"变化"，"以众击寡"忌"分兵"。他对"活兵""呆兵"进行了这样的阐述："进退开合，变化不测，活兵也；屯宿一处，师老人顽，呆兵也。"

★ 点评 ─────────────────────────────

总的来看，"结硬寨，打呆仗"更多地体现了曾国藩作为湘军主帅的依法治军思想，是军队立于不败之地的有力保障，有其可取之处。现代军队训练养成要的就是实打实、一枪一炮，飞行小时、训练数据、演习对抗扎扎实实，积蓄战斗力。而一线指挥官在战术运用方面讲究灵活机动，正如曾国藩所说"进退开合，变化不测，活兵也；屯宿一处，师老人顽，呆兵也"。曾国藩非常注重保留和运用"活兵"，以作为"游击之师"，要求九弟曾国荃"多用活兵，少用呆兵，多用轻兵，少用重兵"，并且强调："军之要务，亦有二语。曰'坚守已得之地，多筹游击之师'而已。"可见打仗求稳固然没有错，但军事指挥员不能将其作为唯一标准，生搬硬套，限制了自己的思维。战场风云变幻，兵者，诡道也。一切因敌、因地、因时而变化。

···

65. 重士气、讲养成、常示范——朱可夫治军

"我可以做任何工作，指挥一个师，一个军，一个集团军，一个方面军——只要祖国需要。"

格奥尔吉·康斯坦丁诺维奇·朱可夫，皮匠的儿子，苏联共产党员、苏联元帅，被誉为第二次世界大战中"名将七星"之首。他一生荣获诸多头衔与荣誉，曾四次荣膺"苏联英雄"称号，是世界军史上获得勋章、奖章和称号最多的人，号称历史上指挥军队人数最多的将军，仅凭一己之力就挽救了世界。在整个东线战场，从莫斯科到攻占柏林，朱可夫几乎指挥了所有的重大战役。

（1）临危受命

从基辅沦陷开始，朱可夫重新掌握指挥权。1941年9月，朱可夫作为列宁格勒战役的总指挥，喊出了"不是列宁格勒惧怕死亡，而是死亡惧怕列宁格勒"的口号。面对这样的苏军和朱可夫，德军的北方集团军也陷入了挣扎。列

宁格勒的情况刚刚有些稳定，朱可夫却突然接到斯大林的电话，被紧急调往莫斯科。德军进攻莫斯科的"台风行动"已经开始了，最前沿的德军距离莫斯科仅有 300 公里。回到莫斯科的朱可夫首先摸清了敌我的实力对比，10 月 10 日，朱可夫被任命为新整编的西方面军司令员，当晚，他和斯大林就莫斯科战役进行了长谈，斯大林问道："现在的情况是否能允许我们进行十月革命阅兵？"面对纳粹兵临莫斯科的危机局面，朱可夫给了肯定的回答。11 月 7 日清晨，红场举行了隆重的阅兵仪式，全副武装的苏联红军威武地走过红场，直接开赴前线。这次阅兵式向世界宣告，莫斯科是不可战胜的，苏军必将打败法西斯侵略者。

（2）我替您修

朱可夫很少在司令部待着，总是跑到下面的连队查看，一旦发现问题就及时解决。正所谓，坐在办公室里全都是问题，下到基层都是办法。1943 年，在苏德战场，有一次，朱可夫看到几名士兵训练的时候在坦克旁边聊天，朱可夫走过去，士兵们对朱可夫说："我们的坦克坏了，我们不会修。"朱可夫叫来机械师，大声说道："我替您修！"朱可夫帮他们把坦克修好，并说："如果你们不会，我教你们；如果你们不学，我强迫你们学。总之，你们要成为优秀的坦克手。"很快，这件事引起轰动，官兵们知道了朱可夫有经常视察军队、发现问题就立刻解决的好作风。朱可夫说："军官只有走到士兵中间，才能发现在司令部中发现不了的问题，并且才能解决好这些问题。"

（3）狠抓养成

在担任团长时，朱可夫禁止任何坦克兵穿工作服离开车间、车库和停车场，身穿制服时必须把铜扣、皮鞋擦得锃亮；野外训练归来，必须立即洗刷战斗车辆。朱可夫认为，武器装备越复杂，就越要搞好养成，否则，一个极小的疏忽，就可能带来极大的问题，影响战斗力。为了搞好养成，他在军队中制定了一系列严格的制度，比如：任何官兵进入车库、停车场、修理车间，必须身穿工作服或作训服；军队作训回来，坦克必须擦得干干净净，才可以进车场；官兵必须把皮鞋擦得锃光瓦亮。一次演习后，已是凌晨，坦克连战士很疲劳，连长对车场值班军官说："大家很累了，坦克只是大致洗刷了一下，我们明天再洗干净吧。"值班军官同情士兵的辛苦，便同意了，让没擦洗干净的坦克开进车场。一个小时后，朱可夫发现了这个问题，他对值班军官说："乐意帮助同志是非常好的品质，但是你这么做的结果不是在帮助他们，恰恰相反，你不执行规定，反而促使他们违反了军纪、军令。大家疲劳，我也知道，但他们既然应征入伍了，就要使他们受到训练，使他们能够适应未来战争的艰辛和严峻的考验。现在演习的疲劳，与战时我们将要遇到的困难相比，只不过是娃娃们的游戏罢了。你将因此受到审查。"朱可夫把那个连长和连所在营的营长叫来，命令他们清洗坦克。他严厉批评坦克连连长："这次你给我的印象是，你当连长还不够成熟。下次你再这样干，就不会这么便宜了，我警告你。"

（4）军官带头

朱可夫治军强调军官自身的榜样作用。有一次，朱可夫检查军容风纪，他发现全团只有一名士兵的皮靴没有擦亮。朱可夫问值班军官："你有何感想？"那名军官没有回答朱可夫的问话，而是斥责那名士兵。朱可夫当时就打断他的话，对他说："我问的是你，而不是他，我不需要他的回答，只需要你的回答。"值班军官面色紧张、哑口无言。朱可夫说："这不是

马涅什广场的朱可夫铜像

擦鞋不擦鞋的问题，而是你重视不重视的问题。他可能忘记擦靴子了，事情糟糕在除了团长以外，全团显然没有任何人能够帮助他擦擦靴子。"朱可夫叫人拿来擦鞋工具和一个板凳，让士兵把脚放在板凳上，然后帮他擦起了皮鞋，很快就帮他把左脚上的皮鞋擦得干干净净，然后又叫他把右脚放在板凳上，也擦得干干净净。这件事很快轰动了士兵所在的军队，从此，再没有人敢违反军纪。朱可夫以治军严格闻名，特别是对干部的要求更为严格，这在他戎马生涯的早期就开始表现出来了。

⭐ 点评 ————————————

简单而粗暴、喜怒形于色，甚至"爆粗口"，可以说朱可夫是一介武夫，但治军之严是他卓越的军事领导指挥才能不可分割的一部分。重士气、讲养成和常示范，时至今日，朱可夫治军的精神和作风仍然影响后世。1945 年，朱可夫迎来了军事生涯的巅峰，他指挥苏军将纳粹老巢柏林团团包围，并将红旗插上

了德国国会大厦。胜利之神是怎样炼成的？除了忠于祖国、意志坚定、能征善战、实事求是这些品质外，他的治军思想、治军理念、治军方法都是非常值得后人学习的。

66. 必联与国而后战——美国搞联盟战略的那些事

联盟体系是美国维护霸权和实施全球战略的重要依托。早在美国独立战争刚打响之时，美国就联合法国击败了英国。自此以后的两百多年里，美国发动和参与的战争大部分是联盟战争，在海外的大部分军事行动几乎都有联盟的印记。时至今日，美国的联盟体系大致发展为多边联盟、双边联盟、防务合作等层次，例如北大西洋公约组织（简称北约）、五眼联盟、美国和澳大利亚之间的防务合作等。美的联盟战略本质上是美国划定国际阵营、将盟友绑上战车、以点带面圈层推进以实现其主要意图的规则和工具。

（1）以国家利益作为联盟的基础和纽带

自美国立国以来，军事联盟与合作即成为美国参与国际事务、处理危机和冲突、维护其地区安全和全球利益的重要手段，而国家利益则是美国建立联盟与合作的纽带。

（2）依靠大量双边和多边国际法律文件解决联盟军事行动的合法性和操作性

美国历来认为，联盟是美国最重大的国家力量资源之一，美国的国家安全战略和军事战略都是建立在强大的联盟体系基础之上的。尽管美国经常调整军事战略，但其结盟性却始终不变。经过多年经营，美国已在全球建立起较稳定的联盟战略体系，通过与东道国或国际组织签署军事盟约或相关军事协定，明确驻军地位、兵力使用、司法管辖、损害赔偿、出入境管理、税收豁免等法理依据，保障驻地营房和设备免受搜查、征用、扣押和强制执行，保护官兵人身安全和豁免权利，为部队过境输送部署、紧急避难撤离、获得安全保障等提供法律支持。"9·11"事件后，反恐和防扩散成为美国主导军事联盟的主要目标，各国、各区域组织之间的军事交流与合作呈加强之势。美国认为，只有与盟友采取反恐合作、共担责任，才能赢得胜利。到特朗普政府时期，美国进一步提高了对盟友的要求，让盟友出钱、出兵、出地，以此弥补美国兵力、财力不足的弱点，同时加强对盟国的控制，维护美国的盟主地位。美国曾经缔结了大量盟约，著名的有《北大西洋公约》《澳新美安全条约》《美日安全保障条约》等，当前以情报合作著称的"五眼联盟"其历史可以追溯到第二次世界大战时期盟国发布的《大西洋宪章》。

（3）借助于驻军强化对盟国的控制和驻在国对美的依赖感

使盟国依赖于美国军事力量的同时，注重保持自身的自主权，从而避免被盟友绑架。美国智库昆西负责任治国研究会 2021 年的一项研究显示，美国在海外 80 个国家和地区设有 750 个军事基地，几乎是美国驻外使领馆和使团数量的 3 倍。与此同时，《美菲共同防御条约》《美韩共同防御条约》《美日安全保障条约》等同盟条约都有免责条款，规定在特定情况下美国可以放弃履行条约义务，以确保华盛顿掌握更多主动权。

（4）树立共同的假想敌，主导联盟分工和责任义务

北约东扩就是这方面的一个典型例子。在美国的主导下，北约以俄罗斯为"假想敌"，不断东扩。巴西国际政治经济学家何塞·路易斯·菲奥里指出，美国到处散播"俄罗斯恐惧症"论调，好像不将外部敌人"妖魔化"，西方就无法团结起来。乌克兰

北大西洋公约组织标志及成员国国旗

危机升级，欧洲大陆重燃战火，正是源于北约对俄全方位的地缘战略挤压。美国的目的是用战事削弱和拖垮俄罗斯，同时也借机压榨欧洲"盟友"，确保对它们的掌控。以美国为首的七国集团（G7）2023 年于日本广岛举行峰会，这一机制是美国同盟体系的重要组成部分，也是美国霸权的重要支撑，因此，峰会在美国主导下发表联合声明抹黑攻击中国。埃及埃中商会秘书长迪亚·赫尔米说，美国试图照搬在乌克兰问题上的套路，利用 G7 峰会在亚太地区挑起冲突。G7 是一个被美国操纵的"政治化团体"，以牺牲其他国家的利益为代价，为美国谋取政治和经济利益。

（5）"领导世界"的重任并不轻松

美国于 20 世纪发动了朝鲜战争、越南战争，进而在 21 世纪发动了阿富汗战争及伊拉克战争，这已经说明美国没有独吞世界的能力。而美国的盟友也并非都是"省油的灯"，它们把"领导世界"的责任套在美国的脖子上，让美国冲在前面，而争取自己获利。例如，当年紧随并怂恿美国冲到阿富汗的英国前首相布莱尔在其回忆录中表示："我并不后悔做出参战的决定。"如果熟悉当年日不落帝国曾经两次入侵阿富汗的历史就不难理解英国的复杂心态。再如，阿拉伯国家联盟重新接纳叙利亚一事证明，美国通过挑拨矛盾、煽动对立来操控地区局势的做法不得人心。卡塔尔半岛电视台研究中心在一份题为《中东：从十年冲突到和解时代到来》的报告中指出，拜登政府对阿拉伯"盟友"的关切毫不在意，未征求它们意见便在地区重要问题上做出单方面决定。如今，中东地区力量对比正在发生重大变化，地区秩序不再受美国操纵。

⭐ 点评 ————————————————————

自古以来，联盟与合作是在国际斗争中保护或扩大自身利益的重要手段。先秦时代有着丰富的伐谋伐交思想和实践，春秋战国时期就产生了"合纵连横""必联与国而后战"等著名联盟思想，《孙子兵法·九地篇》中"衢地则合交"谈的就是联盟战略问题。对此，"视全球事务为己任"的美国人也应该学习学习中国古典联盟思想。

$67.$ 国力调集的速度——马岛之战背后的国防动员

1982 年 4 月 2 日，阿根廷军队占领马尔维纳斯群岛（以下简称马岛），英国调集兵力、征用民船，组建特混舰队前往南大西洋，马岛战争随即爆发。战争历时 74 天，以阿军投降、英军重新夺回马岛控制权告终。

（1）动员意识强弱事关战略主动权

经历两次世界大战的英国有着比较强烈的战争动员意识，注重将树立国民战备意识、动员意识及时法律化。英国政府大肆渲染马岛被占是英国的"耻辱"，进行还击是"为荣誉而战"，用以动员民众支持政府出兵。英国政府还极力宣扬安德鲁王子参加特混舰队一事，借助王室成员的影响来增加动员效果。在进行国内动员的同时，英国还抢先一步将英阿冲突问题提交联合国，说服联合国安理会通过第 502 号决议，获得战时外交和军事活动的国际法依据。战争期间，英国得到了美国的物资供应和大量情报，并获得阿森松岛军事基地的使用权。英国还促使法国停止向阿根廷提供"超军旗"攻击机和"飞鱼"导弹；说服了与阿根廷存在领土争端的智利在战争期间为英国提供情报和秘密补给基地。

时任英国首相撒切尔夫人在军队做动员

（2）英国竭力"到处结缘"，阿根廷却显得"漫不经心"

海岛作战，海上补给线不能断。此时，阿根廷在国际航运组织注册登记的商船就有 495 艘，本应大批量动员商船补充海上运力，但遗憾的是，战时被征用的商船屈指可数。阿根廷组建了约 10 万人的部队，战前往马岛运送了 1.3 万人，结果不仅被登陆的八九千英军打败，投降的也不在少数。原来，阿方动员的这批力量大多数既没有实战经验，又缺乏实战化训练，在真刀真枪的考验面前很快败下阵来。

（3）快速动员助力英军

马岛坐落于阿根廷沿海大陆架内，距阿根廷大陆最近处只有 510 公里，而距英国本土 1.3 万公里。战争发起时，阿根廷同劳师远征的英军相比，不仅占尽了本土作战的优势，同时还掌握了先发制人的主动权。然而，这种先发优势因为英国迅速的战争动员而逐步丧失。时任英国首相的撒切尔夫人自诩："特混舰队集结速度之快将永垂英军史册。"参战民船不仅要加装海军的通信系统、防空武器等基本作战单元，而且要依据保障任务加装直升机起降平台、医疗救护、淡水加工设备等。人们没想到，如此复杂的出征准备，英国人 72 小时就基本完成了。原来，英国商船在建造时就已将加改装方案同步设计出来。战争一爆发，英国相关部门在商船抵达修理厂之前，就将加改装方案和图纸送到厂方手里。商船加改装快，征召海员也很快。英国政府同船舶企业签有战时有偿征用合同，与船上海员也签有前往任何地域服役的契约。进入作战区域后，船员每人每天加发 150% 的工资，根据战场情况，还可临时转服现役。被征用的商船仍由原来的船员驾驶，并配备一个海军舰队的辅助小组。这就是马岛战争爆发后，英国能够迅速派出 50 余艘民用船只和大量船员赴海上作战的原因所在。

（4）阿根廷浪费了宝贵的时间窗口

1982 年 4 月 2—12 日，南大西洋上没有任何英国武装力量。阿根廷却没能利用这段时间动员其海空运力向马岛输送人员和物资，失去了与英军打消耗战的机会。机不可失，时不再来。直到战争打响后，阿根廷才如梦初醒，加紧筹措物资、征调支援部队。遗憾的是，在英军海空力量的封锁下，阿根廷仅有少量物资运抵马岛，无法满足守岛部队的需要。

（5）英军的成功预测

英军最初预测马岛战争将持续两个月，实际 74 天；预测登陆及地面作战将持续一个月，实际 25 天。比较精确的测算为英国战争动员提供了依据，使英军需求与后方供给实现了较为精准的对接。英军特混舰队 2.7 万人每天需要 60 吨食物。英国动员约 30 个公司保障这些食品的生产，还广泛使用

英军舰离港出征

战前发明的"北极口粮"。"北极口粮"以高热量、脱水食品为主，有 30 多个品种，可以成批成箱包装，运输、发放都很方便，冷热皆可食用。马岛靠近南极，气候寒冷，部队急需防寒服。为此，英国紧急动员约 50 家公司调整生产计划，赶制一种重量仅为 0.9 千克的"北极作战服"，使特混舰队较快适应了当地的恶劣气候。庞大的舰队航行万余里，油料保障是个大问题。英国征用了 21 艘商用油船保障特混舰队油料供应，加上舰队本身的 8 艘油船，英军油船载量与水面战舰吨位比高达 2：1，有力支撑了英军的作战行动。

（6）缺少预案的阿根廷

阿根廷方面由于对作战需求没有进行全面评估和科学测算，导致在"家门口"打仗的部队陷入缺衣少食、弹药不足的窘境。1.3 万名登岛阿军只能靠搭帐篷住宿，但防寒帐篷极少，并缺乏供暖设备，士兵普遍没有配备御寒装具，

有的士兵甚至连军靴都没有，导致大批士兵冻伤甚至截肢。大多数阿军士兵每天只有一份野战口粮。战至激烈的时候，守岛部队"弹药、粮食和棉衣都告短缺"，最后士兵们每天只能喝上一顿稀粥，每人平均只剩 6 发子弹。马岛上的机场较小。战前，阿根廷没有动员力量在马岛抢建、扩建机场，导致其主力机"超军旗"和"天鹰"攻击机只能从本土起飞，这样就增加了 800 余公里航程，严重限制了阿空军的打击范围和战力水平发挥。虽然阿军部分官兵英勇战斗，但最后只能吞下战败的苦果。

★ 点评 ———————————————————————————

　　英阿马岛之战是第二次世界大战以来世界历史上的重大事件。回顾这场战争，我们可以发现战争动员对战争的胜负起着重要的作用。动员需求预测将左右战争结局。而依法动员是实现快速动员、有效动员的保障，动员能力的释放依靠的则是行之有效的成熟动员体制。上述种种，均依赖有法可依，且法之必行。

第十三章

推理思维

推理思维是逻辑思维的一种表现形式，可以分为归纳推理和演绎推理，是一种非常重要的科学思维。逻辑学是一门古老的学科，是人类最早理论化、体系化的可传授学科。归纳和演绎是重要的逻辑推理。归纳与演绎二者相辅相成，缺一不可。这不禁让人想起了八卦太极图里阴阳两鱼的互相渗透、互相转换，阴中有阳、阳中有阴，无限循环。严密的逻辑性是使归纳和演绎达到统一的桥梁。本章意在用军事案例解说推理思维，培养大家在军事实践中运用逻辑推理的技巧。

68. 此三子者，皆布衣之士也——唐雎不辱使命

战国时期，安陵君派魏国人唐雎出使秦国。秦王对唐雎说："要知道秦国灭掉韩国和魏国，而安陵君仍能保存他那五十里的地方，是因为安陵君是长者，所以我不放在心上。现在，我要用五百里的地方换取安陵这个小地方，这是帮安陵君扩充国土，安陵君却不同意。这不是看不起我吗？"唐雎回答说："不是这样的。因为那块地方是安陵君从先王那里得到的，所以不管如何都应该守住

它，就是一千里那么大的地方也不敢调换，何况只有五百里呢！"秦王听了大怒，威胁说："你听说过天子大怒吗？天子大怒就会伏尸百万、血流千里。"唐雎也毫不示弱地说："那大王是否听过布衣之怒呢？"秦王说："布衣发怒，不过是甩掉帽子、赤着脚、用头撞地罢了。"

唐雎说："这不过是庸人发怒而已，不是有才能、有胆识的人发怒。专诸刺杀吴王僚的时候，彗星的尾巴扫过月亮；聂政刺杀韩傀的时候，一道白光直冲上太阳；要离刺杀庆忌的时候，苍鹰扑在宫殿上。他们三个人都是平民中有才能、有胆识的人，胸中的愤怒还没发作出来，上天就降示了吉凶的征兆。现在算上我就是第四人了。如果士将发怒，那便是伏尸二人，流血五步，而天下都为之穿丧服，现在这个时候就要这样了。"说罢唐雎挺剑而起。

秦王听后脸色大变，跪着谢罪说："请先生坐下来，何必这样呢？我已经明白了，韩国和魏国灭亡后，安陵靠五十里的地方能够保存下来，是因为有先生的缘故啊！"

唐雎在阐述"布衣发怒"的过程中，列举了专诸、聂政、要离这三位豪侠刺客的事迹，通过归纳的方法，揭示了"布衣发怒"具有"彗星袭击月亮""剑光使人目眩""老鹰扑击大殿"等特点，并拔剑说明自己也具有"布衣发怒"的特点，致使秦王大惊失色，只能跪着谢罪。

⭐ **点评**

归纳是从个别认识过渡到一般认识的思维方法，是从具体事例、观察和实验证据出发，通过总结和归纳得出普遍性规律和一般性原则。中国古代兵学著作大都有舍事言理的风格，本身就体现了很强的归纳思维。如《孙子兵法》提出的"五事七计"，"五事"即"道、天、地、将、法"。"七计"即"主孰有道？将孰有能？天地孰得？法令孰行？兵众孰强？士卒孰练？赏罚孰明？""一人之辩，重于九鼎之宝；三寸之舌，强于百万之师"，这是刘勰在《文心雕龙》中对语言力量做出的形象评价。唐雎通过归纳法，说出了"士必怒"的严重后果，有效震慑了秦王。如果没有归纳，毛泽东就难以写出《湖南农民运动考察报告》；如果没有归纳，牛顿就不会在伽利略等人的基础上提出力学定律进而奠定经典力学的基础；如果没有归纳，开普勒就不会在前人以及自己大量的观测数据之下发现行星运动三定律；如果没有归纳，数据永远是数据，不会带来任何启发，科学将止步不前。我们同时也要看到归纳论证的可靠性因所运用归纳推理的具体形式不同而有所差异。特别是当我们运用不完全归纳推理进行论证时，尽管论据都是真实的，但经过论证后的结论并不必然是真实的。就像 17 世纪的欧洲人认为世界上的天鹅都是白的，直到澳大利亚黑天鹅被世人所知晓后，这个强大的信念被打破了。这告诉我们，经验是可靠的，实践中需要依靠经验，但又不能完全依赖经验，只有解放思想、保持开放的心胸才能有效应对变幻的世界，在战争领域尤为如此。

69. 惯用套路终遭破解——"狼群战术"走向覆灭

1939 年 9 月 3 日，英国"雅典娜"号客轮悠闲地行驶在大西洋上。突然间传来几声巨响，客轮发生了强烈震荡，然后便黑烟滚滚，海水不断涌入船舱，不久"雅典娜"号便葬身海底。这就是德国潜艇部队"狼群战术"在第二次世界大战时期的第一个实战成果。所谓"狼群战术"，就是多艘潜艇编组，像狼群一样轮番攻击敌军舰和运输商船，从而达到破坏盟军海上运输线的目的。

（1）"狼群"的来龙去脉

早在第一次世界大战时期，德国潜艇击沉的商船总数就达 5 906 艘，总吨位超过 1 320 万吨。其中，"U 型"潜艇以其水下机动性和作战能力在海上出尽了风头。到了第二次世界大战，英国在对德国实施海上封锁的同时，还源源不断地得到美国的援助，这使得德国感到像是一根绞索勒在脖子上。德国海军为破坏英美之间的大西洋运输线，可谓绞尽脑汁，不仅建造各类水上舰艇与盟军正面决战，还建造了 1 000 艘以上的各型"U 型"潜艇，参与对英美运输船队的围猎捕杀。纳粹德国名将卡尔·邓尼茨首创了"狼群战术"，作战效果大幅提升。俗话说，猛虎难架群狼。面对凶猛而有组织的狼群，即便百兽之王也会不寒而栗。"狼群战术"让纳粹德国海军猖狂一时，与梅因茨·威廉·古德里安的"闪电战"并称为纳粹德国军队的海陆两大"法宝"。邓尼茨也因此被称为"狼头"。在太平洋，美国在对日本作战时也使用过这一战法。美军最后一次实施该战术是与日军在对马海峡战役中。在此次战役中，美军三组"狼群"都配备了当时最先进的声呐技术，成功穿过了日军雷场，以牺牲一艘美国潜艇为代价，最后击沉了 27 艘日本舰船，整体的作战效果还是非常惊人的。

（2）"狼群"的战法

"狼群战术"之所以成功，完全有赖于其诡秘的行踪。德国潜艇出港前，为了使盟军间谍无法观察军港内潜艇的驻泊状态，德军在很多军港都修建了供潜艇专用的混凝土洞库。该工程可以抵御当时著名的"高脚柜"航空炸弹的轰炸。除此之外，德军充分利用潜艇上的每一寸空间来存放食品，能够保证艇员连续生活 12 周之久。每次猎杀行动，通常由发现目标的潜艇在水下默默跟踪船队，使用"海神"密码通过无线电召唤其他潜艇汇合，在"狼群"暗中集合完毕并悄然绕过盟军护航舰艇后，选择合适的攻击阵并突然发动攻击，随后迅速逃离战场，绝不与盟军驱逐舰正面交锋。

（3）灰头土脸的盟军

"U 型"潜艇的"狼群战术"让盟军吃尽了苦头。1940—1941 年，盟国的大型运输船队屡屡遭袭，"狼群战术"一时间所向披靡。这些潜艇共击沉 3 500 艘舰船，造成 4.5 万人死亡。英国作为老牌的日不落帝国，数百年来，其强大的海上力量是其海外拓殖发家所倚重的首要力量，然而，面对德国的潜艇"狼群"，既一筹莫展又脸上无光。就连丘吉尔都感叹："二战中唯一令我感到不安的，就是德国的'U 型'潜艇。"1943 年 1 月，美、英两国首脑以及高级将领们在卡萨布兰卡举行会议，商讨盟军下一步行动。尽管双方在战略问题上有较大分歧，但确保大西洋上同盟国生命交通线的安全成为共识。然而，对德国潜艇基地的打击却收效甚微。

（4）"狼群"的死穴

事以密成，语以泄败。经历多次失败，盟军绞尽脑汁。终于，盟军受到空战启发，发明了能够安装在小型战舰和飞机上的雷达，尤其是当时最新的发射波长为 10 厘米的雷达装置，可以探测到海面上的"U 型"潜艇和艇上高频 DF 信号接收器。护航舰队的反潜作战能力不断增强，军舰的雷达性能也提高了许多，这对于反潜来说意义重大。1941 年 2 月，英国皇家海军开始动用战区内皇家空军的海岸作战飞机参加反潜行动，还在冰岛建造了海军和空军基地，这就将反潜护航范围延伸到了大西洋中部。1942 年 5 月，英国护卫舰的声纳在太平洋意外发现了代号为 U–110 的德国"U 型"潜艇。在投下数枚深水炸弹后，这艘"U形"潜艇被迫上浮投降,成为盟军捕获的第一艘完整的德国"U形"潜艇。盟军在这艘潜艇上发现了许多密码,包括恩尼格玛密码机和密码本,这让英国人如获至宝。1943 年,由于德国"U型"潜艇之间的大量通信被破译,盟军彻底扭转了其在海战中的劣势。盟军战舰在大西洋战场上的战损率下降了65%,破解德国的通信方式成为破解"狼群战术"的关键。

1942 年 5 月,大西洋海面上的天气大为缓和,暴风雨少了很多,这使得驱逐舰利用雷达和 DF 侦察装置清扫海面更加高效。盟军不仅调派了几艘盼望已久的航空母舰和更多的远程作战飞机加强该海域的反潜力量,盟军的密码专家还完全破译了德军的密码,这不仅帮助盟军规划安全的航线,还大面积监听到德军潜艇之间的通信。他们发现德军士气已经十分低落。整个 5 月,盟军战舰一直在主动搜寻攻击德国潜艇,许多"U型"潜艇遭到"屠杀",41 艘"U型"潜艇被盟军击沉。至此,"狼头"邓尼茨被迫承认了战术失败,迅速召回了"狼群"。到了 1943 年年底,"U型"潜艇在大西洋上已经很难运用"狼群战术"了。

★ 点评 ————————————————————————

演绎法与归纳法的逻辑推理方向相反,它是从已知的某些规律、原则、法则和概念出发,进而得出新结论的一种逻辑思维和科学研究方法。"狼群战术"是德国海军在第二次世界大战时期的一个亮点,盟军发现"狼群"的死穴从而击败"狼群"也在世界战争史上留下了浓墨重彩的一笔。攻其一点,遍及其余,在盟军的反潜战中得到充分演绎。再好的战术也有过时的一天,如果不能够及时跟随时代的发展去调整战术、主动创新,终将摆脱不了失败的命运。

70. 机警难缠的秘诀在于总结——礼拜攻势与磁性战术

经过三次战役,志愿军已经从鸭绿江打到"三七线"附近。道格拉斯·麦克阿瑟被杜鲁门总统解职,马修·李奇微接替其成为朝鲜战场"联合国军"的最高指挥官。李奇微不像他的前任麦克阿瑟那样自大冲动,他上任伊始就开始研究志愿军的打法、特点、人员构成和组织机构,对于志愿军来说这似乎是一个狡猾难缠的对手。

（1）发现"礼拜攻势"的秘诀

1951 年 1 月的一个晚上，李奇微在看战斗简报时，发现了三个相同的数据：1950 年 10 月 26 日—11 月 2 日，大规模伏击战斗，历时 8 天；1950 年 11 月 25 日—12 月 2 日，猛烈攻击美军部队，历时 8 天；1950 年 12 月 31 日—1951 年 1 月 8 日，攻克首尔，止于"三七线"，历时 8 天。在作战室里熬了几个通宵后，他向手下宣布："我已经找到了打败中国军队的办法。"他一拍大腿，似乎抓住了志愿军作战的规律，因为他发现志愿军的攻势一般只能持续一个星期左右。通过分析，李奇微认为这是志愿军后勤供应不足造成的。内行都知道，打仗打的是后勤，没有食物和弹药运送到前线，部队的战斗力就会大打折扣。志愿军缺乏运载工具，打仗只能靠走路，他们的行军极限是每夜 35 里，以志愿军的后勤运送能力，前线部队最多能够携带 7 天的粮食，再多就不行了。这是结合志愿军的后勤线长度、汽油储量和卡车数量计算出来的，李奇微将这种"打 7 天必须休整"的攻势称为"礼拜攻势"。经过进一步研究、调查，李奇微发现志愿军装备落后，后勤保障能力差，随身携带的口粮、弹药只能维持一个礼拜的进攻，而且由于进攻行动缺乏空军掩护，通常只是夜间发起，最好是月亮比较亮的夜晚，因此也称"月夜攻势"。

（2）发明"磁性战术"

什么叫"磁性战术"呢？显然这是一个比喻，就是"磁铁"在前移动，吸引着后面的"铁块"跟着跑。那我们就明白了，"磁铁"就是以美军为首的"联合国军"，"铁块"就是志愿军。根据"礼拜攻势"的特点，李奇微为志愿军量身定制了很多打法，在实施空中绞杀战的同时，也改变了"联合国军"在地面的战术。面对志愿军的"礼拜攻势"，李奇微有针对性地发明了"磁性战术"。这种战术的具体打法是：志愿军发起攻势后，"联合国军"就有计划地节节后退，但并不是逃跑和溃退。"联合国军"主力在白天撤退，担任掩护的摩托化部队和坦克于黄昏撤退，每天最多只退 20 公里，恰是志愿军一夜前进的路程。根据志愿军"月夜攻势"的特点，当黎明即将到来之际，志愿军临近攻击停止线，美军后卫部队就与志愿军保持 3 000 ～ 4 000 米不即不离的距离。志愿军的攻击部队在夜间抓不住敌人，天明后又正好进至敌预设阵地前，反遭美军空中和地面火力的袭击。当志愿军进攻到第六天、第七天时，美军开始组织反击，待志愿军后撤时，"联合国军"则集中力量进行全线反扑。李奇微要求美军各部队充分发挥火力猛、汽车多的优势，以坦克群和摩托化步兵组成"特遣队"在大批飞机掩护下沿公路向志愿军的纵深迅速穿插，抢占桥梁和渡口，后续部队则跟进实施包围。此时志愿军的给养弹药即将消耗殆尽，后续供应又不能及时送上来，美军就用优势炮火实施猛烈突击，机械化部队快速转身杀个回马枪，试图集中力量反咬一口。李奇微正是掌握了这个特点，最后才使志愿军陷入了较大的被动之中。李奇微认定："中国军队发动的是'礼拜攻势'，一次极限作战能跑240多里，等到他们筋疲力尽了，就把汽车停下来，然后就地组织反击，此时又饿又累的中国军队一定会后撤，他们的通信设施落后，各部队协同配合做得不好，一旦后撤就会陷入混乱，到时候坦克、飞机、火炮一起出动，就可以获得胜利。"

（3）利用作战的顶点

在"磁性战术"思想的指导下，美军摆脱了此前"依托公路和炮火闷头冲锋"的思维定式，转而开始向我军学习，玩起了诱敌深入和穿插的把戏。当志愿军的弱点被对方抓住之后，战局就发生了变化。在第五次战役中，志愿军遭受了较大的损失，一定程度上是李奇微的"磁性战术"造成的。"磁性战术"充分吸收借鉴了克劳塞维茨的"顶点"理论，尽快把对手的进攻引向顶点，当顶点到来之际来个反守为攻。顶点理论认为，当攻方的力量不再超过守方的力量时，或者攻方综合考虑战争因素，认为作战已达不到预定的目的或不符合己方作战环境、条件，在超过这个时刻或时机后，如果继续实施进攻作战就要冒战线拉得过长、遭到反击和被击败的风险，这就是所谓的作战顶点。李奇微认为，礼拜攻势就是防御的顶点，志愿军攻势到达顶点，他们就开始反攻。因此，美军也会创新，它的创新来自于归纳总结。在砥平里的战斗中，美军认清了志愿军火力薄弱、攻坚能力差的问题，认为志愿军即使达成穿插突破，也会因补给困难而难以向深远前进，因此，志愿军敢于固守，直到增援部队赶来。而在第五次战役后期志愿军的后撤过程中，美军则利用上面所讲的"磁性"战术，使志愿军陷入极为被动的局面。

与此同时，志愿军第一副司令邓华也看出了问题，双方指挥员开始了一场意志和军事素养的比拼。邓华担心的主要有三点：一是志愿军的后勤补给线过长，经过三次战役，志愿军已经从鸭绿江打到"三七线"附近，在没有空军护航的情况下，运送补给的汽车要顶着美军飞机的轰炸走几百公里才能把物资运到前线，在这个过程中，大部分卡车被炸毁了，大量物资运送不到前线；二是志愿军没有制空权，志愿军空军力量比较弱小，即使在苏联教官的突击培训下，每名飞行员也只有20多个小时的飞行时间；三是志愿军擅长打运动战，但后勤能力不太强。在召开作战会议时，邓华向各部队，特别是新入朝鲜的部队反复讲：美军和我们过去打的日军、蒋军不一样，他是高度机械化的部队，很依赖火炮、空中优势和公路交通网。而我军则擅长打大穿插、大包围的运动战，可现在敌情、我情、地理特点都不允许我们打这种仗，所以大家要群策群力，想新的办法对付敌人！

美军在被中国军队追击后不忙着交火，而是假装逃跑，利用机动优势，吸引中国军队追着跑，因为志愿军有打追击战的惯性思维。美军有汽车，志愿军只有两条腿，时间久了美军的优势就会显露出来。战役一开始，美军主力部队没怎么攻击就后撤了，志愿军中有一些指战员很开心，认为这是美军即将崩盘的前兆，而邓华心中却很不安：美军在拥有火力优势和机动优势的情况下，怎么就一触即溃了？怎么和我们的一线部队刚交上火，就迫不及待地往后撤，这玩的是什么把戏？不久后邓华就明白了：敌人这是佯装败退，然后利用后勤补给、火炮和空中优势对我军进行就地反击，我军在后撤过程中很可能被敌人"黏住"，一旦这样，部队的处境将会非常危险！邓华没听过"磁性战术"这个词，但他知道这种打法是针对志愿军的弱点"量身定制"的，李奇微是一个比麦克阿瑟狡猾、难缠的对手！

★ 点评

李奇微与邓华的较量，从作战对手的角度展示了推理思维的精妙。李奇微通过归纳总结，发现了志愿军的"礼拜攻势"规律，并针对性地发明"磁性战术"，利用志愿军的弱点，巧妙地扭转战局。李奇微的思维体现了归纳推理的重要性，从具体战例中提炼出普遍规律，进而制定有效策略。邓华则凭借敏锐的洞察力，看穿了美军的"佯装败退"战术，预见到潜在危险。他运用演绎推理，从美军的高度机械化特点出发，推断其作战方式，及时调整志愿军策略。邓华的思维展示了演绎推理的力量，从一般原理出发，预见具体情况，确保军队不被敌人所乘。两者均通过归纳和演绎推理，有效获取战争主动权，证明了推理思维在战争中的重要作用。

71. 一鼓作气，再而衰，三而竭——《曹刿论战》的推理

《曹刿论战》讲述了春秋时期曹刿对齐鲁长勺之战的一番评论。《曹刿论战》的故事不仅叙事技巧高超，而且具有很强的逻辑性，逻辑分析语言与思维互为表里，在加强逻辑思维的训练中是上佳的案例。在军事教学训练中，口头表达能力是指战员非常重要的现场能力之一。要提高学员的语言表达水平，就必须提高学员的逻辑思维能力。整体把握《曹刿论战》的基本逻辑，需要就乡人、面君、开战和追击几个方面进行分析，相对于打仗方面而言，曹刿的战前谋划相当精彩。

（1）乡人

曹刿和乡人的对话是两种思维形式之间的论辩，表现为两种不同的推理过程，表现出曹刿卓有见地的军事眼光。乡人以"肉食者谋之"为由劝阻曹刿，推理过程为：当官的谋划战事，你不是当官的，所以你不必谋划战事。这个推理犯了前提中不周延的概念在结论中变为周延概念的错误。"谋划战事"在大前提的肯定判断中作为谓项不周延，而在结论否定判断中作为谓项又变成周延的了，推

曹刿论战

理不合逻辑，结论也就错误了。曹刿反驳道："肉食者鄙，未能远谋。"这句话暗含着下列推理过程：谋划战事要深谋远虑，官员目光短浅，不能深谋远虑，所以，目光短浅的官员不能谋划战事。作为大前提的肯定判断是真实的，"谋划战事"在大前提中周延，在结论的否定判断中也周延，该推理正确，揭示了事物的本质联系。

（2）面君

面临"齐师伐我"的危急局面，鲁庄公将战，曹刿请见，给出了独到的看法和建议。对话直接论述了战争取胜的根本条件。庄公认为，只要我给别人恩惠，别人就为我效力；我给别人吃的、穿的等恩惠，所以，别人能为我效力出战（充分条件假言推理的肯定前件式）。曹刿则回，只有把恩惠普遍施于人民，人民才会跟你去作战；你只把恩惠施于贵族，没有把恩惠普遍施于人民，所以，

人民不会跟你去作战（必要条件假言推理的否定前件式）。从这段对话反映出的逻辑思维过程可以看出庄公着眼于施恩惠，认为只要施了恩惠，就有人跟他去打仗；曹刿则着眼于人心的向背，认为只有得到人民的支持，战争才能取胜。让曹刿确定可以一战的"小大之狱，虽不能察，必以情"是十分重要的，国家只有得到人民的信任与拥护，才能够傲然挺立于世界民族之林。庄公的判断反映现象，但真实性不够；曹刿的判断揭示本质，具有强大的逻辑力量。庄公认为，只要祭祀神灵时真诚，就会得到神灵的保佑；我祭祀神灵时真诚，所以，我会得到神灵保佑。这是充分条件假言推理中的肯定前件式，但作为大前提的假言判断是虚假的，因而整个推理式虽然符合规则，结论却是错误的。曹刿虽然没有揭露庄公推理大前提的虚假性，但能否认它的实然性。逻辑思维的力量让君王心悦诚服，曹刿得到了鲁庄公的积极纳谏和虚心听取。

（3）开战

曹刿适时选择出击、追击的时机。面对强大而骄傲的齐国军队，在他的建议下，鲁国采取了后发制敌、以智取胜的战术，活用"一鼓作气，再而衰，三而竭"的原理击退强大的齐军。这是对"以逸待劳"原则的理性运用，即通过假装自己很弱小，从而引诱敌人轻敌，进而达成胜利。

（4）追击

在追击问题上，鲁军虽然取得了反攻的初步胜利，但曹刿并未鲁莽轻敌，做到明察秋毫，察风云识敌我，把握虚实而动，当他察看敌情发现敌军"辙乱""旗靡"时，确认齐军是狼狈逃窜、溃不成军后才乘胜追击，终于取得了战役的胜利。面对强大的对手和复杂的战场形势，指挥员可以运用《曹刿论战》中的策略谋求主动权。

⭐ **点评**

作为中国古典文化经典之一，《曹刿论战》不仅对古代军事战争具有很高的价值和指导意义，也能够给现代社会带来重要的启示和实践应用指导。《曹刿论战》被广泛用于解决各种强敌突围、社会分歧、战争律动等问题，成为智慧之光的象征。

72. 小猫招来的杀身之祸——德法阵地战奇事

一只猫咪能够招致灭顶之灾？这样的事情可能吗？这种貌似影视剧中的情节还真的上演了。故事发生在第一次世界大战期间德法交战的阵地上。第一次世界大战是 20 世纪第一场规模空前的战争，战争后期德法双方完全陷入阵地战的僵局，机枪、堑壕和铁丝网成为显著标签，战场用"绞肉机"来形容并不为过。

1917 年 8 月，正值炎热的盛夏，德军猛攻法军，法军为了积蓄力量等待救援，将自己隐藏起来，德军失去火力目标，只好停火侦察。当新的一天太阳升起时，德军作战参谋福克基尔照例走出地堡，来到阵地上举起了自己的望远镜。数天来福克基尔一直试图寻找一些新的发现，毕竟这种双方阵地对抗僵持不下的仗打起来太枯燥了。他的坚持和执着似乎打动了幸运女神，一个意外的发现映入了他的眼帘。福克基尔忽然发现竟然有一只猫在对面的法军阵地山头上面散步。他定睛一看，发现这只猫还不是普通的猫，而是一只价值不菲的深蓝色波斯猫。为什么阵地上会出现一只高贵的波斯猫？福克基尔隐隐觉得这可能是个突破口，但一时间又想不出什么太好的答案，只能带着疑问一边思考一边在随后几天继续观察。在接下来的第二天、第三天以及第四天中，那只乖巧的波斯猫总是会在差不多的时间段出现在山头遛弯玩耍。

思虑再三的福克基尔向上级汇报了自己的猜想，认为有猫经常出现的山头可能躲藏着法军指挥部，里面应该有一位能养得起昂贵名品波斯猫的法国高级将领。德军指挥官立即调集了 6 个炮兵营对整个山头进行地毯式炮击。第二天，德军的情报人员监听到一条重要消息：一个地下隐蔽的法军指挥部不幸遭遇到毁灭性的炮击，指挥官被炸身亡，法国人认为是被内部叛徒出卖，不承想这竟是一只小小的猫咪导致的战败。

还原福克基尔的思考过程不难发现其中的玄机。德军如何知道这里的地下有法军的高级指挥所呢？福克基尔分析：第一，这只猫不是野猫，野猫不可能在炮火纷飞的阵地上定时出没；第二，战场附近没有居民住宅，野猫也绝不可能在战地如此休闲，波斯猫的栖身之处就在山头附近，很可能是在一个地下掩蔽的地方；第三，波斯猫是名贵品种，在战斗中还有条件养这种猫的人，绝不是一个普通军官。因此，那个掩蔽的地方是个高级指挥所。炮兵集中轰击山头，果然真的炸毁了一个高级指挥所。而如果思维仅仅停留在事物的表象层面活动，这样也只能思其所见。

阵地战堑壕中的士兵

⭐ 点评

　　名贵的波斯猫成了催命符。战争无时无刻不在用事实教导着世人，要善于观察，更要用心观察。爱因斯坦曾经说过："人们能看到什么，不是取决于他们的眼睛，而取决于他们运用什么样的思维。"当福克基尔判断出波斯猫是一只家猫时，这是直线型思维（常识）在起作用；当他继而判断出只有有钱、有地位的人才养得起波斯猫（横向、归纳）时，这是平面型思维在起作用；当他再判断出在荒郊野岭的法军阵地后方出现这只猫，他的主人必定是一个高级将领（纵向、溯因）时，这就已经是立体型思维在起作用了；当他最后判断阵地下方有一个法军的高级指挥所时，这就是多维思考方式了（联想、发散）。

73. 一枚迟来的勋章——中途岛之战的头功该给谁

　　1986 年，美国里根总统把总统勋章颁给了一位名叫约瑟夫·罗彻福特的人，用以表彰他在太平洋战争期间为国家做出的杰出贡献。罗彻福特这个名字和中途岛之战密不可分。

中途岛海战

（1）中途岛设伏

1942 年 6 月 4 日凌晨，美日海战在中途岛东北约 100 海里（1 海里 = 1 852 米）处爆发。日本动员了海军的主要军事力量，兵力是美国的三倍。结果却出人意料，日本海军遭受重创，损失包括大型航空母舰、重巡洋舰和飞机 300 多架，死伤 3 000 多人，其中包括数百名优秀飞行员。自此，日美海空力量对比发生根本性改变，日本丧失了在太平洋战场上的战略主动权。美军之所以能够以少胜多，主要原因在于罗彻福特成功破译了日本进攻中途岛的密电，对日本舰队的作战计划和实力了如指掌，并预先部署力量，采取了必要的防御措施。日方对于此次战役的构想恰恰就是利用美国对于日本主攻方向判断的不明晰，在中途岛打美军一个措手不及。但由于密码遭到破译，日军攻击的突然性荡然无存，惨败也是必然的。

（2）崭露头角的密码天才

罗彻福特在海军服役期间，他的潜质被发现，后来被送入加利福尼亚大学数学系深造，毕业后到国家密码室担任译电员。罗彻福特在短时间内就成了破译密码的能手，同事们给他起了个绰号叫"魔术师"。不久后，他又被选派到日本，在驻日大使馆当翻译，直到 1941 年 5 月，罗彻福特从日本回国后被推荐到太平洋舰队。上任后，罗彻福特亲自挑选了一批当时海军中最优秀的密码人才和外语天才。太平洋战争期间，在珍珠港一个阴暗的地下室内，有 24 名经过严格训练的美军情报人员，他们整日埋头于堆积如山的文件和电稿之中，领头的就是罗彻福特，他常身穿一件红上衣，幽默爽朗。他带领电台监听员、密码破译员、翻译和情报分析员在几乎与世隔绝的环境中夜以继日地工作，每周工作时间高达八九十个小时，日本海军 90% 的电信往来都被他们所截获。

（3）AF 之谜

当时日本海军使用的密码体制十分复杂，让美军情报人员一筹莫展，罗彻福特小组最初的工作并不顺利。转机出现在 1942 年 1 月，美军意外地在一艘击沉的日军潜艇上发现了"JN256"密码本，这使罗彻福特欣喜若狂，破译工作取得突破性进展。不久，美军已能破解日军电报中 80% 的信息。1942 年 4—5 月间，日本联合舰队异常频繁而神秘的调动引起了罗彻福特的高度警觉，同时也引起了美军太平洋舰队司令切斯特·威廉·尼米兹的极大关注。在所截获的一系列日本人的来往电报中，最引人注目的是"AF"两个字母。日本人在密码电报中反复使用"AF"，或作为目的地，或作为需要特定装备的地点。因此，美军情报人员谨慎地估计，认为日本海军肯定又要采取重大的军事行动，但"AF"之谜极难揭开。在所截获的电文中，罗彻福特得知日本正在准备一个进攻计划，而计划目标的代号是"AF"。

（4）大胆猜测

这个"AF"是哪里呢？饱尝珍珠港被偷袭之苦的美军太平洋舰队无论如何也不肯放过这一线索。罗彻福特的情报人员迅速行动起来。其中有一个记忆力过人的情报人员突然想起 3 月份日本的水上飞机攻击珍珠港失败后，在通信中曾使用过"AF"。大家一起动手马上翻箱倒柜，罗彻福特从浩如烟海的电文中找到 1942 年年初的一份日军电报，这份电文写道：命令水上飞机从马绍尔群岛起飞，到"AF"附近的一个珊瑚小岛，由潜艇给予补充燃料。电文还提到要注意避开来自"AF"的空中侦察。由此罗彻福特推断"AF"一定是中途岛的代号。中途岛是美国重要的航空基地，既是夏威夷群岛的门户和屏障，又可成为在太平洋中部进攻和突袭日本本土的重要基地，战略位置非常重要。但并不是所有的人都同意罗彻福特的判断。美国人对日本人下一步进攻方向的估计五花八门：华盛顿方面有人估计日军的进攻目标是阿拉斯加或美国西海岸，也有人认为可能是夏威夷，而陆军方面担心日军空袭旧金山。当各派意见争执不下时，罗彻福特决定尝试让日本人来助自己一臂之力。

（5）钓鱼验证

为验证这个判断，美军逐个发布己方所控制岛屿相关的假新闻。1942 年 5 月 10 日，罗彻福特来到太平洋舰队司令部，与情报官埃德温·莱顿进行商谈，希望指示中途岛基地拍发明码电报，就说淡水蒸馏设备发生故障不能使用等消息。站在一旁的尼米兹微微一笑，表示同意。于是中途岛上的美军受命发了一份无线电报作为诱饵，报告中途岛上的淡水设备发生故障。美军珍珠港太平洋总部煞有介事地回电：已向中途岛派出供水船。

两天后，"鱼儿"果然上钩了，全神贯注地侦听日方通信的罗彻福特战术情报人员截获了一份日军密码电报，情报内容是："AF供水出了问题"。就这样，罗彻福特略施小计，就解开并证实了一个极为重要的谜底："AF"就是中途岛的代号。日本制订了针对中途岛的作战计划，准备再次发动突袭，一举歼灭美国海军的剩余主力。美军以此为突破口，乘隙追查，进一步掌握了日本联合舰队的全貌。至此，美国人不仅知道了日本夺取中途岛计划，还清楚查明了参战兵力、部署、航线、指挥官等情报，对敌人了如指掌。

时隔半年之后，对中途岛海战美军胜利起了关键作用的罗彻福特并没有获得他应得的荣誉，却因为华盛顿海军情报处争功而遭受排挤，不久被调离情报部门到旧金山去管理一个船坞，很快便被人们遗忘了。1976年，罗彻福特带着遗憾离开了人世。

★ 点评

中途岛海战是太平洋战争中美国海军以少胜多的著名战役，罗彻福特作为一线情报人员对战役的胜利起到了至关重要的作用。这份迟到44年的荣誉终究还是来了，虽然此时距罗彻福特去世已经十年，这位湮没近半个世纪的密码天才应该可以安息了。

下篇

出其不意反其道而行的思维创意

常人安于故习，学者溺于所闻。

——摘自《商君书·更法》

商鞅这句名言是说平庸的人固守旧的习俗，而学者则沉湎于偏见。这句话也可以理解为人们总习惯于从自身的视角出发看问题，难以跳出约定俗成或者自身知识结构的局限。生活中这样的例子屡见不鲜，而战争领域却"战胜不复"。军事家挥洒智慧与胆识，敢打强敌，敢于从常人不敢想之处入手，才有可能出奇制胜。对于"兵者诡道"的认识，孙子阐述："故能而示之不能，用而示之不用，近而示之远，远而示之近，利而诱之，乱而取之，实而备之，强而避之，怒而挠之，卑而骄之，佚而劳之，亲而离之。"后人称之为"诡道十二法"。公元前506年，兵圣孙武指挥吴国军队进攻楚国，他大胆舍弃吴军擅长运用的舟船，千里跃进大别山区，进而对楚国实施战略迂回，一举攻克楚国都城，这就是著名的吴楚柏举之战。从一定意义上讲，辩证思维、逆向思维、博弈思维、批判性思维、底线思维的共同之处是进行跨越常理、打破常规、突破常法的思考，而并不讲究循规蹈矩、按部就班、一步一动，一切以胜利为最高准则。

第十四章

辩证思维

辩证法是历史的灵魂。翻开战史，随处可以看到以谋制胜的战例，而在这些战例中，又无不闪耀着辩证法的熠熠光辉。孙子说："是故智者之虑，必杂于利害，杂于利而务可信也，杂于害而患可解也。"以《孙子兵法》为代表的中国古代兵学著作闪烁着辩证法的光辉，辉耀千秋。孙子的辩证思想对于战争指导具有方法论意义。从这部兵书当中，我们可提炼出天地、攻守、进退、奇正、迂直、强弱、优劣、分合、虚实、劳逸、饱饥、阴阳、刚柔等近 100 个对立范畴。毛泽东是辩证法的大师，全局与局部、内线与外线、持久与速决，运用之妙存乎一心；存人失地，人地皆存——撤离延安，换取全中国。而蒋介石则在军事检讨会议上痛心疾首地要求部下学习黑格尔的辩证法。

74. 固国不以山溪之险——在德不在险

这是出自《史记·孙子吴起列传》的一则小故事。魏武侯乘船顺黄河而下，船到中游的时候他回头对吴起说："真美啊，如此险固的山河，这是魏国的宝呀！"吴起回答："一国之宝，应是国君的德政而不是山河的险要。从前的三苗氏，左面有洞庭湖，右面有彭蠡湖，但由于他不修人道，被夏禹消灭了。夏桀所居住的地方，左边是黄河、济水，右边是泰华山，伊阙山在南边，羊肠阪在北边，但由于他治国不施仁政，被商汤放逐了。商纣的国土，左边是孟门山，右边是太行山，常山在北面，黄河经过南边，可是，因为他不行仁德，被周武王杀了。由此可见，国宝在于德政而不在于地势险要。如果君王不施德政，恐怕船上这些人都会成为您的敌人啊！"魏武侯说："你说得太对了！"

⭐ 点评 ———————————————————————————

　　吴起这段话与孟子的"域民不以封疆之界，固国不以山溪之险，威天下不以兵革之利。得道者多助，失道者寡助"有着异曲同工之妙。孟子与吴起生活的年代相距不远，观点也很相近，基本上都是主张在德不在险。但任何事物都不是绝对的。辩证地看，主张"德治"有其道理，但一味依赖"德治"而放弃险峻的形势也是不可取的。赵匡胤建立北宋之初，考虑到都城开封四冲八达无险可守，与洛阳、长安对比之下，其劣势较为明显，希望通过迁都，依靠山河之险，固守天下。但身为晋王的赵光义以"在德不在险"为由进行阻挠，迁都就此搁置。1127 年，金国铁骑攻破东京汴梁，赵光义那句"在德不在险"也就成了笑话，可以说，"德"也要靠"险"来拱卫。

———————————————————————————————————————

75. 实力悬殊的惨烈较量——苏芬战争

　　1939 年年末爆发的苏芬战争是战史上经典的以小博大之战。战争从 1939 年 11 月 30 日打响，至 1940 年 3 月 13 日以苏军付出惨重代价迫使芬兰求和结束。我们着重从天候与地形、兵力与装备、进攻与防御、正规战与游击战、速决与持久等方面对这一场战争进行分析，其中的鲜明对比有助于启发我们的辩证思维。

（1）天候与地形

　　苏芬战争时值冬季，天气严寒，因此这场战争被称为"冬季战争"。战争伊始，苏军越过绵延近 1 500 公里的苏芬边界，主要战场也就在边境线芬兰一

侧展开。从地形上看，虽然芬兰与
苏联之间的国境线绵长，但却遍布
湖泊、沼泽和森林，这种复杂的地
形非常有利于芬兰军队充分发挥冬
季密林山地小股作战的灵活性，利
用自然和人工障碍物分割苏军，进
而实施各个击破；反观苏军在战争
初期却寸步难行。

苏芬战争战壕

（2）兵力与装备

苏军在人数、装备上都占绝对优势。苏军先后投入 54 万大军进攻芬兰，
部队齐装满员。芬兰虽然仅 300 多万人口，却先后动员了 40 万人加入战斗，将
陆军扩充到 12.7 万人，编为 5 个军，9 个步兵师、1 个骑兵旅和一些独立边防
部队，另有预备役 30 万人、后备役"民卫军"10 万人以及妇女服务队 10 万人。
另据统计，苏芬战争期间约有 1 000 名丹麦志愿者、800 多名挪威志愿者、300
多名英国志愿者和 300 多名芬兰移民参加战斗。在装备方面，当时芬兰全军只
有反坦克炮 100 余门，枪弹仅够两个月、炮弹仅够三个星期，空军仅有轰炸机
30 架、战斗机 56 架、侦察机 59 架。直到战争快结束，芬兰才陆续得到英法援
助的 156 架飞机、400 余门火炮、85 门反坦克炮和其他一些军用物资。尽管如此，
芬兰仍以小博大，以弱胜多，打出了诸多经典战例。

（3）进攻与防御

苏军主要向卡累利阿地峡、拉
多加湖东北、北冰洋海滨的贝萨
谋、苏芬边界中部四个方向发动进
攻。各方向齐头并进，表现出倚强
凌弱、有恃无恐的气势，看似不可
阻挡。苏军以进攻态势贯穿战争始
终，芬军则始终处于防御态势。

在卡累利阿地峡防线，苏军集
中七个步兵师、一个坦克军和两个

卡累利阿地峡

坦克旅与芬兰五个师展开激战。苏军投入多个梯队轮番进攻，都无法突破曼纳

海姆防线。在拉多加湖东北方向，苏军投入五个步兵师、一个坦克旅。北路苏军在芬军两个师的阻击和游击队的袭扰下，在托尔瓦湖地区被芬军埋伏包围，伤亡5 000余人；而南路苏军在基泰莱地区被芬军分割包围，补给线被切断，两个师几乎全军覆没，伤亡1.9万余人。在北冰洋海滨贝萨谋，苏军未遇抵抗，第14集团军的两个步兵师占领了雷巴契半岛，封锁了芬兰与巴伦支海及挪威的通道，切断了芬兰获得外援的运输线。在苏芬边界中部，苏军四个步兵师兵分两路，由东向西插入芬兰腹地，偏北方向的两个师经过萨拉，在克米亚尔维附近被击退；偏南方向的两个师突入索木斯萨耳米，被芬兰军队分割包围，损失2.3万人。

（4）正规战与游击战

苏军采用典型的正规战模式，以齐装满员的整编部队，依据大兵团作战条令向前推进，连坦克装甲车辆和大量重武器沿狭窄公路进入山区时也按照队形逐次推进，但面临错综复杂的芬军防御体系，苏军伤亡惨重，被迫停止进攻，形成对峙。芬军主要采取化整为零的游击战模式，白天，以反坦克武器等近战火力配合坚固防线和有利地形杀伤苏军、摧毁坦克；夜间，芬兰滑雪小分队袭扰苏军的后方，穿插苏军后路和翼侧，致使苏军大兵团晕头转向、疲惫不堪。尤其是大量出身猎户的滑雪营士兵，他们身体强壮、行动迅速、枪法精准，身着白色伪装服神出鬼没于渺无人烟的森林、湖泊，对苏军造成大量伤亡。著名的芬兰狙击手西蒙·海耶在不到四个月的时间里射杀了705名苏军，被誉为"白色死神"。

芬兰滑雪小分队

（5）速决与持久

战前，苏联领导层预估，芬兰将在3周之内被占领。然而，令其大跌眼镜的是，这场战争足足持续了105天。苏军战前并未进行充分准备而仓促发动进攻，结果遭遇重大挫折。至1939年12月月底，在苏军付出巨大代价之后，仅在战线北端达成预定目的，其他地区均遭惨败；在苏芬边界中段，苏军两个师被歼灭；在卡累利阿地峡方向，苏军仅攻占了芬兰军队大约20～60公里纵深的保障地带，被阻挡在曼纳海姆防线前。于是，苏联方面被迫停止进攻，开始重新调整部署、增调兵力准备再战。而芬兰军事当局计划依靠曼纳海姆防线牵制并消耗苏军兵力，在争取外援后实施反击的意图初步达成。在战争后半段，苏军重整旗鼓，向苏芬边界增调了 24 个步兵师、20 个炮兵团和 15 个航空兵团，并加强了作战侦察、突防训练，最终才突破曼纳海姆防线，攻占了维堡。芬兰被迫签订了和约，战争结束。

★ 点评

　　大国有大国的战略，弱国有弱国的打法。这个战例说明，小国通过合理的动员、充分利用地形和创新战术，可以在一定程度上抵消大国的军事优势。苏芬战争中芬兰赢得了全世界的尊重，体现了以弱胜强的辩证法。

76. 胆大包天，心细如发——论参谋素养

　　刘伯承经常讲，做一个指挥员，一个参谋人员，既要胆大包天，又要心细如发，做不到这两点，就不能战胜敌人，特别是对于力量比我们强大得多的敌人，更是如此。这是一个关系到参谋工作的认识论和方法论的问题。参谋这一职位古已有之，在唐宋时是节度使及各路统帅的幕僚。现代军队中的参谋可能会涉及更复杂的组织和规划工作，因此绝不可小看参谋的重要性。有关朝鲜战争中著名的"三八线"划定，其最初建议居然来自美军上校参谋查尔斯·博尼斯蒂尔，这是他在领导的催促下面对地图信手拈来的"作品"。"三八线"又被称为韩朝停战线，是指朝鲜战争期间双方军队于 1953 年签署的《朝鲜停战协定》规定的朝鲜半岛军事分界线。这条分界线位于北纬 38 度附近，因此而得名。胆大包天，心细如发，这一大一小的辩证法培养了了不起的参谋。

　　"胆大包天"，就是想统帅不敢想的事。李鸿章在曾国藩门下当幕僚的时候，有一次曾国藩突然收到朝廷诏令，令其北上勤王，以防不测。因为当时清廷正与洋人谈判，慈禧恐怕谈判破裂，急令湘军北上。当时，湘军粮饷还无着落，仓促起兵，恐军心不稳。但不起兵又有违圣旨。两难之下，李鸿章为曾国藩献策，只要虚张声势，做出准备出兵勤王的样子即可，实际按兵不动，大军

不要开拔，不日就会有让班师的诏命下达。因为李鸿章判断，一是朝廷与洋人的谈判绝无破裂之可能，二是不出半月必有结果。曾国藩听取了这个胆大包天的建议，果然，不出十日，就收到了回防原地的通知。李鸿章的崭露头角以及他后来干成的一些大事，与他的胆量和判断力不无关系。1931年"九一八"事变揭开日本14年侵华战争的序曲，而整个事件的主谋和策划者却是号称日本陆军"第一参谋"的石原莞尔。石原莞尔1889年生于日本山形县鹤冈市，他天资聪颖，极富军事才能，是日本军国主义的狂热信徒，但在论资排辈的日本军界蹭蹬多年，到39岁才成为关东军参谋。当时，在日本军部支持下上台的田中义一刚刚召开了东方会议，制定了"新大陆政策"，并在呈日本天皇的密折中提出"惟欲征服支那，必先征服满蒙。如欲征服世界，必先征服支那"。石原莞尔敏锐地抓住日本帝国的扩张野心，抛出了"满洲土地无主论"和"最终战争论"，其理论与田中义一的奏折不谋而合，引发了关东军"战狼"群体的狂热支持。作为日军中少壮派的代表，石原莞尔伙同板垣征四郎、花谷正、今田新太郎等人制订出对华开战方案。正是这套方案，成为关东军占领中国东三省的作战蓝本。正如《有一类战犯叫参谋》中发出的"日本到底为什么会发动战争""到底是哪个人或哪群人发动了战争"的拷问，作者俞天任直接给出答案——参谋。妄图占领中国进而吞并亚洲、征服世界的疯狂想法，堪称一种胆大包天的"蛇吞象"战略。毫无悬念的是，这一战略遭到了可耻的失败，其原因至少包含道义上的失道寡助、战线上的日益拉长、国力上的空虚不足、实施上的急功近利等几个主要方面。但值得中国警惕的是，石原莞尔主张巩固满洲这一战略基地，并将其彻底日化后进而徐图缓进的策略无疑是非常凶险和恶毒的。

"心细如发"是参谋工作周密性的客观反映。刘伯承经常告诫参谋人员："司令部工作，一定要耐心、细致、准确……"他最讲究"五行不定，输得干干净净"。战争年代，刘伯承发现一名参谋在写一份汇报材料时，误将白晋路上的"来远"写成了"涞源"，遂在笔误处画一条粗红杠，退参谋长李达。李达即召集开会，说："这是一只眼睛的人（指刘伯承司令员）看出来的。为什么我们这么多两只眼睛的人都没看出来？"此事令李达倍感惭愧。他教育说："在军事上的一字之误，会害死很多同志，甚至影响战争的成败。"

1930年，蒋介石、冯玉祥、阎锡山会战中原。冯阎结盟联合讨蒋，约定会师于豫晋交界处的沁阳。但冯玉祥的副官参谋在拟制作战命令时，误将"沁阳"

错写成"泌阳",而河南南部恰巧有一地名为泌阳,一字之差使冯玉祥一部开到了相距数百里的泌阳,错失了冯阎会合良机,致使兵力分散而被蒋军各个击破,导致冯阎失败。差之毫厘,谬以千里。表面看来只有一字之差,其实质却是由于失误而造成主观指导与客观实际相违背,进而遭致惩罚。

作为刘伯承、邓小平二位首长的得力助手,李达就像一头老黄牛,工作勤恳,精明细致,任劳任怨,从未受到过首长的训斥。李达教育后起的参谋人员,要做到腿勤、笔勤、眼勤、脑勤,还要做到胆大包天、心细如发、守口如瓶,这些都是他多年从事参谋工作的心得体会,他一一传授给后生,可谓谆谆教诲。据杨国宇于1947年12月10日的日记记载:"邓小平要求极严,但从未见他批评过李达,刘伯承要求极高,但对李达最放手。"李达足智多谋、埋头苦干、不计名分、只重工作的精神在我党我军树立了良好的典范。

李达还有"活地图"之名。1947年的一个夏日,晋冀鲁豫野战军挺进大别山,路经黄泛区,李达率领参谋先一步扎设军营,刘伯承、邓小平二位首长紧跟其后。可是,待营地扎设好之后,仍不见二位首长前来汇合,李达恐事情不妙,随即命令部下参谋越过高山、趟过河流到达某村庄,接应二位首长。参谋按照李达的指示一路急行,果然在某村庄接到二位首长。事后,刘伯承问起李达:"如何知道我们迷路于某庄?""某庄于地图上有重名,一东一西,以此断之。"参谋长解开谜团回答道。"李达是活地图!"刘伯承赞叹道。"李达这一手真了不起!"邓小平也称赞了这位将军。

★ 点评

陈毅曾说过,参谋工作是最精细的工作,例如战斗统计的数字、命令上的时间与地点、粮食的计算和供给、对于一切文件的细密等,都不能有一点错误,稍不注意,就会影响到作战的胜败。抗日战争时期,我某解放区曾指示当地军民采摘收贮槐花做染料,供制作军衣之用。但译电参谋疏忽大意,误把"槐花"译成"棉花",结果许多仓库中堆放了棉花,在敌伪大扫荡中转移不及,落入敌手。无独有偶,日军也犯了类似的错误。1938年2月,日军从北面、东面分两路向晋南大举进犯。东路日军在接连受到重创后,得知从正面阻击他们的竟然是威名赫赫的八路军总司令朱德和少数警卫部队,于是马上派出十几架飞机,企图一举炸平八路军总部的驻地古县镇。可是日军参谋人员犯了个致命的错误,他们把安泽的古县和屯留以北的故县弄混了，飞机围着故县狂轰滥炸，而朱德和八路军总部所在的古县却安然无恙。

77. 勇往直前，不要后方——千里跃进大别山

大别山区位于湖北、河南、安徽三省边界，孕育了著名的鄂豫皖革命根据地。1947 年 6—9 月，刘邓大军向国民党统治的薄弱地区大别山区实施战略性军事行动，创建了大块革命根据地，拉开了人民解放军转入全国性战略进攻的序幕，史称"千里跃进大别山"。从辩证法视角看，此战有着非同寻常的意义，堪称军事辩证法的杰作。

（1）战略防御中的战略进攻

1947 年 3—5 月，彭德怀率领西北野战兵团执行毛泽东的"蘑菇战术"，歼敌 1.5 万余人，粉碎了胡宗南对陕甘宁边区的进攻。面对蒋介石重点进攻山东、陕北两个解放区的战略，毛泽东洞察全局，从敌"两头强、中间弱"的哑铃式布局，发现并紧紧抓住其中的"断点"。毛泽东敏锐地捕捉到了战机：国民党军凭借黄河的险要地势，只以少量军队据守，这是敌人兵力最薄弱的地区，因此，从这里打开突破口就成为毛泽东下一步战略行动的首要目标。经过深思熟虑、反复酝酿和周密部署，一个前所未有的伟大构想在毛泽东心中成型——不用等到完全粉碎国民党军的战略进攻，也不用等到人民解放军的总兵力超过敌人，迅速组织人民解放军主力部队转入战略进攻，向国民党后方力量薄弱的中原地区突击，实施全面的中央突破！毛泽东做出"大举出击，经略中原"的战略决策，这一具有决定性的设计，类似于围棋术语中的"跳断"，破坏了敌战略部署，粉碎了敌重点进攻，从战略上改变了敌攻我守的态势。

（2）改变战局的以一当十

刘邓大军挺进大别山是一步"险棋"，更是一步"妙棋"。在这之前，战争都是在解放区打的，战争的消耗，甚至是兵员的补充，敌我双方都是取之于解放区。国民党军有 248 个旅的正规军，蒋介石将其中 227 个旅用于进攻解放区。全面进攻受挫后，蒋介石依旧坚持进攻战略，采取"双矛攻势"，重点进攻山东

和陕北解放区。邓小平后来回忆说："毛主席打了个极秘密的电报给刘邓，写的是陕北'甚为困难'。当时我们二话没说，立即复电，半个月后行动，跃进到敌人后方去，直出大别山。实际上不到十天，就开始行动。那时搞无后方作战，困难是可想而知的啊……往南一下就走一千里，下这个决心，真了不起，从这一点也可看出毛主席战略思想的光辉。而这个担子落在二野身上，整个解放战争最困难的是挑这个担子，是挑的重担啊。"为实施这一战略目标，毛泽东决定由刘伯承和邓小平率领晋冀鲁豫野战军主力的第一、第二、第三和第六纵队，于 1947 年 6 月底自鲁北强渡黄河，先在鲁西南地区歼敌，再逐步向豫皖苏边区和大别山区进击，最后在长江以北的鄂豫皖边地区实施战略展开，建立巩固的根据地。大别山区位于鄂豫皖三省交界处，敌人力量薄弱，且曾是我军根据地，人民解放军易于在此扎根。为此，刘邓大军战胜困难，轻装疾进，提出"不要后方""到达大别山就是胜利"的口号。刘邓大军长驱直入大别山区，直接威胁国民党军长江防线以及长江以南的大后方，从根本上改变了战局。

（3）拉开全国性战略反攻的序幕

1947 年 6 月 30 日晚，刘邓大军战船齐发、挥师强渡黄河，发起鲁西南战役，一举突破敌人自诩"可抵 40 万大军"的黄河天险，正式揭开人民解放军战略进攻的序幕。一过黄河，刘邓大军势如破竹，所向披靡，在不到一个月的时间里歼敌 5.6 万余人，打开了插向敌人深远后方的通道。刘邓野战军"下决心不要后方"，击破国民党军 20 多个旅的围追堵截，越陇海路，涉黄泛区，跨沙河、涡河等天然障碍，到达大别山。陈赓、谢富治率领太岳兵团在鲁西南渡过黄河，进到豫西，转战豫陕鄂边区。陈毅、粟裕率领华东野战军对陇海、津浦铁路展开破击战，寻机歼敌。三路大军分别以大别山、泰山和伏牛山为依托，完成在中原的战略展开，形成"品"字形战略态势，纵横驰骋于江淮河汉之间，歼灭大量敌人，调动和吸引蒋军南线全部兵力 160 多个旅中约 90 个旅于自己的周围，迫使蒋军处于被动地位，起到了决定性的战略作用。

（4）内线与外线的相互配合

千里跃进大别山，标志着人民解放军开始从战略内线转入战略外线作战。在转折初期，内线和外线的关系错综复杂。留在内线作战的部队积极进行外线速决的进攻战，形成内线作战与内外线结合的态势；打到外线的部队在遭敌围攻而处于内线的情况下，也同样积极进行战役战斗的外线进攻战，形成外线作战的内外线结合态势。刘伯承回忆说："我军跃进大别山后，从全国战局来说，我们是处在外线作战。但是，就大别山这个地区来说，敌人集中重兵对我进行围攻，我们则又是处在外线中的内线了。"但这是敌人垂死挣扎的表现，"敌人已没有战略进攻，只有战役进攻了。它对大别山的围攻，形式上虽然同过去对中央苏区的围攻相似，实质上则完全相反。过去的围攻，是敌处于战略进攻，我处于战略防御的情况下进行的；现在的围攻，是敌处于战略防御，我处于战略进攻的情况下发生的……在大别山地区的反围攻，我们同样也采取内线和外线相配合的方针。"

★ 点评

早在 1936 年，毛泽东就在红军学校以军事辩证法为题做了讲演，第一次提出军事辩证法的概念，防御中的进攻、持久中的速决、内线中的外线就是其核心范畴。刘邓大军千里跃进大别山，主攻方向直指鄂豫皖 3 省边界，战略地位重要且国民党军防御薄弱，前出大别山能够虎视武汉、南京，江南震动，这与战国时期围魏救赵的桂陵之战极为相似，创造了千里跃进大别山的伟大胜利。这次横扫千军如卷席的绝妙用兵堪称毛泽东军事辩证法的神来之笔。

78. 小国冲突中的无人大战——从纳卡冲突看过去

2020 年爆发的又一轮纳卡冲突开创了大规模使用无人机来主导战争进程的先河。阿塞拜疆与亚美尼亚围绕纳卡地区归属问题已打打停停很久了。

纳卡位于高加索山脉南部，面积仅 4 400 平方公里，多属山地与森林地域。从总体上看，纳卡地区的作战环境就地面作战行动而言易守难攻，不利于地面装甲力量大规模机动，这反而给了无人机施展身手的舞台；但同时受地形影响，防空、反无人机装备在作战中对目标的探测、跟踪和干扰能力均会出现不同程度的下降。

（1）战前双方均做了充分准备

阿塞拜疆借助土耳其的力量，对亚军在纳卡地区的军事据点、火炮阵地、防空系统等做了全面侦察，随后在纳卡北部和南部都部署了大量部队，并集中了大量火炮和无人机，做了全面进攻的准备；由于中部地区的 V 字形山谷地带不利于进攻，因而仅部署了大约一个团的兵力。亚美尼亚将纳卡地区大致划分为北、中、南三个战区，共部署了 15 套防空系统。为增强火力，亚军还储备了大量弹药，建立了军工厂，主要制造榴弹炮和其他炮弹。

（2）交战初期地面战斗陷入胶着

阿塞拜疆南北夹击、争夺前沿阵地，亚美尼亚凭险固守、火力反击。阿军绕开纳卡东部防御严密的阿格达姆地区，无人机配合，南北两线分别从阿格代雷、杰布拉伊尔等地发动进攻；亚军则依托工事、障碍、地雷，发挥炮兵、反坦克的力量优势，对阿军装甲突击兵力进行坚决抗击。此阶段，双方围绕要点、要域展开激烈争夺，亚军地面作战略占优势。

（3）无人机出手改变战局

2020 年 9 月 30 日，阿军"哈罗普"无人机击毁亚军部署在纳卡的俄制 S–300 防空阵地，致使该防空系统瘫痪。阿军还全程投入无人机对战区保持严密监控，居高临下地搜索攻击亚军的地面装甲车辆、重型火炮、防空兵器等目标，战果显著，迅速扭转了地面作战劣势。反观亚军主战防空系统多为苏联生产，型号庞杂老旧，未形成统一的雷达网与防空火力网，低空防护特别是反无人机能力有明显短板，无法有效应对阿军无人机，导致重大损失，陷入被动。

★ 点评 ———————————————————————————

"飞者非鸟，潜者非鱼；战不在兵，造化游戏。"（《推背图》第五十六象己未）纳卡冲突虽爆发于小国之间，但无人机被大量使用并发挥决定性作用尚属首次，其扮演了以高打低、以快打慢、降维打击的重要角色。此战预言了未来战场无人机挑大梁情况下的战争形态，显露出战争形态演变的冰山一角。结合当今世界来看，这一预见已在其他地区的战争和冲突中再次得到印证。2001 年，美军使用 RQ–1"捕食者"察打一体无人机击毙了"基地"组织二号人物阿提夫；2020 年，美军使用"死神"无人机绝杀伊朗伊斯兰革命卫队"圣城旅"指挥官卡西姆·苏莱曼尼，并在两分钟内确认了战果。这些事件是否已经对战争形态构成了冲击？

第十五章

逆向思维

逆向思维也称反向思维，是对一些司空见惯的、已成定论的事物或观点反过来思考的一种思维方式。敢于"反其道而思之"，让思维向对立面的方向发展，从问题的相反面深入地展开新探索、树立新思想、创立新形象，一般具有普适性、批判性、新颖性等特点。当大家都朝着一个固定的思维方向思考问题时，你却独自朝相反的方向思索，这样的思维方式就叫逆向思维。人们习惯于沿着事物发展的正方向去思考问题并寻求解决办法。其实，对于某些问题，尤其是一些特殊问题，从结论往回推，倒过来思考，从求解回到已知条件，反过来想或许会使问题简单化。日本偷袭珍珠港，攻击时间选择在星期天早晨，舰队航行路线故意选择了风高浪急的北方航线，在政治外交层面屡屡释放烟幕弹，以一系列出于逆向思维的"神操作"达成了偷袭行动的突然性。

79. 并敌一向，千里杀将——赵奢挥洒豪情破强秦

赵奢生卒年不详，主要生活在赵武灵王（公元前 324—公元前 299 年）到赵孝成王（公元前 265—公元前 245 年）时期。赵奢之名，贾谊在《过秦论》中提

到，"吴起、孙膑、带佗、倪良、王廖、田忌、廉颇、赵奢之伦制其兵"。赵奢压轴出场，不可不谓名将。

那时，秦国已经开始推行东进战略。公元前 270 年，秦国攻打韩国，秦军大举进攻韩国上党。而韩国也不愿坐以待毙，为了生存，不得不将祸水引向他国。守将向赵王求援，愿将属地献给赵国。而赵王面对这块肥肉也是垂涎已久，于是他召集群臣，问赵国能否取上党。对此，包括廉颇在内的大多数文臣武将都提出反对意见，理由是这必定会引来如狼似虎的秦军。赵国朝堂之上多数人主张谈判，而此时赵奢默不作声。赵王问及赵奢，赵奢给出一个千古名喻：如果秦赵军队在阏与爆发战争，这一仗就像两只老鼠在洞里打仗，一定是狭路相逢勇者胜。赵王于是就任命赵奢为大将，带领军队去解救阏与。果然，此举引来了秦军，公元前 269 年，秦国愤然攻击赵国。

北山注定是十万秦军的伤心之地，上党注定是赵奢扬名立万之地。赵奢率领大军一出赵国首都邯郸 30 里就下令大军安营扎寨，巩固防御，一住就是很多天，并且他严令大军，即日起有议论军事者立斩。结果真有人因建议出击被赵奢下令斩首。秦军使者前来打探消息，赵奢以好酒好菜款待，说赵国绝无抗秦之意，赵军只是自保。而使者走后，赵奢立刻下令拔营起寨，直扑上党，仅仅一个昼夜就杀到。许历乃士兵逆袭的榜样，北山是其建功立业的纪念之地。许历求见赵奢，先是请求因违反将令甘愿被斩，进而为赵奢献计，派出精兵抢先占领北山制高点阻击秦军。赵奢赦其无罪，采纳其建议，迅速派兵占领北山，并且取消了禁言军事的将令。秦军开到后，赵军居高临下、箭如雨下，秦军受挫，四周的赵军乘势掩杀，秦军大败，上党被赵国掌控。面对那块即将到嘴的肥肉，秦军一口咬在了钉子上，吐出了几颗带血的牙齿。战后，赵奢和许历得到赵王封赏。这场仗为历史所铭记。没有赵奢的丰功伟绩，就没有他那后来纸上谈兵的儿子赵括被任命为大将，也就不会有长平之战，战国的历史或许被改写。

⭐ 点评 ————————————————————

孙子曰："故为兵之事，在于顺详敌之意，并敌一向，千里杀将，此谓巧能成事者也"。"顺详敌之意"的"顺"是指顺从迎合，"详"是通假字，通"佯装"的"佯"，意思就是首先要摸清敌人的意图，假装按照敌方对我方的判断行动，进而突然间发动进攻，达到并敌一向、千里杀将的目的。"巧能成事"便是对这一策略的评价。顺是为了麻痹对手，逆才能战胜对手——逆着对手的思路，甚至让朝臣和士兵都读不懂。孙子的这段话对作战突然性的描述非常形象，赵奢运用的就是这一原则。我们回望过去，会发现美国善于动用特种部队实施斩首行动，从越南战争到中东地区屡试不爽。近年来最著名的"海神之矛"行动，越境巴基斯坦击杀本·拉登的战例，也似乎显露出"并敌一向，千里杀将"的味道。从总统办公室到战区指挥官都在聚精会神地盯着大屏幕，而海豹分队如疾风闪电般干净利落，全程实现了战术行动、战略指挥，值得军事研究者好好体会。

80. 翻越摩天岭——邓艾偷渡阴平袭灭蜀汉

三国时期魏灭蜀之战，钟会所指挥的东路魏军是主力，被蜀军阻拦在险要之地剑阁，无法前进。剑阁素有"一夫当关，万夫莫开"之称，魏军屡次进攻都不能取胜。钟会前有剑阁雄关，寸步难进，后有黄金、乐城、汉城三地要隘，东溯汉水，芒刺在背。魏军深入，运粮线路拉得很长，既艰难又危险，军粮难以为继，军心开始动摇。钟会无计可施，就想领兵撤回。

魏军西路指挥官邓艾在攻占沓中后，向钟会建议说："敌兵已经受到摧折，应乘胜进军。如果从阴平出发，由小路经过汉朝的德阳亭（今四川省剑阁西北）奔赴涪县，从剑阁之西一百里处进军，距离成都只有三百余里，在这里出奇兵冲击其腹心之地，那么剑阁的守军必然往回救援涪县，大军可以乘势向前推进。如果剑阁的守军不往回撤，那么接应涪县的兵力就会很少了，定能攻克。兵法云：'攻其不备，出其不意。'如今进攻其空虚之地，一定能打败敌人。"钟会接受了这一建议，并命令邓艾实施。这就是"偷渡阴平"的奇策。

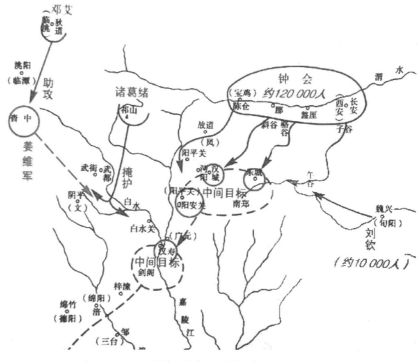

邓艾军偷渡阴平路线示意图

景元四年（公元263年）十月，邓艾趁姜维被钟会牵制在剑阁，率军自阴平沿景谷道东向南转进，南出剑阁两百多里，钟会也派部将田章等跟进。阴平与剑阁相隔百余里，是氐羌民族居住区，此地在崇山峻岭之中，很难行走，蜀军也没有设防。邓艾率军攀登小道，开凿山路，修栈架桥，鱼贯而进，越过七百余里无人烟的险域。山高谷深，非常艰险，运来的粮食也将吃尽，部队多次陷入困境，行至马阁山，道路断绝，进退不得。邓艾身先士卒，用毡毯裹住自己，翻转着滚下山去，将士们也都攀缘着树木崖壁，鱼贯而进。邓艾军出其不意，直抵江油。邓艾从沓中出发，通过了阴平小道，直扑涪城。涪城守将马邈面

钓鱼城外景

对从天而降的魏军，不战而降。魏军从此迅速连下涪城、绵竹，逼近成都，刘禅投降，蜀汉灭亡。

⭐ 点评 ——————————————————————————

　　蜀道难，难于上青天。偷渡阴平，是三国末期曹魏灭蜀汉之战中的一次具有决定性意义的军事行动。此次行动，邓艾亲自策划并率军实施，打破常规，飞越天险，战胜逆境，获得成功，是逆向思维运用的经典战例。钓鱼城之战是蒙古征服南宋时碰到的最硬的钉子，当时蒙军有没有更好的取胜办法？宋蒙（元）战争中的钓鱼城之战是展现古代山城防御体系的典型代表战争，影响深远。该城位于今重庆市合川区东的钓鱼山上，山势突兀耸立，山下嘉陵江、渠江、涪江三江汇流，地势十分险要，四通八达。钓鱼城军民顶住蒙军无数次进攻，坚守长达近半个世纪。而元军首领蒙哥汗顿兵坚城之下，兵败身亡，因此，钓鱼城被称为"上帝折鞭处"。此战是蒙古势力崛起以来所遇到的费时最长、耗力最大、最为棘手的一场战争。历史证明，这可能是蒙古军队在错误的时间、错误的地点发动的错误战争。《孙子兵法》云："小敌之坚，大敌之擒也。"对待强大的敌人，单纯的硬碰硬是不可取的。防御是一种比较强的战斗形式，钓鱼城军民占有地利人和，不是说通常意义上的攻防比 3∶1 就可以拿下的。如果成吉思汗活着的话，以他的英明，可能会将主攻方向选择在襄阳，占据三峡，则可以威震东西，很快便能打开战役的枢纽。

81. 刘伯承的神勇韬略——七亘村二次设伏

　　抗日战争时期，八路军不知打了多少场伏击战，给气焰嚣张的日寇以沉重的打击。1937 年 10 月 26—28 日，八路军第 129 师 386 旅 772 团在七亘村连续两次伏击日军辎重部队，以伤亡 30 余人的代价，歼灭日军 400 余人。刘伯承凭借其"重叠待伏"的大智大勇，在我军战史上留下浓墨重彩的一笔。从表面上看，七亘村二次设伏违背了兵家"战胜不复"的格言，但它却是辩证思维的杰作，一切因天时、地形和敌人的变化而变化。运用之妙，存乎一心，虽不变亦有变，变化于无形之中。

（1）正确选择伏击地域

为阻止日军西进太原，同时支援配合国民党军队在娘子关作战，1937 年 10 月 19 日，八路军第 129 师师长刘伯承奉八路军总部命令，率部进抵山西省平定县马山村，准备侧击西进之敌。23 日，第 386 旅 771 团在七亘村遭日军袭击，伤亡 30 余人，并与师部失去联络。25 日，刘伯承一行 30 余人赶赴七亘村南三郎庙一带寻找失联部队。七亘村位于平定、昔阳、井陉三县交界地带，四面环山、沟壑纵横、峡谷陡峭、道路奇险，刘伯承发现这里的村边小道宽不足两米，路南是高约 10 米的土坎，路北是几十米深的山沟，乃理想的设伏之地。当天，刘伯承获悉日军第 20 师团迂回部队已向平定县城进犯，其辎重部队 1 000 余人在距七亘村 10 公里的测鱼镇宿营。刘伯承当即判断，日军辎重部队次日必经七亘村向平定县城输送军械、弹药和粮草，而七亘村附近峡谷地带路窄谷深，左右无处隐藏，首尾难以相顾，是理想的伏击之地，于是他决定在七亘村伏击日军辎重部队，并将任务交给了 386 旅旅长陈赓。

（2）首战七亘村告捷

受领任务后，陈赓令下属 772 团 3 营及特务连一个排在七亘村附近隐蔽待敌，772 团副团长王近山担任指挥员。26 日拂晓，日军第 20 师团辎重部队 1000 余人经过七亘村向西开进。9 时许，772 团有意放过敌先头部队让其通过，待其辎重骡马进入伏击圈内，抓住有利战机，突然发起攻击。由于道路狭窄，日军兵力无法展开，火力不能发挥，只得狼狈逃窜。此役共毙敌 300 余人，缴获骡马 300 多匹及大批军用物资，还缴获华北、山西两份军用地图，敌军仅有少数掩护部队和辎重骡马逃回测鱼镇，我军只伤亡 10 余人。

七亘村大战

（3）反常用兵再定决心

129 师旗开得胜，刘伯承的心情却并不轻松。一方面，国民党第二战区前敌总指挥兼 13 军军长汤恩伯来电话告知，他们已决定放弃娘子关，并劝 129 师也赶紧撤退。另一方面，26 日，刘伯承得到两个情报：一是国民党军决定放弃娘子关；二是正太路西段的日军正向东运动，娘子关右翼日军准备偷袭旧关。撤还是不撤？刘伯承仔细分析了日军企图，认为日军侵占华北以来，作战一直比较顺利，目空一切，不会在意小的损失，如果国民党军后撤，日军必以阳泉为目标发动大规模追击。当前日军正向平定进犯，急需军用物资，根据交通条件，七亘村是日军必经之路。而且，"用兵不复"是作战常理，如果再次在七亘村设伏，日军恐难预料。经过深思熟虑，刘伯承一反常规，决定在七亘村再次伏击。

（4）再次设伏

27 日，测鱼镇之敌一面派出部队在七亘村附近收殓尸体，一面调整力量准备继续西进。我军在刘伯承指挥下佯装离去，待敌人收尸完毕后，再次令 772 团 3 营在七亘村设伏。28 日上午，日军辎重部队果然循原路而来，以 100 余骑兵和 300 余步兵掩护辎重西进。11 时许，敌先头部队骑兵首先进入伏击圈，敌警戒搜索甚严。我军战士沉着镇定，待敌骑兵通过，辎重部队进入伏击区后，对敌发起猛烈袭击，歼灭日军 100 多人，缴获骡马数十匹。

（5）经验推广

此后八路军运用七亘村"重叠待伏"的经验，在黄崖底、广阳、户封等地，连续三次成功伏击日军，歼敌 1 000 余人，迟滞日军第 20 师团、第 109 师团西犯一周之久，掩护防守娘子关地区的国民党军撤退，使太行山区的人民从亲身经历中认识到共产党、八路军是他们的依靠，这对开辟太行山抗日根据地起到重大作用。而七亘村伏击战也作为我军以小击大、以弱胜强的经典战例被载入世界军事典籍。

⭐ **点评**

刘伯承以前人的经验"师其意而不泥其迹"，一反"战胜不复""兵不重伏"的常规，超越过往的经验，跳出惯性的牢笼，不按套路出牌，敢打意外之仗，从实际出发，活用原则，在三天之内，连续两次在同一个地点、用同一支部队伏击同一股敌人，创造了连环设伏的战争奇迹。

82. 到底何处更致命——从机身的弹孔看空战防护

（1）飞机弹孔理论

第二次世界大战时期，大量飞机被投入战斗。为提升飞机的抗打击能力，设计师根据飞机返回后机身上弹孔的位置来判断哪些地方薄弱、需要加强。后来发现这个观点完全错误。其实有弹孔的部位反而是比较强的，因为飞机受伤后还能飞回，说明强度足够好。如果薄弱部位被击中的话，飞机基本上失去飞行能力，是无法安全返回基地的。被击落的飞机其弹孔位置才是真正薄弱的部位，是需要加强的地方。就对薄弱部位的判断上来看，这个案例也说明"看到的东西"不见得是真实的。

（2）有问题找数学家求解

著名数学家亚伯拉罕·瓦尔德在第二次世界大战时期一直在美军统计部门工作，有一次军方来找他，要求他看看飞机上的弹孔统计数据，看在飞机的哪个部位加装装甲比较合适。原来，执行作战任务的飞机返航后往往都会带着不少弹孔回来。为避免飞机被击落，就需要在飞机上加装装甲。熟悉航空的人都知道，飞机重量大了，就会使飞机的机动性降低，也会消耗更多的燃油；而装甲装多了，飞机自然变得笨重，装多装少都不行。军方希望把装甲安装在飞机最容易受到攻击、最需要防护的地方，这样就可减少装甲的安装量，同时又不会降低防护效率。他们希望瓦尔德能算出这些部位究竟需要安装多少装甲。

（3）弹孔都去哪儿了

瓦尔德拿到数据一看，引擎上平均每平方英尺（1英尺＝0.304 8米）有1.1个弹孔，机身1.73个，油料系统1.55个，其他部位1.8个。看起来机身和其他部位最容易受到攻击，应该加装装甲。而瓦尔德的回答却让军方大吃一惊，飞机上最应该加装装甲的地方不是弹孔多的地方，而是弹孔少甚至没有弹孔的引擎处。为什么会这样呢？瓦

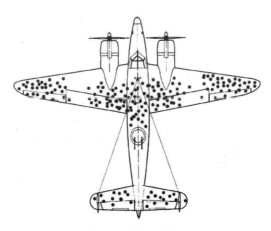

飞机中弹分布示意图

尔德的逻辑非常简单：飞机各部位中弹的概率应该是一样的，为什么引擎上的弹孔会很少？引擎上的弹孔都到哪儿去了？原来这些弹孔已经随着坠毁的飞机落到地面上去了！军方统计的只是返航的飞机，那些被击落的飞机在统计时被忽视了。

（4）幸存者偏差

幸存者偏差是统计学中的一种逻辑谬误，是指人们忽略了数据筛选过程中的逻辑陷阱，从而得出了一个错误的结论。幸存者偏差背后更值得深究的问题是应该如何选择评估样本。在进行统计调查，特别是抽样调查时，人们必须确认在接受评估的群体中，每一个成员都有均等的机会入选样本，否则最终得出的结论就会有所偏颇。这就是著名的幸存者偏差，人们往往因为过分关注目前的人或物以及幸存的经历，而忽略了不在视野之内或者无法幸存的人或物，导致容易在不知不觉中犯下错误。

⭐ 点评

数学家的一句话就帮助美国获得了胜利。美军迅速将瓦尔德的建议付诸实施，瓦尔德睿智的建议挽救了多少架飞机、在多大程度上左右了战争的进程，我们无从得知，但美国国防部一直有一个认识，即如果与对方相比，美方被击落的飞机少5%，消耗的油料低5%，步兵的给养多5%，而所付出的成本仅为对方的95%，往往就会成为赢的一方。从某种意义上说，瓦尔德的建议帮助美军赢得了第二次世界大战。在现实生活中，这样的例子也不少。同样是在战争中，腿部中弹的人往往比胸部中弹的人多，我们不能说腿部比胸部更容易中弹，而是胸部不幸中弹的人不太容易受到上帝的眷顾。

83. 百万军中取上将首级——整编第七十四师的覆灭

"先打分散和孤立之敌，后打集中和强大之敌"是对我军战胜敌人成功经验的总结，被列为十大军事原则之首。但优秀的将领并不拘泥于军事原则，敢于打破常规，反其道而行之，这便是逆向思维的运用。粟裕决心打敌整编第七十四师并取得胜利，成就了战争史上的辉煌篇章，也成为其军事生涯中的得意之笔。

（1）蒋军"硬核桃"配"烂葡萄"的部署

解放战争时期，国民党军的全面进攻被粉碎后，改为从陕北和山东两个方向对解放区发动重点进攻。蒋介石当时对山东解放区的重点进攻部署是：将"五大主力"中的整编第七十四师、第十一师和第五军这些一等王牌主力部队摆在第一线中央位置，左右两翼各配备几支杂牌部队、二流部队向沂蒙山区进犯，对华野形成弧形包围。国民党军各部队小心翼翼密集平推，稳步前进，不轻易分兵，每天前进不超过 10 公里。这便是"硬核桃"配"烂葡萄"的部署。其如意算盘是，若华野攻击其中一支王牌军，两翼的杂牌部队和另外两支王牌军即可接应增援；若华野先打两翼杂牌军，则准备先牺牲几个"烂葡萄"，待华野疲惫之时，再以"硬核桃"出击，可获全胜。

（2）"耍龙灯"中捕捉战机

面对大军压境、强敌云集的严重形势，陈毅、粟裕沉着应战。1947 年 4 月初—5 月初，陈毅、粟裕指挥华野 10 个纵队，同敌人在鲁南和沂蒙山区兜圈子，时南时北，忽东忽西，有利则打，不利则撤，将主力始终集结于便于机动作战的位置。陈毅把这种战法比喻为"耍龙灯"，就是调动和迷惑敌人，从中创造战机，抓住一股敌人予以消灭。华野"耍龙灯"式的机动作战诱使国民党军队跟着进行了千余公里的"武装大游行"，暴露了国民党军中不可克服的派系矛盾——许多将领为保存实力而避免与华野决战，行动迟疑，进展缓慢。蒋介石为此焦躁不安，严令加快"进剿"，限 5 月初"打掉陈、粟主力"。这样一来，国民党军的"稳打"改为"猛打"，"逐步推进"改为"全线急进"，各部队密集靠拢的态势很快发生了变化。有利于华野的战机终于出现了。

（3）汤恩伯兵团左右两翼双层叠加的部署

1947 年 5 月 11 日，张灵甫的整编第七十四师从垛庄出发，经由孟良崮西麓，向坦埠以南华野第九纵队进攻。粟裕高度重视，立即查明了汤恩伯兵团的部署是：以整编第七十四师为中心，整编第二十五师、整编第八十三师为左右翼；又以整编第六十五师为整编第二十五师侧翼，第七军和整编第四十八师保障整编第八十三师侧翼，限于 12 日（后改为 14 日）攻占坦埠。同时，王敬久兵团之第五军、欧震兵团之整编第十一师等部由莱芜、新泰出动向东进犯。整编第七十四师与左右两翼国民党军相距只有一两日行程。

（4）定下打第七十四师的决心

粟裕认为，这是一个难得的有利战机，因此他立即改变原本准备打第七军和第四十八师的计划，定下改打中路强敌整编第七十四师的决心。在如此短暂的时间内改变诸行动计划，这是带有很大风险性的决定。但粟裕认为："对于这个设想，我主要有以下考虑：第一，七十四师是蒋介石的王牌，也是我军的死敌，打掉它，既给敌当头一棒，又使我军受到极大鼓舞；第二，我军现在态势极为有利，局部兵力可形成我敌 5∶1 的绝对优势，只要缜密部署，完全能够歼灭该敌；第三，七十四师狂妄骄横，傲视一切，与其他蒋军矛盾甚多，其他敌军不会奋力援救；第四，孟良崮山区交通和地形不利于重装备行动，敌人由强变弱；第五，我军历来先打弱敌，这次先打位于中间的王牌，必出其不意，攻其不备，大奏奇效。"战机稍纵即逝。粟裕把他的想法向陈毅汇报后，陈毅当即表示赞同，把帽子摘下往桌上一摔，说："不走了！"

（5）"猛虎掏心"的战法

粟裕决定利用山区地形，采取正面反击、两翼楔入、断敌退路、阻击援敌的办法，把整编第七十四师从敌人的重兵集团中分割出来，予以全部、干净、彻底歼灭。他命令陶勇第四、许世友第九两纵队全力抗击向坦埠进攻的整编第七十四师，堵住他的前进道路；命令王必成第六纵队协同第一纵队抢占孟良崮西南的垛庄，切断整编第七十四师的退路；命令叶飞第一纵队和王建安第八纵队分别以小部队向敌左右两翼整编第二十五师和整编第八十三师发起攻击，使敌人一时无法判明我军矛头所向而无暇他顾，主力实际上则乘机向纵深猛插，隔断整编第七十四师与左右两翼的联系。这样，前后左右，敌军遭到我军 5 个纵队的围攻，敌整编第七十四师就从聚集成一团的敌军中被硬生生地挖出来了！同时，粟裕命令韦国清第二、何以祥第三、成钧第七、宋时轮第十共 4 个纵队分别在敌人左右两翼外围阻击敌人援军。

粟裕后来谈起孟良崮战役的决策，针对"张灵甫孤军冒进"的错误说法，指出：有人说是"虎口拔牙"，但老虎的嘴巴并不是张开的，只有一点空隙，我们硬切进去，好像天桥的把式"开硬弓"——将敌人左右两翼撑开，把第七十四师从敌人的重兵集团中挖出来予以歼灭。不能说第七十四师孤军冒进，它只是稍形突出，而且随即又缩回去了。还是"于百万军中取上将首级"的说法确切一些。

★ **点评** ——————————————————————————

粟裕敢打强敌的奥妙和全歼第七十四师的决策过程便是《孙子兵法》中所说的："兵无常势，水无常形。能因敌变化而取胜者，谓之神。"陈毅后来对粟裕一改我军先打弱敌的惯例给出了很好的说明："我们就是要有于百万军中取上将首级的气概！"粟裕在总结孟良崮战役经验时指出："作为战区指挥员，应不断地研究、分析敌我力量的对比变化，发挥主观能动作用，敢于适时地把战局推向新的水平，而不能坐待条件完全成熟。到了应该把战争推向一个新的高峰时，指挥员看不出来，不敢下决心，就不可能推进胜利进程。从孟良崮战役到豫东战役，再到淮海战役，都使我体会到这一点。"军事指挥员都想尽快歼灭敌人、完成任务。孟良崮战役也是一个持重待机的经典战例。面对敌人齐头并进、密集靠拢的重兵集团，我华东野战军在陈毅、粟裕两位首长的指挥下，在一个多月内，数次捕捉战机都没有成功，两位首长决心改变部署，一退再退，把主力隐蔽集结起来，持重待机。终于，按捺不住的敌整编第七十四师从部署中央突出来，冒进至孟良崮地区，两翼暴露，我军立即抓住战机，全歼该敌。

84. 猜猜你头上的军帽——排除法和诡辩论

现代军校非常注重培养联合作战人才。某学员班有五名学员，三名来自空军，两名来自海军，班长是海军学员。一个深夜，班长叫醒两名熟睡的学员去站夜岗，两人摸黑穿好衣服后，班长要求他们每人戴一顶大檐帽。一到走廊，班长说："我的帽子戴对了，你们不准看自己头上的帽子，猜猜自己戴的是海军帽还是空军帽？先回答出来的可以加一次外出机会！"过了几秒钟，其中一个学员说："我知道了……""好，恭喜你这个月多一次外出机会。"班长对这个学员说。

请问：这位学员戴的是什么军种的帽子？他是怎样推导出来的？

题解：该班军帽只有空军、海军两种，不是戴

一种军帽

空军帽，就是戴海军帽。海军帽只有两顶，班长戴了一顶，剩下还有一顶。如果对方看到我戴的是海军帽，他会马上推出自己戴的是空军帽。但是对方看到我头上的帽子后没回答，这说明我头上戴的是空军帽。其推理过程是：我戴的帽子或者是空军帽，或者是海军帽；我戴的帽子不是海军帽（如果我戴的是海军帽，对方会马上推出自己戴的是空军帽）；所以，我戴的是空军帽。

★ 点评 ——————————————————————

　　由这个故事我们可以发现，现实生活中思路快、判断准的人，总是具有很强的逻辑能力；即使一个人天赋很高，不讲逻辑，也会导致诡辩。幽默的基础实际上是逻辑。不懂逻辑，也就理解不了幽默。理顺了逻辑，有时改变一下思考方式，便可以使问题迎刃而解。

第十六章

博弈思维

　　把敌人摸准了，自己不盲目了，打仗就不是赌博，战局就会朝着自己预想的方向发展。

——李达

　　博弈思维最初是从赌博和弈棋中总结出来的，是指在双方或多方策略选择的互动中，通过理性分析来谋求自身利益最大化或损失最小化。"战争之胜负，既取决于实力的'火力竞赛'，也系于脑力的'思维博弈'。夫未战而庙算胜者，得算多也"。庙算来自妙算。博的是"察情审局"，弈的是"庙算之弈"。察是观察、侦察，情是情况、态势，审是审视、判断，局是局面、形势。"善战者，其势险，其节短"。田忌赛马是一种典型的应用后发优势的例子，通过貌似简单的组合以 2∶1 的结果赢得胜利，其实有着苛刻的先决条件，那就是只有在齐王率先出牌的情况下，田忌才能随机应变，以不同优劣的赛马战而胜之。

85. 影响中国历史的三家分晋——"赢者通吃"游戏

　　春秋末年，晋国四卿中实力最强大的智伯胁迫韩、魏两氏出兵向赵襄子宣战。赵襄子采纳谋臣张孟谈的建议，依托晋阳城进行固守。智伯统率三家联军猛攻晋阳三月不下，又围困一年多未克。联军顿兵坚城之下，渐渐疲惫不堪。而晋阳城中军民却同仇敌忾，士气高昂。情急之下，智伯想出一条毒计：水灌晋阳城。智伯命士兵在晋水上游筑坝，再挖一条渠通向晋阳城西南。这是个相当冒险的决策，因为大水无情，对己方也会构成巨大威胁。他于是又在围城部队的营地外筑起一道拦水坝，以防水淹晋阳的同时也淹了自己的人马。而且此计之成功与否还取决于天气，如若雨季没有准时到来，企图通过决堤灌城只能是白费心机。然而他赌对了，恰逢连日大雨，河水暴涨。智伯下令，掘开堤坝，一时间大水奔腾咆哮，晋阳城很快被浸没。城内军民支棚而居，悬锅而炊，病饿交加，情况十分危急。在这种形势下，赵襄子该如何决策呢？

晋阳城近景

赵襄子私下联系韩、魏，在一个约定的夜间展开行动：派兵杀死守堤的官兵，掘开卫护堤坝，放水倒灌智伯军营。韩、魏也看到，赵、魏、韩与智伯相比均处于弱势，实际三家是唇亡齿寒的同盟关系，赵若被灭，接下来就是魏和韩，三家联起手来还有生的希望，因此，攻守同盟顺利达成。果然，行动当晚，智伯从梦中惊醒，部队乱作一团。赵军乘势从城中正面出击，韩、魏两军两翼夹攻，大破智伯军，并擒杀智伯，灭其族。三家乘胜进击，瓜分晋国土地。晋国的覆灭宣告了战国的开始。

⭐ **点评**

从博弈论角度分析这篇故事，那就是在"赢者通吃"的游戏中，比如战争，当敌人取得巨大优势时，如果决定采取冒险措施做最后一搏，那么你所要做的是模仿敌人。赵襄子虽不懂博弈论，但并不妨碍他选对策略。他在走投无路的情况下决定放手一搏，以其人之道还治其人之身，一举翻盘成功。

86. 先入关中者为王——战争是规模较大的决斗

楚怀王怀抱熊心，组织项羽、刘邦诸军集结于彭城，共议破秦大计。其决策是：一路以宋义为上将军、项羽为次将军率楚军主力5万人救巨鹿，另一路由刘邦率汉军乘虚经函谷关攻咸阳，并约定二路大军之中先入咸阳者为关中王。秦二世二年，章邯命王离领军20万围巨鹿，自领20万兵屯于不远处的棘原，筑甬道直达巨鹿城外，供应王离军粮草。战旗猎猎，黑烟滚滚，巨鹿城墙在秦兵汹涌冲击下簌簌战栗。是时大雨滂沱，人心惶惶。天下之势如风云变幻，诡谲莫测，胜负之判只在一念之差耳！起义军何去何从？

项羽、刘邦灭秦之战

项羽是这个联盟中最肯卖命的一方，面对宋义的按兵不动，项羽义无反顾杀宋义取而代之，紧接着带领楚军在巨鹿一役中破釜沉舟，重创了秦军。而刘邦几乎兵不血刃就清空了秦王朝的后方，率先攻入函谷关，可谓占尽了便宜。

★ 点评

正如克劳塞维茨所说，战争不过是一场较大规模的决斗。这就类似于三个火枪手决斗，活下来的不一定是枪法最好的，因为最强悍的两个视对方为最大威胁，必先除之而后快。把三个火枪手的决斗模型套入这场战争中也合乎情理。巨鹿之战中，秦军势力最强，总兵力达 40 万，其中 20 万是王离防御匈奴的精锐部队，乃虎狼之师，武力值最高，但由于分散驻扎，战斗力大打折扣。楚军实力次之，同仇敌忾，所谓亡秦必楚，哀兵必胜。汉军最差，基本上未与秦军主力正面交锋。果然，秦、楚的血腥决斗不可避免，但夺占关中的先手棋被汉军抢到。

87. 飞将军大智退敌——一次不完全信息的博弈

汉朝时，匈奴大举入侵上郡（今陕西榆林南）。李广有一次带一百名骑兵，与匈奴数千骑兵遭遇。李广的部下非常恐慌，想仓皇逃奔。李广说："我们离大军几十里，现在仅以一百骑逃跑，匈奴若追赶射击，我们可能全军覆没。现在，我们若留下，匈奴一定以为我们是为大军来诱敌，必不敢来袭。"李广于是命令骑兵说："前进！"李广带领骑兵进到离匈奴阵地二里许停了下来，又下令说："都下马解鞍！"他的骑兵说："敌人多而且离得近，如果有紧急情况怎么办？"李广说："那些敌人以为我们会走，现在我们都解鞍，就表示不走，可以使敌人更加坚持我们来诱敌的错误判断。"于是匈奴骑兵真的没敢出击。有个骑白马的匈奴将军出阵监护他的兵卒，李广立即上马奔驰前去射杀了他，然后又返回他的骑兵中间，解下马鞍，命令士兵把马放开，随地躺卧。夜半时，匈奴兵还以为汉军有伏兵在附近准备于夜间袭击他们，就全部撤走了。天亮后，李广率部平安回到大军驻地。

★ 点评 ————————————————————————

这是一次不完全信息的博弈，类似于四国军棋。此次遭遇战，双方兵力严重不对称，信息同样不对称。李广成功脱险正是巧妙利用了手里唯——张好牌：信息。匈奴不知汉军虚实，但李广对此了然于心。硬拼是死路一条，李广可选择的策略是"逃跑"或"留在原地"，无论是哪种选择，只要匈奴知道汉军的底牌，汉军均会惨败。李广唯一的办法就是不让匈奴知道他的底牌。李广制造解鞍休息的假象意在迷惑对方；如一味示弱，反而容易被匈奴识破，于是李广择机主动出击，射杀匈奴白马将军以耀武扬威，让匈奴感到贸然进攻有较大失败的可能。其实匈奴完全可以派出一支小分队侦察探明虚实，这样，即使真中了汉军的埋伏，损失也不大。如没有中计，就可以全歼汉军。显然，这个风险值得冒。

88. 银行家的力量——美国南北战争背后的金融战

学过金融学的人都知道金融学第二定律：资金的集聚。人类面临最大约束之一就是资金约束，经济学称这种约束为"稀缺"。但是，我们不难发现，人类面临的资金约束并不是每一刻都存在，而是在关键的节点上出现。对于那些宏伟的事业，它们更需要快速集聚和有效配置大量资金，而这种功能只有金融能够实现。

这是一个关于美国南北战争的故事。南北战争是美国历史上唯一的一次内战，最终，北方取得了胜利，废除了黑奴制度，深刻地影响和改变了美国。广为人们歌颂的是林肯总统的伟大、北方作战的勇敢等，但是，一个容易被忽略的事实是，战争的背后其实是金融的较量。

美国南北战争

我们知道，打仗打的就是钱粮。大炮一响，黄金万两。在战争开始时，美国北方军队一直处于劣势，在战争经费方面也逐渐出现困难。为了能够提供战争资金，北方联邦政府决定发行 50 亿美元的国债，但是，由于当时军事情况不利，没有银行家愿意投资，北方联邦政府所面临的局面非常困难。

此时一位名叫杰伊·库克的费城银行家站了出来。他改变原有的销售策略，不再向富有的金融巨头销售债券，而是向普通的美国家庭销售债券。他采取了以下措施：一是为了让普通家庭有足够的购买力，他建议财政部将债券发行的额度降低，一直降到 50 美元。二是雇用大量的金融经纪人，深入农村、小城镇进行大规模销售。为此，他还雇用了大量金融中间商，将他们派到农村和小地方，以地毯式的方式进行销售。这就是后来人们所说的"地推"。同时，他展开了大规模的宣传攻势，在媒体和传单上宣扬购买债券是"爱国＋投资"的双赢举动，声称：你可以享受 6% 的国债利息，免税；未来如果北方获胜，债券价格将大幅上升，你可以分享国家的胜利果实。

这种销售策略取得了巨大成功，仅一年内，库克就为北方联邦政府筹集了 40 亿美元的资金，这些资金立即被转换为粮食、军备、医药，不断被送到战场上。随着战争的持续，南方的资金也开始紧张，军队的补给无法跟上，战斗力也随之下降。在一部著名的小说《飘》中，有一段情节描写了南方士兵的艰难生活。然而，南方联邦这时在金融方面犯了一个严重的错误，为了筹集战争资金，他们印刷发行了 17 亿美元的纸币，这些纸币涌入南方市场，导致物价飙升，造成整个南方的经济崩溃。

我们可以从这个故事中看出，资金集聚效率的对比决定了军事力量的对比。因此，在战争胜负的背后，实际上是金融力量的体现。南方的一位将军最终表示："我们没有被北方的士兵击败，而是被北方的金融力量击败了。"

⭐ 点评

在战争中，博弈无处不在。美国南北战争胜负的一个决定因素是"资金集聚的效率"，从那个时候开始，美国人的心中就埋下了金融战的种子。战争胜负、国家兴衰都与金融紧密相关，有时也需要快速集聚和有效配置大量资金。从这个角度来说，金融博弈也是关乎生死存亡的国之大事。

89. 诺曼底登陆——决定战后格局的"三巨头"协议

1944 年 6 月 6 日早 6 时 30 分，以英美两国军队为主力总计 17.6 万人的盟军先头部队从英国跨越英吉利海峡，抢滩登陆诺曼底，攻下了犹他、奥马哈、金滩、朱诺和剑滩五处海滩；此后，288万盟国大军如潮水般涌入法国，势如破竹，成功开辟了欧洲大陆的第二战场。以上可能就是众所周知的诺曼底登陆了，但这次登陆在对地点和时间的选择上可谓一波三折，美、英、苏三国几经谈判，经过了利益交换后，才最终选在了英吉利海峡。

1943年11月28日—12月1日，为了商讨加速战争进程和战后世界的安排问题，富兰克林·罗斯福、温斯顿·丘吉尔和约瑟夫·斯大林三巨头在伊朗德黑兰举行会晤，这便是著名的德黑兰会议。当时战场形势已经发生根本转折，但是纳粹德国在欧洲还有很强的战斗力，三国必须对下一步的作战计划进行详细的讨论。

三巨头：左起依次为斯大林、罗斯福、丘吉尔

（1）斯大林的意图

斯大林的目的比较明确，就是要求英、美军队尽快在法国南部开辟第二战场，缓解东线的压力。在东线战场，苏联红军浴血奋战，每天都有大量人员牺牲。1943年7月9日，盟军发起西西里岛登陆，算是开辟了欧洲的南线战场。9月3日，当伯纳德·劳·蒙哥马利率领英军准备接受意大利投降时，意大利国王居然逃跑了，意大利国防军队统帅也失踪了，德军趁机占据了罗马，收缴了意军武器装备，准备反攻盟国军队。到11月底，盟军已经进入意大利四个多月了，但是表现令人失望，以这个速度沿着亚平宁半岛推进，不知何年何月才能打入纳粹德国的心脏地带。斯大林当然没有耐心等那么久，作为交换，他承诺在盟军登陆的同一时间向德军进攻，还将参加对日作战，这都是为了促进第二战场的开辟。斯大林急于开辟第二战场的需求，很大程度上就是由盟军在意大利的进攻乏力造成的。斯大林知道，丘吉尔力主从意大利进攻，实质上是想把苏联的战后势力限制在战前范围内，斯大林当然不会答应，苏联人要把伟大卫国战争胜利的红旗插得更远。因此，在会议上，斯大林也一直没给丘吉尔好脸色看。

（2）丘吉尔的如意算盘

对于斯大林开辟第二战场的迫切要求，丘吉尔自然也有自己的打算。丘吉尔最大的主张就是他抛出的"地中海战略"，即以意大利为突破口，沿亚平宁半岛向欧洲腹地进攻。地中海是英国的传统势力范围，巴尔干半岛涉及英国的很多利益问题，毋庸置疑，在意大利战场上英军是主力部队。按照丘吉尔的主张，可以防止苏联势力西扩，避免苏联红军进入奥地利、罗马尼亚和匈牙利。可惜，虽然丘吉尔的算盘打得响，奈何部队不争气。蒙哥马利率领的英国第八军团在意大利被古斯塔夫防线拦住难以推进，让丘吉尔在谈判桌上很没有底气。更重要的是，丘吉尔认为最亲密的盟友罗斯福也没有站在他这一边。尽管丘吉尔就波兰问题一再提醒罗斯福，斯大林并不是一个讲信义的人，但无济于事。

（3）罗斯福的战略考虑

美国要入局，但美国人可不愿意为了英国人的利益去冒险。一方面，很多美国人都有着反战情绪，在开辟第二战场的问题上，美国人的兴致一直都不高，他们心想：欧洲的战争与我们有什么关系？赶快结束这该死的战争吧，不要耽搁一分钟的时间！另一方面，作为政治家的罗斯福考虑的是，第二次世界大战已经进行了四年多，法西斯的末日已经看得到了，美国得赶紧促成这临门一脚，这样，在战后的世界格局中，美国就将占有举足轻重的地位，尽管美国人民不高兴，第二战场还是要开辟。但如果听从丘吉尔的建议，继续在意大利投入兵力，战争的时间必然会延长，不但会牺牲更多美国士兵的生命，更重要的是，这必将是一条英国主导的线路，美国人能得到什么？而从法国登陆就不一样了，横越大西洋的美国士兵一上岸，美国就可以说了算。于是罗斯福声称，为了尽快结束战斗，基本上同意斯大林的观点，法国才是决定性的战场，对意大利的任何增援，绝不能以减少盟军在法国登陆的实力为代价。而且他也不相信盟军投入意大利的兵力越多，就越能牵制更多德军——后来证明他完全正确。因此，罗斯福的态度很明确，就是赞成斯大林的看法，要尽快在法国登陆，开辟第二战场。

最终三巨头终于达成协议，计划在 1944 年 5 月登陆法国。这便是次年"霸王行动"——诺曼底登陆的雏形。它是由苏联的坚决要求、美国的支持和英国的妥协共同决定的。

⭐ **点评** ────────────────────────────────

　　大国博弈，将左右世界格局。谈判就是博弈，除了外交谈判艺术，起根本作用的还是实力。美国作为实力最强的参战国，其总统罗斯福的明确表态起到了举足轻重的作用，而英国作为没落的"日不落"帝国，尽管心有不甘，也是无可奈何。诺曼底登陆成功后，在美、苏主导下，盟军和苏联红军东西对进，对纳粹德国实施最后的进攻，加速了德国法西斯的覆灭。而在战争胜利后，大国博弈的历史惯性得以延续，"日不落"的大英帝国不得不退居次要地位，而美、苏主导下的两极格局逐渐形成，并影响未来世界数十年之久。

90. 最危险的 13 天——古巴导弹危机的美苏博弈

　　1962 年 10 月 16—28 日爆发了著名的古巴导弹危机。事件只持续了 13 天，但是在这 13 天里，美、苏都走在大战的边缘，全面核战争一触即发，人类面临生死威胁。

　　古巴紧邻美国，于 1492 年被哥伦布发现，在后来的 400 年里一直是西班牙的殖民地。直到 1898 年，美国打败了西班牙殖民者，在古巴扶持了新的傀儡政府。到 20 世纪 50 年代，菲德尔·卡斯特罗和切·格瓦拉组建了革命组织，经过艰苦战斗，最后成功推翻傀儡政府，建立了新政权。此后古巴一度与美国交好，但随后交恶，美国开始严厉制裁古巴，还扶植古巴

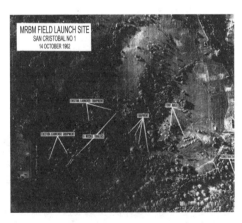

古巴导弹阵地（拍摄于 1962 年 10 月 14 日）

反政府武装，并制造了著名的猪湾事件。此时苏联领导人尼基塔·谢尔盖耶维奇·赫鲁晓夫察觉到了机会。当时美苏冷战已经白热化。1959 年，美国在意大利和土耳其部署了导弹，此举让苏联人感受到了严重的威胁，赫鲁晓夫迫切希望在美洲寻找一个立足点，以对美国人以牙还牙，而古巴正是苏联人梦寐以求

的前哨基地。于是，苏联大力增加了对古巴的军事和经济援助。双方一拍即合，1961 年，古巴成为社会主义国家，如同一个红色尖刺顶在了美国的腹部。

（1）U–2 的惊天发现

1962 年 10 月 14 日，美国的 U–2 侦察机发现了古巴正在部署的多处白色军事设施。众人一开始还以为这是苏联对古巴例行的援助，当时认定的"苏联援助古巴的军备是防御性的，苏联不会在古巴部署弹道导弹"是美国情报界共同的结论。直到一个特立独行的情报人员勇敢地站出来断言，这些白色的东西就是苏联的秘密武器——弹道导弹及其发射阵地。后美方经过对卫星图片反复对比、仔细分析，印证了那个不受待见的家伙的意见。这意味着苏联军队已经秘密进入了古巴，这些导弹还可以袭击华盛顿，而预警时间不到 5 分钟。

（2）苏联的冒险行为

根据苏联解体后披露的阿纳德尔计划，1962 年的夏末和初冬，苏联在古巴部署导弹，其中，短程弹道导弹的射程为 1 100 英里，可打到华盛顿特区；中程弹道导弹的射程为 2 200 英里，能打击全美的大多数主要城市和军事设施。导弹阵地由苏式萨姆（SAMS）地对空 SA–2 型导弹护卫，能够击落美国的 U–2 高空侦察机。苏联同时还部署了一种 IL–28 轰炸机和战术核武器，用来帮助古巴人抵挡外来入侵。这是苏联首次试图把导弹部署在领土之外。当时美国在两个超级大国间的核平衡上维持着巨大的优势，若苏联人的计划成功了，将大大提高他们针对美国的攻击能力，并且这一行动的政治意义远远超出了直接的军事意义。

（3）危机中的领导者

当导弹的卫星照片展示在美国总统约翰·肯尼迪面前时，在场的所有官员都感到强烈不安。1962 年 10 月 16 日，肯尼迪迅速召集美国国家安全委员会成员开会，初步作出决定：一是当即对苏联提出严正抗议，加强对古巴的空中监视；二是等进一步获取情报后再采取军事行动。10 月 17 日，从 U–2 侦察机拍摄的新照片证实，古巴的圣克里斯托瓦尔地区部署了中程导弹，且苏联正加紧在瓜纳哈伊地区建设中远程导弹。五角大楼开始了大规模军事调动，在加勒比海地区集结了约 40 艘军舰和 5 000 名海军陆战队员。10 月 22 日，肯尼迪发表紧急广播和电视演说，揭露了苏联在古巴部署导弹的证据，并宣布将对古巴实施封锁，要求苏联撤走在古巴的所有武器，声称这一封锁只是一个预备性步骤，他已经命令五角大楼为进一步的军事行动做准备，这不仅仅意味着轰炸，而且还要大规模派兵占领古巴。10月23日，莫斯科做出回应，塔斯社发表政府声明，附带赫鲁晓夫对肯尼迪态度强硬的回信，否认导弹具有进攻目的，指责美国违反国际法，采取可能导致热核战争的挑衅行为和海盗行为，并表示如果苏联的船只受到美国阻拦，就要进行最激烈的回击。10月24日，美国出动68个空中中队、8艘航空母舰、90艘军舰，封锁整个古巴海域。10月25日，美国海军试图拦截苏联的布加勒斯特号油船，该船未作理会，继续前行，而美国海军因没有得到肯尼迪的直接命令不能开火，只好放弃拦截。10月26日，肯尼迪收到赫鲁晓夫的信，答应以美国撤销封锁并保证不入侵古巴为条件，苏联撤出部署在古巴的导弹设施。10月27日，一架美国的U–2侦察机在古巴上空被击落，飞行员阵亡。美国军方非常愤怒，要求肯尼迪下令对古巴进行空袭。肯尼迪考虑再三，取消了空袭，因为对古巴进行空袭，就是对苏联核设施进行打击，也会引发核战争。10月28日，赫鲁晓夫直接通过莫斯科电台宣布：鉴于美国的保证，苏联同意撤回部署的导弹。几个月后，美国也从土耳其和意大利撤回了针对苏联的导弹，事件解决。

（4）"不要命"的最大

事后证明，这次"你死我活"的危机对抗，对两大国领导人的决策能力及责任感提出了考验。对于古巴导弹危机的升级和结局，可以运用博弈论做出解释。这就是"胆小鬼博弈"，在"你死我活"的对抗中，比比谁胆小，"不要命"的最大。在生活中，这类似于飙车抢道，员工和老板谈判，夫妻吵架，其实这些都是胆小鬼博弈。在这种博弈中，人们要学会如何伪装、硬抗到底，但是又在关键时刻变成一个胆小鬼的艺术，毕竟做胆小鬼比做"死鬼"强得多。美国和苏联两个超级大国都具有毁灭世界的核能力。古巴导弹危机的过程就像是两个开着车撞向对方的少年，谁先躲避

掰手腕的博弈

谁输，但都不躲避就都会死。自肯尼迪宣布对古巴进行海上封锁后，双方的做法就是让危机不断升级。肯尼迪走到了他人生中最艰难的时刻，一边是美国军

方的不断施压，另一边是苏联人难以预测的行动。而肯尼迪，这个曾经被美国著名作家詹姆斯·赖斯顿讥讽为"初出茅庐的拳击手"的总统，最终却名声大振。而赫鲁晓夫从隐蔽部署导弹的侥幸心理到被美国人揭穿后的恼羞成怒，采取以强硬对强硬，转而考虑到导弹设施落入美国之手的危险性以及爆发核大战的后果而做出了理性选择。这种"先升级冲突再找个台阶下就不算胆小鬼了"的逻辑，让双方看起来都坚持了原则并保全了颜面，双方都可以宣称对方下次再也不敢了。

⭐ **点评**

　　博弈总是和风险并存。没有什么比押上全人类的命运更大的赌注了。在古巴导弹危机中，美苏的核"毒箭"已互相瞄准了对方，美国和苏联各自的大使馆已在焚毁文件，举国开始大规模防空演练，世界末日走到了最接近零点的时刻。所有人都以为，战争已经是箭在弦上了。整个世界都屏住呼吸，注视着肯尼迪与赫鲁晓夫的一举一动。在千钧一发之际，根据两位领导人的授意，美、苏大使馆进行多次沟通和磋商。整个危机过程的形势跌宕起伏，而美、苏两大国的领导人也冒着风险作出了许多重要决策。事后证明，肯尼迪与赫鲁晓夫在危机中都表现出了超出常人的克制和隐忍，一起把世界从核边缘拉了回来，他们的决策是符合人类总体利益的，博弈中保持一定的沟通机制也是很有必要的。

第十七章

批判性思维

批判性思维指的是全面、客观地看待某种事物、现象或理论的过程，尽量避免片面思考和主观臆断。对司空见惯的事物采取审视的眼光，敢于打破常规、突破常理、超越传统，就有希望另辟蹊径。面对"自古华山一条路"的古训，我军指战员大胆突破、勇敢探索，留下了智取华山的神话。美军很重视批判性思维，认为该思维有助于提高决策能力、创新能力和工作效率。西点军校第58任校长戴维·亨通曾说："21世纪，对军官的成功起更核心作用的是批判性思维，这是在西点47个月所有学习、军事体能训练中最重要的一方面"。"道可道，非常道"。批判性思维属于军事科学思维的"非常之道"。人们在遇到困难时往往会想当然地按照自己熟悉的方法去解决，实际上却行不通，原因在于这种思维的局限性。战争是事关生死存亡的大事，在军事对抗中，各种隐蔽、间接、诡诈的方法被大量采用，理解和运用这些方法就需要建立在批判性思维基础之上。曹操讨伐张绣之战中，张绣在首次追击曹军失败的情况下采用贾诩二次追击的建议而大获全胜。在第二次世界大战中，德军装甲部队一反常理，越过崎岖的阿登山区，使马奇诺防线形同虚设。这些战例的一个共同点就是指挥员不迷信于传统的观念和经典信条，对既定事物采取批判态度，能够突破常规、创新指挥谋略，达成出奇制胜的效果。

91. 姜太公破除迷信——武王伐纣前的占卜活动

记得初中历史课本中就介绍了武王伐纣的牧野之战，但很少有人知道，在开战之前，周武王还进行过誓师、军演、阅兵和占卜等一系列活动。

周原为商朝地处西陲的一个小国。周文王实行了许多正确的政策，国力逐渐强大，为灭商奠定了基础。约公元前 1050 年，周文王病故，继位的是太子姬发，也就是周武王。武王重用贤良，继续以姜太公为军师，并任弟弟姬旦为太宰主持政务，召公、毕公、康叔、丹季等良臣出谋划策，一时间出现了人才荟萃、政治蒸蒸日上的大好局面。商朝在暴君纣王的统治下，在政治上已十分腐败，但在军事上仍有较强实力。

（1）著名的孟津观兵

武王九年（约公元前 1048 年），为了检验和证实自己的军事实力，同时考验追随周的各诸侯国的忠诚程度，武王在孟津（今河南省洛阳市孟津区东北）举行了大规模的阅兵仪式，史称孟津观兵。

孟津是古代重要渡口。在一个二月初春的拂晓，春风刚刚吹醒古老

孟津观兵

的华夏大地，周武王和八百诸侯、部落首领云集于孟津举行誓师大会。武王在中军竖起写有父亲西伯昌名字的大木牌，自己只称太子发，意为仍由文王任统帅。誓师大会取得了圆满成功，堪称一次"各路诸侯听从周命"的重要会盟，表明对灭商有充分把握，此时人心向周、商纣王孤立无援的形势已形成。

（2）誓师动员

武王左手持着黄钺，右手拿着用牦牛尾巴装饰的白旗，开始整军经武，号令全军将士。这次观兵实际上是一次为灭商做准备的军事演习和检阅。周武王清了清嗓子，开始了他接地气的演讲："辛苦了，各位远道而来的朋友们，家人们，亲人们！"周武王望了望下面黑压压的一片军队，接着说道："啊！我的友邦君王们，司徒、司马、司空、亚旅、师氏们，千夫长、百夫长等各位将士，还有我的朋友们，从远方来的庸国的、蜀国的、羌族的、髳族的、微国的、卢

国的、彭国的、濮国的朋友们，请高举你们的长戈，排好你们的盾牌，有序地竖起你们的战旗、长矛，让我们一起来宣誓！"紧接着，武王向全军发表战前誓词，武王历数商纣的罪恶，揭露了商纣王的昏庸无道，说明伐纣的正义性，动员将士们英勇杀敌。排列整齐的各小国军队、各部落猛士，一个个如同等待寻找猎物的猎人一般，整装待发。

（3）兴兵伐纣

又过了两年，武王探知商纣王更加昏庸暴虐。良臣比干、箕子忠言进谏，结果一个被杀、一个被囚。太师疵、少师强见纣王已不可救药，抱着商朝宗庙祭器出逃。百姓皆侧目而视，缄口不言。武王和姜尚认为灭商条件已完全成熟，遵照文王"时至而勿疑"的遗嘱，决定发兵伐商，通告各诸侯国向朝歌进军。

（4）龟壳占卜

武王万事俱备，只欠卜算出来一个能够支持自己名正言顺出师伐纣的理由了。那时候，按照惯例，出发打仗前都要让太史卜上一卦。公元前1046年，牧野战役前，为鼓舞士气，周武王姬发举行了隆重的占卜仪式，可在万众瞩目中出来的卜兆让所有人都傻眼了：武王将伐纣，卜龟兆，不吉，风雨暴至。这个占卜的结果是贞人将刻着卜辞的龟壳放在火焰中燃烧之后，根据裂痕痕迹进行判定的，"风雨暴至"也就意味着从占卜结果来看本次伐纣行动，注定要失败。没想到占卜结果是大凶，会打败仗。在当时，这几乎就是在告诉大臣们：伐纣行动肯定会失败，你们不要做了。

（5）破除迷信

正当众人迟疑犹豫之际，姜子牙火速赶来，一脚将龟壳踢碎，说道："枯骨死草，何知吉凶！"已经下定了决心的事情，应该九头牛都拉不回，怎么会因为负面暗示而功亏一篑呢？结果大军到达邢丘时，发现车轭无故断成了三段，并且天下大雨，一连下了三天三夜也不停止。周武王心里感到害怕。姜子牙说："车轭断成三段，是说我们的军队应当分为三路；大雨连下三天不停止，那是在洗我们的甲兵，让我们清清爽爽好上路啊！"周武王听了，说："那又该怎么办呢？"姜子牙说："去斩尽那些敌人，一个都不剩！"伐纣时，雷雨特别大，周武王的马被雷击中而死，连周公心里都没底了："上天不保佑大周。"姜子牙说："我们的君王拥有德行并且接受天命而伐纣，怎么会不被保佑呢？"渡黄河时，兵车刚渡过河，姜子牙马上命人将船全部毁坏，说："这回出兵，是太子去为他父亲报仇，大家只有去和敌人拼死奋战，不可存侥幸生还之心。"

武王决心已定，不迷信鬼神，毅然率兵车三百乘、近卫武士三千人、甲士四万五千人向朝歌进发。大军到达朝歌郊外七十里处的牧野，各诸侯率兵车四千乘会合。据《史记》记载："武王将伐纣，卜龟兆，不吉，风雨暴至。群公尽惧，唯太公强之劝武王，武王于是遂行。十一年正月甲子，誓于牧野，伐商纣。纣师败绩。"最终武王一战而胜，结束了商王朝的统治。

⭐ 点评 ─────────────────────────────

孙子说："故明君贤将所以动而胜人，成功出于众者，先知也。先知者，不可取于鬼神，不可象于事，不可验于度，必取于人，知敌之情者也。"对于"不可验于度"的一种解释就是"用占卜验证"。占卜于今日的我们看来，不就是龟壳燃烧后，上面的裂痕太大了吗？可见伟大的事业绝非一帆风顺，只有破除迷信、坚定信心，竭尽所能扭转不利，才能无往不胜。

⋯⋯⋯⋯⋯⋯⋯⋯⋯⋯⋯⋯⋯⋯⋯⋯⋯⋯⋯⋯⋯⋯⋯⋯⋯⋯⋯⋯⋯⋯⋯⋯

92. 天与弗取，反受其咎──奇人蒯通与兵仙韩信

"天与弗取，反受其咎"出自《史记·越王勾践世家》，意思是上天给予而不拿取，反而要遭受罪过；时机到了而不行动，反而要遭受祸殃。这句话旨在警示人不珍惜天赐的机遇或条件，结果反而会自食其果，遭受到相应的惩罚或后果。

在楚汉相争到达白热化阶段时，当时威风八面的韩信成为足以决定天下归属的重量级人物，其军事能力和威望不断增强，率军于潍水之战中大败楚齐联军。此时，不仅项羽陷入恐慌，就连韩信的主公刘邦也感受到前所未有的危机感，他们都极力拉拢韩信。《史记·淮阴侯列传》记载了辩士蒯通晓以利害，引用"天与弗取，反受其咎"的警句力劝韩信叛汉自立，而韩信犹豫不决不忍背汉，最终死于非命的故事。

蒯通首先回顾了自反秦运动以来天下疲敝和楚汉僵持的局面。"天下最初起事的时候，英雄豪杰举旗一呼，天下勇士像云那样聚集起来，如鱼鳞般紧密地

凑在一起，如火焰那样燃烧，像狂风那样卷起。在当时当地，大家齐心协力想把秦灭亡掉。"蒯通进而分析了楚汉相争三年来的军事态势。"而今楚汉相争连累多少无辜的人死伤凄惨，父子的尸骨暴露在田野之中，数都数不清。楚军从彭城起事，辗转战斗北上，到达荥阳，胜利之势头犹如卷席，其军威震撼天下。然而后来，楚军困守在京邑、索城之间，被那一带的山地所阻而不能前进，在那里有三年了。汉王率领几十万军兵，依仗巩、雒地势抗拒楚军，占据山河险阻，一天几战，没有得到尺寸土地，军队战败不能相互救援，汉王在荥阳战败，在成皋被项王射伤，便退兵在宛、叶之间，这就是所说的志士勇将都困倦极了。军队在险峻要塞挫伤了锐气，库藏的粮食吃完了，百姓们极其疲惫而怨声载道，时局动荡不安、无所倚仗。"

在这种情况下，蒯通进而动之以情，晓之以理。"我预料，在这种形势下，不是天下的贤圣之人决不能平息天下这场祸乱。当今，项、刘两主的命运都悬在你手中。你助汉，汉就胜；你助楚，楚就胜。我愿意剖腹掏心，肝胆相照，替你出些计谋，只恐怕你不采纳。你果真能听我的计谋，那就是：不如两者都利用，让两者都存在下去，你参与三分天下，形成鼎足之势，这样谁也不敢先行动。再以你的贤德圣明之才，凭借众多兵马，占据强大齐地，率领燕、赵，出兵控制楚、汉双方薄弱空虚的地方，钳制他们的后方。顺从民意，西向为百姓请命，制止楚、汉之争。那么天下就像风一样快速投奔和响应你，谁敢不听从？削弱强国势力，封立诸侯，天下便服从于齐，因而将功德归于齐。稳定守护齐国原有的疆土，再占据胶河、泗水流域，并用恩德感动诸侯，做出从容有礼的样子，那天下诸侯将相邀而来朝拜你齐国了。听说'天与弗取，反受其咎；时至不行，反受其殃。'愿足下仔细考虑之。"

当听闻韩信念及旧情不忍背叛刘邦时，蒯通进而指出了这一想法的危害，抛出"勇略震主者身危，而功盖天下者不赏"的理论，说"臣听说勇敢、谋略使主君受到威胁就使自己陷入了危险境地，而功劳超过全天下就得不到赏赐。我来说说大王的战功，您渡过西河俘虏了魏王，生擒夏说，带兵下井陉口，诛杀了成安君，攻破赵国、胁迫燕国、平定齐国，向南摧毁楚军二十万，东进诛杀楚将龙且，西向汉王报捷，这就是所说的功劳天下第一，而武略非世间所有！如今大王拥有功高震主的威势和无法赏赐的功劳，归附楚国不会得到楚人信任，归附汉王汉人会震惊恐慌。您想带着这样的功劳归向哪一边呢？大王位居人臣却功高震主，名扬天下，我真为您担心啊！"

然而韩信不听蒯通的劝告，后来果然被刘邦所擒，最终被冠以莫须有的谋反罪名死于妇人之手，一代兵仙就此终结，令人唏嘘不已。韩信的故事告诫人们要珍惜机会、抓住机遇，后人对于古人的智慧、经典理论要予以充分的尊重，不要因为自己的疏忽、轻视或懈怠而错失良机，否则将会面临不可挽回的后果。

⭐ 点评 ──────────────────────────────

遥想当年，越王勾践倒是听取劝告的君王。勾践卧薪尝胆，一朝伐吴成功，面对吴国的求和，范蠡说："会稽的事，是上天把越国赐给吴国，吴国不要。今天是上天把吴国赐给越国了，越国难道可以违背天命吗？谋划伐吴已二十二年了，一旦放弃，行吗？且上天赐予，您却不要，那反而要受到处罚。时机到了不行动，就会遭殃。"勾践采取了范蠡的建议，于是吴国被灭国。这也提醒人们对自己拥有的优势条件应善加利用，否则可能会失去这些优势。不听老人言，吃亏在眼前，否则只能捶胸顿足，悔而晚矣。

93. 袁绍之败与曹操之胜——官渡大战前的神机妙算

郭嘉出生于颍川，少年时即有远见。东汉末年天下大乱，群雄并起讨伐董卓。郭嘉在袁绍麾下度过一段时间，认为袁绍并非能够成大事的明主，后来在荀彧的推荐下投奔了曹操。曹操与之共论天下大事，郭嘉见识了曹操的谈吐、胸襟与远大抱负，曹操也被郭嘉的卓越才能折服，两人都十分欣喜。建安三年正月，郭嘉被曹操任命为军师祭酒，这一官职是曹操亲自为郭嘉量身设立的，相当于现在的参谋长，为曹操四处征战出谋划策。

官渡之战发生在东汉建安五年（公元200年），是曹操统军在官渡击败袁绍军队的一次决战。建安五年正月，袁绍率精兵十万南下，企图消灭曹操。在此之前，曹操为避免腹背受敌，已先击溃与袁绍联合的刘备，并进驻易守难攻的官渡。袁、曹两家的决战一触即发。战前，袁绍是当时最为强大的诸侯，兵多将广，粮草充足。而曹操则是处于四战之地，论兵力和粮食都处于严重劣势一方。当时除了北方的袁绍，关中诸将尚在观望，南方刘表、张绣不肯降服，江东的"小霸王"孙策亦蠢蠢欲动，即使是暂时依附的刘备也与曹操貌合神离。正当曹操对与袁绍决战产生畏难情绪之际，郭嘉为曹操分析了主要形势，并预见了曹操的胜利，为曹操排除了顾虑。

（1）十败十胜论袁、曹

郭嘉从道、义、治、度、谋、德、仁、明、文、武十大方面，向曹操列出了袁绍有十败，而曹操却有十胜。郭嘉说："在我看来，袁绍有十败，您有十胜，袁绍虽然兵强，但也不会有什么作为。第一，袁绍繁文缛节过多，而您不拘小节，这是天道上胜过他；第二，袁绍师出无名，而您奉天子令诸侯，这是道义上胜过他；第三，东汉政策过于宽容，袁绍以宽治宽，士卒凝聚力差，而您大力治军，上下一心，这是治理上胜过他；第四，袁绍表面宽容、内心狭隘，想用人才却怀疑人家，又任人唯亲，而您朴实无华、平易近人，心中充满睿智、机变精明，用人不疑，唯才是举，不问亲疏，这是气度上胜过他；第五，袁绍喜欢算计却少决断，经常错失机会，而您当机立断，随机应变，这是谋略上胜过他；第六，袁绍自诩四世三公，沽名钓誉，善于谄媚、图虚名者多归附于他，而您以诚待人，开诚布公，不爱虚名，行事简约，为属下做出榜样，奖励有功之臣毫不吝啬，忠诚且有真才实学之人都被重用，这是德行上胜过他；第七，袁绍看见贫穷之人就面露怜悯之色，看不到的就不管，这就是所谓的妇人之仁，而您时常忽略小事，但恩泽四海，即使看不到的地方，也会考虑周全，这是仁义上胜过他；第八，袁绍的部下争权夺利，以谗言迷惑他，而您用德行领导下面的人，慢慢影响属下，这是英明上胜过他；第九，袁绍不辨是非，而您以礼治国、明断是非、赏罚分明，这是公正法治上胜过他；第十，袁绍喜欢虚张声势，其实不懂兵法，而您以少胜多，用兵如神，士卒敬畏，敌人害怕，这是用兵打仗上胜过他。"接着郭嘉又说："刘邦，连项羽都不是他的对手，这是主公您知道的。汉高祖只有智慧胜过项羽，然而项羽虽然武力强大，最终还是被刘邦擒拿。现在袁绍有十个方面败于您，您有十点胜于袁绍，袁绍虽然强大，却不能把您怎么样。"听闻这十胜十败的预言，曹操大喜，感到有如神助。

（2）没有对比就没有伤害

郭嘉的敌我对比分析，其一，全面、深入、精准；其二，深具科学预见性；

其三，可演化为一套完善的评价指标体系。郭嘉指出袁绍必然失败的十条理由，相应地提出曹操所具备的十项胜利因素，提振了曹操的信心，也确立了后续曹操大败袁绍的总基调。这便是后世广为流传的"十胜论"。郭嘉是历史上一位杰出的智谋之士，他的"十胜论"几乎涉及中国兵法思想的各个方面，切中要害，言简意赅，博大精深，古今罕成。官渡之战历经一年多，曹操以兵力劣势出奇制胜，击破袁绍十万大军，获得了全面胜利。

★ 点评

　　东汉末年，世家大族左右政局，还有谁能够对权势滔天、盛极一时的袁家分析得如此入木三分？郭嘉"十败论"可真是将袁绍分析了个彻彻底底。能够做出如此分析的人，不仅要有冷眼旁观的睿智，更要有深刻的批判性思维，才能做到"不畏浮云遮望眼"。更不用说曹操听闻了郭嘉的分析后会有何等美好心情。只可惜料事如神的郭嘉英年早逝，不然，有他辅佐的曹操有如神助，三国的历史极有可能被改写。

94. "壮士断腕"——未来明星直升机科曼奇的下马

　　美军在各行业、各领域都注重批判性思维，尤其是在装备领域，从需求分析到项目上马以及全程评估，各个环节都很注重运用批判性思维。科曼奇武装直升机项目的下马就是批判性思维运用的典型案例。美国早在 20 世纪 80 年代"阿帕奇"武装直升机服役后，就进行了新一代武装直升机的研制工作，也就是著名的科曼奇隐身武装直升机，项目编号 RAH–66，它原本被预期是"阿帕

RAH–66 科曼奇武装直升机

奇"武装直升机的替代者，可是结果众所周知，美国科曼奇武装直升机项目进行到一半，就被美国国防部否决了，导致科曼奇武装直升机项目下马。

（1）求全责备的设计理念为下马埋下伏笔

消灭敌人和保存自己是战场上颠扑不破的真理，但要在两者之间达到完美的平衡就称得上大师了。科曼奇就是这样一个被寄予厚望的宠儿，同时兼顾强大的隐身侦察和武装攻击功能。科曼奇武装直升机采用全隐身设计，这在直升机家族中是划时代的，虽然过去的直升机也有隐身方面的考量，但仅仅是局部性的，科曼奇这种全方位隐身的设计是十分超前的。由于低空飞行，需要考虑的隐身性能并不只是雷达隐身，针对武装直升机还需要考虑目视和听力上的隐身，就是不让人的眼睛看到、耳朵听到，因此就要减小武装直升机的外形和减少飞行时的各种噪声，相较于普通的武装直升机，科曼奇的整体雷达反射截面积（RCS）减小到了 1/100、红外信号特征降低到了 1/15、噪声系数降低到了1/6、目视视觉特征缩小了 10%，所以对于未来的武装直升机，也必须要考虑各种隐身性能。正所谓，优点就是缺点。由于科曼奇在设计上过度强调隐身性能，导致其载荷能力严重缩水，也就意味着科曼奇的自卫能力严重不足，同时也无法对敌军造成打击。

（2）科曼奇下马的根本原因

延续上面的逻辑，有句话是这么说的，"美军最大的敌人就是国会老爷们，美军装备最大的敌人就是预算不足"，科曼奇武装直升机项目下马就有这方面的原因。毕竟计划开始于 1983 年，立项于 20 世纪 80 年代末的科曼奇诞生于冷战高峰时期，美苏对峙下的欧洲大陆仍在苏联"钢铁洪流"下瑟瑟发抖，科曼奇就是针对这种大规模武装冲突设计研发的，而且受制于当时苏方的技术条件和作战方式，应该说科曼奇的研发还是很有针对性的。但是没想到，苏联轰然解体，冷战落幕，美国一下子失去了对手，科曼奇这种耗资庞大且进展缓慢的武器项目突然变得可有可无起来，美国人对待它的态度也变得不冷不热，经常出现资金无法按时到位而拖累整个项目进度的情况。在这期间，美国打了几场局部战争，美军更是发现大规模武装对抗几乎不可能出现，基本都是单方面碾压，打的是精确空袭打击加上地面部队的"治安战"。在这种战斗模式下，武装直升机生存状况堪忧，科曼奇的隐身设计也变得无足轻重。历经 20 多年的研制、花费数十亿美元，科曼奇设计之初所面临的战场环境和假想敌也已经发生重大变化，只能说 20 多年后，沧海桑田，不下马还能怎么样呢？但美国陆军也是大气，错了就错了，花的钱打了水漂也认了，就当是交了实验费，于是美国陆军在 2004 年宣布历经 21 年时间，花费超过 80 亿美元的科曼奇武装直升机项目停止。

⭐ 点评 ────────────────────

　　能够取代直升机的恐怕就是无人机了。从全球近几场战争来看，无人装备逐渐成为现代战场的重要角色。比如土耳其军队通过使用无人机在数天时间内摧毁了叙利亚政府军数百部地面车辆和造成数百人的伤亡，直接导致伊德利卜停火。在未来战争中，无人机、无人车、无人艇都将发挥巨大作用。无人武装直升机也是一个发展趋势，会出现有人和无人驾驶直升机并存的情况。随着时代的发展，打败你的可能不是同行。一辆宝马车冲进西湖，撞上了一条鱼，鱼做梦也没想到，它在水里会被车撞。有人说，智能手机打败了座机，打败了电视，打败了手表，打败了照相机，打败了收音机，打败了手电筒，打败了镜子，打败了报纸，打败了游戏机，打败了钱包，打败了台历挂历……厉害吧？

95. 反思与转型——美军对败仗研究不释怀

　　打仗追求胜利，这无可厚非。但为何有的军队会对自己的败仗情有独钟？生活中有这样一个常识：人们对于自己犯的错印象最深，也不容易再犯。这是因为通过认真总结自己犯错的教训，我们就能学到更多、更深刻的东西。从败仗中总结教训，这是最鲜活的反面教材。这可能也反映出美军的一种批判性思维。

（1）大失败带来大转型

　　真正迫使美国人进行大规模改革的是越南战争的空前失败。观察一场战争可以从多个视角展开，如果仅就越南战争本身而言，这场战争耗时漫长、久拖不决，成为美国一个流血的伤口。美军也正是因为有了对越南战争的深刻反省与反思，才会有紧随其后长达近 20 年的大改革，也才会有后来在海湾战争中惊世骇俗的表现。詹姆斯·邓尼根和雷蒙德·马赛多尼亚在《美军大改革：从越南战争到海湾战争》一书中说：越南战争的经历和 C³I 系统（指挥、控制、通信与情报）使美军同过去的军事传统彻底决裂。此后，美军的军事转型一再提速，在世界军事角逐中独树一帜。仅从作战理论来看，从空地一体战理论到快速决定性作战理论，再到网络中心战理论，现在还有马赛克作战理论，理论的生命周期越来越短，这说明美军非常在意理论方面的创新，生怕用上一次战争的理论指导下一次战争而打败仗。

（2）黑鹰坠落的教训

在1993年的索马里行动中，黑鹰坠落事件震惊了全世界。这次事件是美国参与索马里内战期间的一次军事行动，旨在抓捕索马里战争领导人穆罕默德·法拉赫·艾迪德。然而，这次行动最终演变成了一场灾难，造成大量平民和数名美军士兵伤亡。黑鹰直升机坠落事件揭示了美国军事行动中的哪些严重问题和短板？首先，黑鹰坠落事件对美国的国际形象产生重大负面影响，美国在海外行动中越来越注重"师出有名"，要打上正义旗号。其次，该事件揭示了美军在战术和装备上的不足。美军在索马里行动中使用的直升机并不是专门设计用于战斗的，而是用于运输和侦察任务的，这使得这些直升机在面对敌方火力时非常脆弱，无法有效保护士兵的生命安全。这次事件迫使美国重新评估和改进其军事装备和战术以提高士兵在战斗中的生存能力。21世纪初，美国陆军航空兵之间爆发了发展战略大讨论，这对其后兵种的发展产生重大影响。人们看到，在阿富汗战争和伊拉克战争中，美国陆军航空兵召之即来，挥之即去，美国大兵会用、爱用、常用直升机。最后，该事件暴露了美军情报和情报共享的不足。美国情报机构对索马里的局势了解不足，导致美军低估了敌方的火力，这使得行动一开始就遭遇了意想不到的危险。

（3）对胜仗也要鸡蛋里面挑骨头

海湾战争结束以后，美国国防部起草了致国会的报告。从常规思路来看，他们的总结对成绩挖掘不深、对优点概括不精、对意义升华不高。但他们对问题挖掘得很深、概括得很精、升华得很高。报告称，美国地面和海上部队在训练和装备方面都没有做好准备，这一点令人遗憾，具体表现为：战场通信能力严重不足，使那些距离稍微拉开、彼此喊话刚刚听不见的部队之间无法进行通信联系；提供的战术情报经常是"马后炮"，而且不能令人满意或者毫无价值。由于缺乏夜视器材，美国海军陆战队每天天黑后不得不停止作战行动；在"沙漠风暴"行动中缺乏运输工具，不得不在世界范围内到处租借卡车。事实上，有些系统性能不佳，在作战中妨碍了部队的调动。情报支援的不足也越来越严重地制约武器效能的发挥。目前使用的压制敌方防空武器的飞机均已陈旧，在伊拉克入侵科威特时，有些型号的飞机甚至正在退出现役。

（4）专门挑刺的"红队"

美军有一支被称为"红队"的特殊团体，主要职责是站在敌人的立场思考问题，说白了就是挑毛病，但它很受部队尊重与欢迎。其实，"红队"在美军中很早就存在，但受重视程度不高。"9·11"事件后，美军开始重新评估"红队"的价值，经过"持久自由""伊拉克自由"等几次检验，"红队"的重要性得以充分体现。从2009年开始，美军开始在军种、军和师三个层次的司令部中正式增配"红队"。"红队"主要由三至五名少校以上特业参谋军官组成，受参谋长直接领导，通常由经验丰富、机智善言、能够扮演多种角色的军官来担任，倾向于优先选择战略研究人员、军事情报军官和有在国外执行任务经历的军官，他们的主要职责是从敌人、盟友、伙伴等不同视角进行思考，大胆质疑和挑战指挥官决策的科学性，以帮助其展开批判性和创新性思维。目前，"红队"评估已广泛应用于概念创新、情报分析、军事研发等许多领域。

⭐ 点评

西方战史研究重视研究己方的失误。克劳塞维茨在研究战例时就表示，"千万别让理论上的偏见像乌云一样遮蔽住这些战例。因为，阳光即使能穿过乌云，也会产生折射和变色。这些偏见有时会像瘴气那样扩散开来，所以理论的迫切任务就是粉碎这些偏见"。从中可以看到，敢于揭短、亮丑其实也是自我完善的过程。客观公正地进行研究、不回避自己的败仗是对战史的尊重，也是对军事科学的尊重。正确面对失败是一支军队成熟、自信的表现，这会让军队从中获得更多的益处和赢得更多的尊重。

第十八章

底线思维

底线思维，就是居安思危，凡事从最坏处准备，努力争取最好的结果，做到有备无患、遇事不慌，牢牢把握主动权。树立底线思维，对于准确判断前进道路上的各种风险和挑战、及时采取应对之策、化挑战为机遇具有重要的指导意义。针对于一场球赛的很多战术都是基于底线进行设计，坚守住底线者往往能够绝地反击。底线思维不仅是一种科学思维，更是一种哲学思维。当量变积累到一定程度才能形成质变时，这个从量变到质变的临界值就是底线。《孙子兵法》说："昔之善战者，先为不可胜，以待敌之可胜。不可胜在己，可胜在敌。"其中的"不可胜"就是底线思维。底线思维有利于我们认识问题的复杂性和艰巨性。在严酷的战争中，运用底线思维把握、处理敌我矛盾，就是预见最坏结果，并将这种结果以恰当的方式提前展示给特定对象，从而做到因势利导，转换战局。

96. 死地则战——破釜沉舟和背水一战

孙子在《孙子兵法·九地篇》中说："疾战则存，不疾战则亡者，为死地。"

　　巨鹿之战是中国历史上一次以少胜多的著名战役。秦朝末年，陈胜、吴广大泽乡起义掀起了天下轰轰烈烈的反秦浪潮。虽然秦二世的统治腐朽，但其父秦始皇给他留下的那些为当年灭六国出过大力的大秦锐士肯定不是普通之人。秦二世派大将章邯打败了陈胜、吴广的起义军。章邯随后北渡黄河，攻打当时反秦热情很高的赵国。赵军被围困在巨鹿，只能向与秦国积怨颇深的楚国求援。楚怀王熊心任命宋义为上将军、项羽为副将率军救赵。可宋义却拥兵自重，深谙"将在外，君命有所不受"的道理，当楚军行进至安阳（今山东省曹县东侧）后，宋义下令安营扎寨，不再前进，一连46天按兵不动。宋义整天宴请宾客，大吃大喝，项羽多次规劝他进兵，宋义就是置之不理。这时项羽已经打探到援助巨鹿的秦将王离是王翦的孙子，当年王翦灭楚，项羽的爷爷项燕就兵败死于王翦之手。今日项羽遇上王离，此间种种恩怨必须有个了断。身负国仇家恨的项羽忍无可忍，冲入中军大帐，将宋义杀死，自封为上将军，下令大军开拔，杀奔巨鹿。根据项羽的命令，英布和蒲将军率两万军对章邯军和王离军进行分割，袭击秦军运粮甬道，项羽亲率大军渡过漳河。

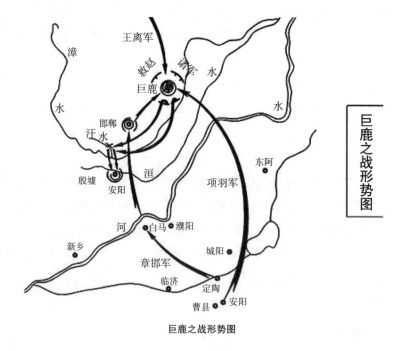

巨鹿之战形势图

　　据《史记·项羽本纪》记载，"项羽乃悉引兵渡河，皆沉船，破釜甑，烧庐舍，持三日粮，以示士卒必死，无一还心"。就是说，楚军刚刚渡过漳河，项羽就命人将全部渡船凿沉，把所有做饭的锅砸烂，毁掉宿营的器具，只发给每个士兵三天的口粮，表示与秦军决一死战的决心。这段话仅用 31 个字，便生动再现了破釜沉舟的故事。

结果，楚兵以一当十，人人奋勇，杀声震天，异常英勇，秦将王离战死，章邯引兵退却。楚军集中兵力，乘胜追击，一连攻破秦军数十座大营。而当秦军败局已定之时，诸侯军才敢去攻击秦军。巨鹿之战的结果是 5 万楚军大获全胜，20 万秦军受到重创，章邯投降于项羽。战斗结束，项羽传令召见各国将领，诸将战战兢兢，穿越尸山血海，进入项羽帐下，无不俯下身子，膝行而进，对项羽都不敢仰视。

在巨鹿之战中，从小就立志学习"万人敌"的项羽成功运用了底线思维。他不仅本身力拔山河、武艺高强，更重要的是他用破釜沉舟的行动展现了果决的勇气和意志，把士兵带入"死地"，排除了人们侥幸偷生的任何可能，从而激发出全军上下人人死战的非凡潜能，一举攻破秦军主力。这也是起义军第一次真正地打败秦军。经此战，秦朝气数已尽。

然而，仅时隔两年，韩信就再次上演了对于底线思维的运用。公元前 206年，盛极一时的秦帝国灭亡后，中国历史进入了新的阶段。当时西楚霸王项羽和汉王刘邦分别形成了两个新的集团，双方为争夺天下，展开了历史上著名的楚汉战争。在这场历时近五年的战争中，汉大将韩信表现出了"连百万之军，战必胜，攻必取"的卓越智谋和用兵韬略，其战绩堪称军事史上的奇观，井陉之战则是他辉煌战例中的精粹。韩信本人没有项羽的神力和武功，所带的兵士多为刚刚招募的新兵，却通过背水一战打败了强大的赵国。

公元前 204 年，刘邦命大将韩信攻打赵国。韩信翻越太行山，朝东挺进井陉天险。井陉口是太行山的八大隘口之一，也是汉军进攻赵国的必经之路。该处有一条百余里的狭窄驿道，易守难攻。当时，赵军先期扼守住井陉口，居高临下，以逸待劳，且兵力雄厚，处于优势和主动地位。反观韩信，其麾下只有万余之众，且都是刚刚招募来的新兵，千里行军，人困马乏，处于劣势和被动地位。战前，赵国谋士李左车向主帅陈馀出主意道：井陉口道路狭窄，车马不能并行，汉军的粮食一定落在后面，请您让我带领骑兵 3 万从小道出击，夺取汉军的辎重，切断韩信的粮道，您自己带领主力做到坚壁清野、坚决不出战就行了。这样一来，定能使韩信求战不能、后退无路，不出十天，就可以打垮汉军。然而，刚愎自用的陈馀却只崇尚正面作战，认为韩信兵少且疲，不应该避而不战，拒绝采纳李左车的作战方案。

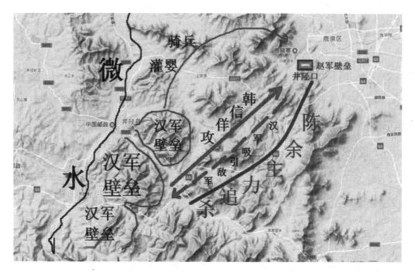

井陉之战形势图

韩信得知这一消息后喜出望外，立即指挥部队前进到离井陉口30里远的地方扎营。他针对陈馀的轻敌情绪，逐步形成了诱敌深入、断敌后路、背水列阵、全歼赵军的作战构想。韩信挑选2 000名骑兵，令每人手持一面汉军的红色旗帜，一队人马于半夜时分乘夜色从偏僻小路迂回到赵军大营侧后方隐藏起来，等待赵军离营追击汉军之时，乘机抢占赵军营寨，拔掉赵军的旗帜，并把汉军的旗帜树立起来，虚张声势，达到从侧后断敌归路的目的。

决战之日的清晨，韩信亲自率领汉军，打着大将的旗号向井陉口开进。当汉军接近井陉口时，韩信连骑哨都不派，立即传令中军主力全部前出到河边背水列阵，营垒上的赵军远远就见到汉军背水列阵，无路可退，纷纷讥笑韩信不懂兵法。少顷，天色已然大亮，汉军阵营处扬起一阵轻尘，随着激越的鼓声，一队旗仗转出，韩信在众将校的簇拥下纵马来到阵前。陈馀眼见韩信兵少，自己又占据有利地势，于是率轻骑锐卒蜂拥而出，欲生擒韩信。韩信令士兵弃旗鼓仪仗，迅速转入背水阵中。陈馀见此情景，当即下令全营出击，直逼汉阵。汉军因临河而战已无路可退，所以人人奋勇，个个争先。双方厮杀半日有余，赵军仍未能获胜。这时，赵军营垒已空，韩信预先伏下的 2 000 轻骑直驰而入，在赵军营垒遍插汉军红旗。鏖战中的赵军突然发现背后的营垒插满汉旗，队形立时大乱。韩信挥军趁势反击，将 20 万赵军杀得大败，斩杀赵军统帅陈馀，生擒赵王歇，赵国也从此灭亡了。

韩信破赵之战对整个楚汉战争具有重大意义。汉军的胜利使得其在战略全局上渐获优势，即消灭了北方战场上最强劲的敌手，为东进攻击齐国铺平了道路，进一步孤立了项羽集团。

★ 点评

兵法云，"置之死地而后生，置之亡地而后存"。韩信在破赵之战中，在地理形势易守难攻、士兵数量和质量均不如对手、孤军深入没有后援的恶劣局面下，敢于背水列阵，让士兵陷于危险境地，使他们只能奋起作战，为夺取胜利竭尽全力，这就是《孙子兵法·九地篇》中说的："投之无所往者，诸、刿之勇也。"无论是背水列阵还是袭占赵军大营，其前提都是韩信对敌军将帅和己方士卒心理有所把握并巧妙地加以利用：一方面，陈馀严重轻敌才会贸然全军出击；另一方面，己方训练不足的新兵只有面临无路可逃、人人自危的局面，才能拼死战斗。观韩信用兵，他从不利之中寻觅先机，往往运用的就是底线思维。唐代诗人王涯在《从军行》中，生动地描述了井陉大战，盛赞韩信的高超谋略和指挥艺术："戈甲从军久，风云识阵难。今朝拜韩信，计日斩成安。"

97. 木船解放海南岛——韩先楚与季风

当我们带孩子游历亚龙湾热带天堂时，当我们三五好友在大东海吹海风、喝啤酒时，是否会想到，今天的生活是由多少先烈用生命和热血换来的？而我想起了一个人，那就是当年为海南解放立下大功的韩先楚。

（1）出身游击队的老红军

1913 年 2 月 14 日，韩先楚出生在湖北省黄安（红安）县的一个贫苦农民家庭。他当过放牛娃，做过短工。1927 年 11 月，黄麻起义爆发时，他加入农会，参加了反帝大同盟，还当过乡苏维埃土地委员。1930 年 10 月，韩先楚参加了孝感地方游击队，并加入中国共产党。

1931 年，韩先楚担任独立营排长，第二年任职独立师副官，带领部队在黄陂、孝感、罗山地区展开游击斗争。1933 年 4 月，为加强留守鄂豫皖斗争的红 25 军，韩先楚所在部队接受整编，他历任 225 团副连长、连长、营长，直到随军长征到陕北一直任营长。1934 年 11 月中旬，红 25 军在独树镇的战斗让他一战成名。

（2）旋风司令韩先楚

在解放战争中，韩先楚的军事才能得到全面展示。1946 年 2 月，他被任命为东北民主联军第 4 纵队副司令员。在新开岭战役中，面对敌人的突然增兵，韩先楚力排众议，坚决要打，并亲自率领一个师奔袭 200 里，出其不意，一举端掉敌人指挥部，进而消灭了敌人一个师，俘虏敌师长。在 1947 年年初，韩先楚率部在两个月内发动了大小 50 余次战斗，将我军在宽甸、桓仁、凤城一带的根据地连成一片，歼敌 6 000 余人。在 1947 年的东北夏季攻势中，韩先楚指挥 5 个团攻克梅河口。就连坐镇东北的几任国民党军指挥官都称韩先楚是"旋风司令"。杜聿明离职时说了一句："最难对付的是韩先楚的'旋风部队'。"1949 年 4 月，韩先楚出任 12 兵团副司令员，率部解放武汉。湘赣战役后，他又率部解放了长沙，建立湖南军区，任副司令员。

（3）开国大典后继续革命

1949 年 12 月，距开国大典结束已过去两个多月。解放军第四野战军的官兵从东北的黑土地打到了华南的红土地。随着广西战役的结束和华南大陆的全部解放，党中央和第四野战军将目光投向了海南岛。12 月 14 日，时任第 12 兵团副司令员兼第 40 军军长的韩先楚接到命令，在第 15 兵团指挥下带领第 40 军配合第 15 兵团第 43 军攻取海南岛。从命令看，此次渡海作战的主攻部队是第 43 军，而第 40 军是配角。

（4）赶着"旱鸭子"下海

接到作战命令后，韩先楚马上开始积极整军备战。不过当时的部队上下弥漫着一股厌战的气氛。一方面，国民党军退守海南岛的兵力达十多万人，在国民党名将薛岳的指挥下，国民党军构筑了号称"伯陵防线"的坚固防御工事，还有大量的海空军支援。另一方面，那时中华人民共和国已经成立，美好的生活已经看得见摸得着了，不少人想着是时候休息一下了。此外，第四野战军官兵大都是在北方入伍的"旱鸭子"，渡海登岛也没有海空军配合，不久前第10兵团在金门之战中的失利也影响着部队官兵的信心。一些指战员对大海心怀畏惧，面对大海极为恐慌，个别人竟企图以自伤的方式来逃避战斗。"今天我吃鱼、明天鱼吃我""革命到海底"成了一些人口中的"热词"。韩先楚坚决批评了上述情绪，并亲自带领官兵进行渡海战斗训练。韩先楚在看了最初的登岛部队指挥员名单后大怒，名单中最高的指挥官只是团长，竟然没有一个师级指挥员在列，于是他决定亲自带领部队上岛。

（5）一切困难都难不倒韩先楚

针对部队对海洋陌生的现实情况，韩先楚组织相关人员千方百计地搜集资料，并虚心向当地渔民求教，在部队掀起了一股学习海洋知识的热潮；针对官兵们怕风浪、晕船等问题，韩先楚与广大指战员一同迎着海风进行训练，总结经验；韩先楚还积极领导船工改进船只，推广战士们在训练中的一些创造性做法。经过艰苦细致的战备工作，第40军在"硬件"和"软件"两个方面都有了长足的进步。韩先楚还响亮地提出"要把善打硬仗的陆军变成海军陆战队，把东北虎变成水蛟龙"的口号。他对第40军内部仍要求部队所有准备工作必须在谷雨到来之前的3月份完成。

（6）渡海作战时间被一再推迟

尽管韩先楚一再请战，但他的申请并未得到批准。上级建议他做好充分的准备之后再渡海作战，时间上再往后拖延一些。一方面，我军缺少渡海作战胜利的经验，李作鹏的第43军还没有准备好；另一方面，渡海工具的船只不给力，特别是准备采购的机帆船迟迟到不了位，只能靠风力航行的木帆船。此战韩先楚的直接上级是第15兵团，兵团也认为，韩先楚在谷雨之前攻打海南岛的想法太过草率，在没有时间做好万全之策的情况下贸然出兵，也许会让战士们白白牺牲性命。为此，韩先楚和兵团司令邓华大吵了一架。韩先楚毫不让步，声称要越级向第四野战军首长林彪反映，邓华也火了，他质问韩先楚："你到底承不承认是我指挥你？"韩先楚毫不示弱，高声喊道："我只服从正确的指挥！"1950年1月5日，第四野战军首长考虑到当时进攻海南岛存在很大困难，向军委发报，建议把渡海作战推迟到6月。

（7）比金子还宝贵的季风

韩先楚没有放弃，他一边让部队加紧备战，一边继续向上级申请出兵。因为韩先楚经过实地考察之后得知：琼州海峡在清明之前通常刮的是偏东风，而清明一过，风向则变化无常，谷雨一过又会转为南风。我军出兵是要南渡海峡，渡海工具大多是木制风帆船。对于南渡的风帆船来说，清明前的风最为有利，谷雨之后的南风则意味着我军面临的将是逆风渡海作战，这会陡然增加作战难度，后果可想而知。韩先楚认为：我军挟两广战役胜利之势，士气正高；而且当前的时间紧迫，如果在谷雨前的五天再不发动对海南岛的登陆作战，夺取海南岛就要往后拖整整一年！正如前面所说，我军的渡海工具基本上是没有动力的木帆船，我军非得依靠谷雨前的季风过海不可。

（8）一再请战的战将本色

为了证明第40军确实做好了准备，1950年3月中旬，韩先楚先后组织了一个加强营和一个加强团，两次成功偷渡海南岛，登岛部队与长期坚守在海南岛的琼崖纵队会合，奠定了接应大部队登岛的条件。4月初，韩先楚见季风季节逼近，内心十分着急，他越级向野战军请缨，甚至给毛主席写信。基于对韩先楚作战能力的信任，他的作战计划终于被中央军委批准了。韩先楚还在兵团立下军令状："如果兄弟部队43军没有准备好，我愿亲率40军主力单独渡海作战。"邓华经过再三考虑，最终决定让韩先楚统一指挥第40军和第43军的八个团（第40军6个团、第43军2个团）登岛作战。

（9）史无前例的壮举

1950年4月16日19时30分，在没有海空军配合的情况下，韩先楚亲率第40军、第43军的3万余名将士，乘坐400多艘木帆船从雷州半岛灯楼角起渡，跨海进击海南岛！17日凌晨，在韩先楚的指挥和岛上琼崖纵队的密切配合下，第40军的6个团在海南岛西侧临高地区成功登陆，第43军的2个团也几乎同时在琼州海峡正面、海南岛林诗港一带成功登

木船解放海南岛

陆，琼州海峡的天险被彻底突破，国民党"伯陵防线"被彻底摧毁。4月22日，薛岳乘飞机出逃，5月1日，海南岛全岛宣告解放。

1950年6月25日，朝鲜战争爆发，6月27日，美国第七舰队驶入台湾海峡。直到这时，所有人才深刻理解韩先楚，是这位战将一再请缨，坚持在谷雨前渡海的底线，这才保证了胜利。如果解放海南的行动往后延迟数月，届时谁也不敢保证海南岛不会沦为"第二个台湾"，那么我国就将面临失去整个南海这片"祖宗海"的危险。

★ 点评

战将韩先楚不是能掐会算的诸葛亮，不会预见朝鲜战争和第七舰队，但农民出身的他与生俱来地有着珍惜天时的底线意识，就像农民深谙谷雨是"雨生百谷"、农时错过春种就会没有收成的经验。再加上韩先楚在多年革命战斗中养成并融入血液中的闻战则喜的习惯，使他不顾个人荣辱得失，力排众议、排除万难，利用最后的时机解放了海南岛全岛，使帝国主义的妄想彻底粉碎，为我国保住了这片极具战略价值的土地。

98. 自主协同的典范——志愿军三所里、龙源里穿插与阻击战斗

伟大的抗美援朝战争中涌现出无数可歌可泣的英雄人物，像邱少云、黄继光、杨根思、张积慧等，不胜枚举，他们感天动地的英雄壮举在战史上树立起不朽的丰碑。而这个故事要讲的是一支英雄部队的一次硬仗，这就是中国人民志愿军第38军113师三所里、龙源里穿插与阻击战斗。

（1）雪耻之战

在抗美援朝战争第一次战役中，第38军因为行动迟缓，致使部分敌人逃走，遭到志愿军司令员兼政治委员彭德怀的严厉批评。第二次战役打响后，1950年11月26日黄昏，第38军担负穿插作战任务，主要负责切断美军南逃的退路。第38军攻占德川后，第113师（辖第337团和第338团，以及第339团的一个营）奉命沿安山洞、船街里、龙沼里向三所里实施穿插，切断美军经

三所里撤往顺川的退路，阻敌增援和突围，配合正面进攻部队作战。

（2）与时间赛跑

1950 年 11 月 27 日 18 时，第 113 师接到穿插命令后，由于军情紧，师党委立即命令连饭都顾不上吃的第 113 师战士们以第 338 团为前卫，从德川出发，沿山间小路轻装向三所里前进。在连续行军作战、极度疲劳的情况下，指挥员的决心仍然是"爬也要爬到三所里去堵住敌人"。战士们犹如下山的猛虎，一路狂奔。为加快行进速度，第 113 师途中遇到小股敌人，即以尖兵连或前卫营予以歼灭或驱逐；遇到较大股敌人，则以一部兵力予以牵制，主力绕过，不予纠缠。面对敌机侦察，指挥员大胆命令部队去掉伪装，大摇大摆地前进，此举令敌机误认为这是撤退的韩国部队。至 28 日清晨，该师用 14 小时在白雪皑皑的深山密林中穿行 70 余公里，终于到达三所里，仅仅比敌人的先遣队早了 5 分钟。这真是千金不换的 5 分钟！

（3）坚守似铁长城

随即，第 338 团依托地形仓促占领阵地。1950 年 11 月 28 日 8 时，第 338 团突然向三所里的韩军 1 个治安连及刚刚抵达的美军骑兵第 1 师第 5 团先遣分队 30 余人发起攻击，将其全歼，占领了三所里及其附近高地。10 时许，第 338 团与南撤的美军骑兵第 1 师第 5 团展开激战。美军为打开通路，在坦克掩护下，连续发起十余次猛攻。第 338 团坚守阵地，第 113 师其他部队也先后到达，协同第 338 团击退美军的进攻，炸毁三所里附近的大同江公路桥，击退由南向北接援的美军 1 个营。这支英雄的部队像钉子一样死死卡住三所里公路，彻底切断美军南撤的道路。15 时 40 分，第 113 师以暗语向志愿军司令报告已占领三所里，请示任务。志愿军首长命令该师不惜一切代价坚守，切断美军退路，配合主力聚歼敌人。第 113 师调整部署，以两个营主动出击，击溃南撤美军，占领水洞站、仁谷里地区，巩固占领阵地。

（4）抢占龙源里

久经沙场的第 113 师指挥员此时意识到，急攻不下的美军可能会狗急跳墙。他想：敌人会不会从军隅里绕道龙源里通往顺川呢？想到这里，他主动令第 337 团西进，抢占龙源里，1950 年 11 月 29 日 4 时，第 337 团前卫第 1 营进至岑溪里、龙源里地区，与南撤的美军先头部队相遇。该营立即抢占有利地形，向敌发起冲击，将其击退，并在芦田站北侧高地和葛岘建立阵地抗击南撤和北援之敌。第 38 军侦察支队也进至龙源里地区，协同第 337 团第 1 营作战。至此，第 113 师切断了美军第 9 军由军隅里撤往顺川的全部通道。此时，美军第 8 集团军已经全线南撤。美军第 9 军以所属第 2 师为前锋，向第 113 师阵地猛烈进攻，并以龙源里地区为主要进攻目标。美军第 8 集团军也令美军骑兵第 1 师和英军第 29 旅各派 1 支部队全力北援，企图南北夹击，打开南撤通道。从 29 日 8 时起，美军第 2 师在飞机、坦克、大炮的支援下，向志愿军第 337 团第 1 营阵地发起轮番进攻。第 1 营顽强战斗，第 337 团主力及时赶到，粉碎了"联合国军"的突围行动，并击退由顺川北援的美军一个营的进攻。鉴于敌人的主要攻击方向已转到龙源里，第 113 师以一支部队兵力继续坚守三所里阵地，主力进入龙源里地区，坚决阻击美军部队。战至 11 月 30 日，第 113 师采取坚守和反击相结合的战法，击退敌军多次进攻，使南撤、北援之敌相距不到一公里，却只能相望而不能会合，牢牢地封闭了美军第 9 军的南撤通道。战至 12 月 1 日，美军第 9 军意识到从三所里、龙源里突围无望，遗弃大量辎重装备，转道安州方向南逃。"联合国军"被迫由北进变成南退最后西逃。

⭐ 点评

战场上，两军生死相搏，比的就是谁能够坚持最后 5 分钟。第 113 师能否堵住敌人，关系到在整个战役中能否在西线大量歼敌，因而，在阻击作战中，第 113 师树立了高度的全局观念，以大无畏的革命牺牲精神，坚定了不惜一切代价按时穿插并顽强扼守阵地这一底线，坚决堵住了敌人的退路，并且在战局焦灼、通信不畅的情况下，自主协同抢占龙源里这一关键要点，为志愿军主力争取到了可贵的时间，最终达成了在西线大量歼灭敌人的目的。

99. 一次热情的接见——中华人民共和国的元帅外交部长

那是在 1965 年 9 月，北京已经披上节日的盛装，准备迎接中华人民共和国成立 16 周年的欢庆时刻。而国际反华势力则如临大敌，加紧了对中华人民共和国的围堵。中国国内刚刚经历三年经济困难，物质基础仍非常薄弱。中华人民共和国面临前所未有的内忧外患，西方帝国主义以为机会来了，又开始实行反对中国的新图谋。

在全球目光的注视之下，中央决定举行一场首次以外交部部长为主的记者招待会。1965年9月29日，来自多个国家的友人和新闻记者云集北京。陈毅在外交部、中宣部和新闻单位负责人的陪同下，发表有关中国的外交政策和国际问题的重要讲话。只见陈毅身穿浅色中山服，戴着墨镜，步履轻快，记者们全体起立，热烈鼓掌。陈毅面带笑容，在对各国记者来中国进行新闻采访表示欢迎之后，话锋一转，笑眯眯地说："各国记者阁下们可要警惕啊！你们到中国来，存在着被洗一次脑筋的危险。"大家一阵哄笑，会场气氛顿时活跃起来。因为"洗脑"是西方报刊经常不怀好意地诬蔑中华人民共和国的高频词。陈毅借用了这个词，以一种自然、幽默的方式加以回敬，并赋予其以新的含义。随后，陈毅直截了当地对各国记者说："现在，你们愿意提什么问题，我尽我所知道，可以给你们回答。"他一会儿侃侃而谈，一会儿言辞激烈，一会儿又诙谐幽默，整场招待会精彩无比。

（1）坚决回击"好战分子之问"

有西方记者不怀好意问道："中国领导人和陈毅是不是好战分子？"陈毅一听顿时来了脾气，他将墨镜摘下，举着拳头，对着那个记者大声说："我们中国人民本不想打仗，可有人想打，那就打好了！老子头发都等白了，要打就早打，现在不打将来打，老子等不上还有儿子，以后儿子和他们打！是美帝国主义穷凶极恶，欺人太甚！"招待会结束时，陈毅又对国内外反动派讲道："不是不报，是时候未到，时候一到，一切都要报销！"最后，陈毅挥舞着有力的手臂，加强了语气说："有人说，美国的力量还没有用完。我说，越南人民的力量也还没有用完，全世界支持越南人民的力量也还没有用完。怎么能只看到美国的力量呢！"陈毅这番话向西方昭示了中华人民共和国的底线所在和中国人民的斗争精神，展示了元帅部长的无畏气概。从战火硝烟中走过来的中华人民共和国领导人，对帝国主义的险恶图谋洞若观火，表现出高超的斗争艺术，这种底气正来源于老一辈革命家坚决捍卫国家核心利益的底线思维和从胜利走向新的胜利的大无畏气概。今天，重温陈毅这些雄辩的话语，仍使我们感到智慧的光芒和磅礴的力量。

（2）引发国际新闻界的轰动

外国驻北京记者一致认为陈毅此次讲话是他们在职业生活中所听过的最激

昂的讲话。美国联合通讯社记者约翰·罗德里克则称这是一次"热情的接见"；日本《朝日新闻》说陈毅"具有巨大的威慑力量"；日本广播协会电台报道，陈毅的中外记者招待会"轰动了世界"；英国《每日快报》称赞陈毅"坦率得惊人"；法国前总理埃德加·富尔说陈毅"反映了中国的民族自尊心"。客观地说，陈毅一番话全无通常的外交辞令，但豪气干云，震撼全场。

（3）敢于亮明底线，更要有底气

在距此次记者招待会召开仅不到一年前的 1964 年 10 月，中国首颗原子弹爆炸成功。而在三年前的 1962 年，中国击退了印度侵略者。当时，印度军队一改以往的蚕食动作，从东西两个方向同时对我方边境发动扫荡，嚣张跋扈地大幅鲸吞我国领土，突破了中国人民的底线。毛泽东主席举重若轻地表示："多年以来我们采取了许多办法想谋求中印边界问题的和平解决，印度都不干，蓄意挑起武装冲突，且愈演愈烈，真是欺人太甚。既然尼赫鲁非打不可，那我们只有奉陪了。来而不往非礼也。"在做出出兵对印自卫反击的决定后，毛泽东主席召见了西藏军区司令员张国华问道："听说印度的军队还有些战斗力，我们打不打得赢啊？"张国华说："打得赢，请主席放心，我们一定打得赢！"毛泽东主席肯定地点了点头，说出了自己的判断："也许我们打不赢，那也没有办法。打不赢时，也不怨天怨地，只怨我们自己没有本事。最坏的结局无非是印度军队侵占了我国的领土西藏。但西藏是中国的神圣领土，这是世人皆知、天经地义、永远不能改变的。总有一天，我们会夺回来。"张国华听了主席的话语，更加坚定了信念和信心。对于中印边境自卫还击，毛泽东所表现出的战略决心同样超越了战场胜负。

★ **点评** ────────────────────────

陈毅是人们敬仰和永远怀念的一位重要人物。在军事舞台上，他是精通兵法、威震宇内的军事家；在外交舞台上，他是叱咤风云、能攻善守的外交家。20 世纪 60 年代，国际风云变幻莫测，时任中国副总理兼外交部长的陈毅元帅在中外记者招待会上就中国政府的外交政策和国际局势发表了有针对性的、措词严厉且直截了当的讲话，亮出了中华人民共和国的底线，即便今天看来，仍能让我们陷入深刻的思考之中。1958—1972 年，陈毅担任外交部部长 14 年，开创了元帅外交的风格，有效拓展了中国的对外交流，改善了中国的周边环境。

在漫长的越南战争中，面对中国发出的"不要越过北纬 17 度线"的警告，美军一直未敢越过北纬 17 度线。事实证明，手中底牌在握，胸中底气十足，大胆亮明底线是老一辈领导人在维护国家核心利益时留给我们的宝贵遗产。

100. 追思上甘岭英雄——保底手段永不可少

10 月 25 日是伟大的抗美援朝纪念日。其实何止这一天，我们其实一直都在追忆。

上甘岭战役前期，志愿军通信兵根据"持久作战，积极防御"的战略方针和阵地战特点进行了战场通信建设，架设了通往中国国内的有线电长途线路，及一条无线电接力线路，各级共建永备线路数万公里。从志司到各级均有直达和迂回线路，志愿军通信兵还用幻像电路沟通了有线电报通信，加强了后方勤务通信，志后与分部、兵站等均建立了有线、无线电和运动通信，形成了独立的后勤通信网。志愿军通信兵建立健全了通信器材供应网，修筑了一定数量的洞库与野战仓库，并逐步建立和完善了军邮通信组织，为日后的防御作战通信保障奠定了坚实基础。

然而，上甘岭战役打响的第一天，虽然坑道里的志愿军守备部队步话机在炮击刚一开始就立即呼叫千米之外的 448 高地营指挥所，但步话机的天线刚刚架起就被炸掉，在短短几分钟里，坑道里储备的十三根天线全数被炸毁，仍无法与指挥所沟通联系。而两高地通往营指挥所的电话线路也被全部摧毁。营部电话班副班长牛保才冒着铺天盖地的炮火前去查线，随身携带的整整一大卷电话线都用完了，还差了一截！伏卧在地的牛保才张开双臂，一手抓住一根断线，让电流通过自己有三处弹伤的躯体，用生命换来了三分钟的通话时间，让营指挥所的第 135 团副团长王凤书有机会一口气向前沿两连队下达紧急作战命令。此后，前后方就失去了通信联系。由于敌方炮火猛烈，有线通信难以保障作战指挥，团营以下通信主要依靠步话机。但是，步话机在坑道内因电波受阻，联络不通。如何实现坑道内的最低限度通信，成为当时的一大难题。一个连队的步话机员在情急之下将天线插入坑道内的泥土之中，就这样奇迹般地与营部沟通了联络。这一偶然发现引起了志司通信处的高度重视和极大兴趣。他们立即深入前线调查试验，召集技术人员紧急研究，并向国内专家请教，很快弄清这是地波传导与反射的结果。于是，通信处迅速写出专题报告，向各部队普及推广埋地天线，极大地鼓舞了志愿军的斗志。但是，埋地天线利用地波传导也有弱点，受当时技术条件限制，通信距离很近，一般只能解决营连间或团营间的联络。为解决这个问题，步话员们又尝试将天线悬挂在坑道上方并延伸到坑道拐弯出口处，增加了通信距离，坑道内的连队可以同炮兵团直接联络，为炮兵指示目标，及时得到炮火支援。

在阵地战中，坚守坑道的志愿军通信兵还因地制宜，利用各种简易信号通信工具沟通了阵地上的通信联络，最常用的有军号、手旗、信号灯、信号枪、口哨、小喇叭等。战前，各部队对各种通信信号，特别是坑道内部与外部的联络信号、坑道内与反击部队的联络信号等都做出了明确规定。当敌人未占领表面阵地时，坑道内与表面阵地上的坚守或警戒人员采用拉绳、拉铃的方法联系；表面阵地被敌占领后，通过识别信号与反击部队的炮兵保持联系；反击时，利用冲锋号壮我军威，震慑敌胆。在一次战斗中，当司号员郑起所在连战斗到只剩下七个人时，子弹和手榴弹都打光了，敌人又蜂拥而上。在这危急时刻，胆大心细的郑起摸到军号，忍着伤口的疼痛，用力吹响了冲锋号。这时，奇迹发生了，敌人听见号声后惊慌失措，抱头鼠窜。此事在志愿军中被传为佳话。

★ 点评 ————————————————————————

"脑子里永远有任务，眼睛里永远有敌人，肩膀上永远有责任，胸膛里永远有激情"。军用通信最讲究保底通联，英雄的中国人民志愿军从用"地波"到用"天波"，充分发挥主观能动性和创造性，有效地化解了坑道通信中断的难题，保障了指挥的顺畅。时刻瞄准敌人，随时准备战斗，肯定无法在顺境之下进行。就连武装到牙齿的美军也考虑在 GPS 失灵的情况下使用手工导航、传统通信手段作战的方式。战争离我们并不遥远，在敌我对比突出、高度对抗、干扰破坏等极端条件下，更需要我们运用底线思维。强悍狡猾的敌人打的并不一定是堂堂正正之仗，未来的仗也不能排除卫星被毁、导航失灵的情况，甚至可能要在核生化条件下去打。在这种严酷的条件下，仗怎么打、兵怎么练、保障怎么跟得上，都是必须考虑的底线问题。

参考文献

[1] 毛泽东. 毛泽东选集 [M]. 北京：人民出版社，1991.

[2] 习近平. 习近平谈治国理政 [M]. 北京：外文出版社，2014.

[3] 刘伯承传编写组. 刘伯承传 [M]. 北京：当代中国出版社，2015.

[4] 管仲. 管子 [M]. 哈尔滨：北方文艺出版社，2013.

[5] 钟少异. 安邦大略——中国历代国家安全战略思想论析 [M]. 北京：军事科学出版社，2007.

[6] 沈鹤翔. 战争趣闻中的科学故事 [M]. 成都：四川科学技术出版社，1993.

[7] 何明. 互联网＋思维与创新（通往未来的＋号）[M]. 南京：江苏凤凰科学技术出版社，2017.

[8] 何明. 大数据导论——大数据思维、技术与应用 [M]. 北京：电子工业出版社，2022.

[9] 王元卓，陆源，包云岗. 计算的脚步 [M]. 北京：机械工业出版社，2022.

[10] 王振世. 一本书读懂 5G 技术 [M]. 北京：机械工业出版社，2020.

[11] 姚有志. 20 世纪战略理论遗产 [M]. 北京：军事科学出版社，2001.

[12] 李瑞兴，刘分良. 先行战典 [M]. 北京：国防大学出版社，2020.

[13] 白虹. 思维风暴 [M]. 北京：中国华侨出版社，2014.

[14] 水木然. 跨界战争——商业重组与社会巨变 [M]. 北京：电子工业出版社，2016.

[15] 付强，傅瑞罡，蒋彦雯，等. 精确制导器术道 [M]. 北京：清华大学出版社，2023.

[16] 苏恩泽. 系统论兵 [M]. 北京：军事科学出版社，2002.

[17] 高金虎. 军事情报学 [M]. 南京：江苏人民出版社，2017.

[18] 朱清泽. 成吉思汗评传 [M]. 北京：解放军出版社，2014.

[19] 范中义. 戚继光评传 [M]. 北京：解放军出版社，2014.

[20] 肖占中，刘昱昊. 智能武器与无人战争 [M]. 北京：军事谊文出版社，2001.

[21] 中航长沙设计研究院有限公司. 产业地产视域下的中国通用航空产业园规划研究 [M]. 北京：中国建筑工业出版社，2017.

[22] 陈阳，郭璟珅，常秀娟. 通用航空产业规划与实施 [M]. 北京：航空工业出版社，2017.

[23] 西陆星. 简介：美国陆军航空兵选拔、培训与确定准尉飞行员的管理方法 [EB/OL]. 西陆东方军事. http：//club.xilu.com/emas/msgview–821955–4603929.htm.

[24] 李瞰. 未来战场上，召唤直升机将像点击滴滴出行那样便捷 [N]. 中国青年报，2016–08–11（11）.

[25] 林东. 不想当将军不是好兵，美军连长也要有司令意识 [N]. 中国青年报，2007–01–05（11）.

后 记

2016 年 5 月 30 日，在全国科技创新大会、两院院士大会、中国科协第九次全国代表大会上，习近平总书记指出，"科技创新、科学普及是实现创新发展的两翼，要把科学普及放在与科技创新同等重要的位置"。

军事科普乃国之大事。高度重视科学技术普及，是习近平总书记关于科学技术的系列重要论述中一以贯之的思想理念。本书是为贯彻党的二十大精神，落实中共中央、国务院《关于新时代进一步加强科学技术普及工作的意见》的一次积极尝试。科学技术普及是以深入浅出、通俗易懂的方式向大众介绍科学知识的活动。军事科学技术普及事关国民整体素质，与国家安全息息相关，是国之大事。在军事科学技术普及领域，众多先行者已经迈出了坚定的步伐，未来仍有广阔的发展空间。

军事科普的春天即将到来。正如毛泽东在《星星之火，可以燎原》中写道："我所说的中国革命高潮快要到来，绝不是如有些人所谓'有到来之可能'那样完全没有行动意义的、可望而不可即的一种空的东西。它是站在海岸遥望海中已经看得见桅杆尖头了的一只航船，它是立于高山之巅远看东方已见光芒四射喷薄欲出的一轮朝日，它是躁动于母腹中的快要成熟了的一个婴儿。"这阐述如此形象，直达人心。

本书所选择的军事科学思维小故事其底色是民族军事文化。民族军事文化是民族文化的重要组成部分，也是民族文化在军事领域的特殊体现。历史是一面"镜子"。古人很早就认识到"以铜为镜，可以正衣冠；以古为镜，可以知兴替；以人为镜，可以明得失"。民族军事历史是对民族军事实践的客观记载，是民族军事文化的重要依据和源泉。平凡孕育着伟大，平凡记录着伟大，越平凡越伟大。毛泽东说过"群众是真正的英雄，而我们自己往往是幼稚可笑的"。深入理解军事科学思维，有深厚的历史感是必要的。而书中的小故事本身就带有历史感，学习、掌握一门学科、一种思维，首先需要了解它的来龙去脉，这样将有助于我们深入、准确地理解其知识体系、逻辑架构、整体状况，知道前人是如何发现问题、如何解决问题的。

人们常说，让听得见炮声的人呼唤炮火、指挥炮火。哪些人听得见炮声？一线的官兵。地面的连长、空中的机长、军舰的舰长，都可能在不同阶段唱主角。甚至可以说，打赢"班长的战争"离不开军事科学思维。随着信息化、智能化步伐的加快，一架飞机、一辆车、一门炮就可以是一个战斗平台，甚至可以作为一个节点而完成重要任务。单个武器平台有动力系统、侦察系统、火力系统、指挥系统，这些系统共同配合，并行不悖。在更高层面上，整个部队的运作表现出一种网络化、工程化、流程化的形态和模式。就拿美国的空中力量举例，他们大量借鉴了航空公司的管理模式，面对密如蛛网的航线图、此起彼伏的飞行器，开发了一套科学管理的方法。军人掌握武器、融入团队、密切协同都离不开系统思维。这就对作战人员的科技素养提出相当高的要求，这是实现人与武器装备有机结合的基础。官兵如果连科技素养都跟不上，面对现代战争便宛如雾里看花、水中望月，怎能打个明白仗，更谈不上打胜仗。而军事科学思维则是军人科技素养的灵魂，军兵军事科学思维整体水平的高低事关军队战斗力构成并影响战争胜负。

本书在对军事科学思维小故事的选择上注重汲取人民战争思想的养分。人民战争思想对于慑止挑衅、战胜来犯之敌具有引领和充当灯塔的作用。人民战争思想在全面建设社会主义现代化国家而团结奋斗的征程中已经并且正在伟大实践的阶段，还将继续向前发展。人民战争思想与以人民安全为宗旨的总体国家安全观在内在上是一致的。一方面，国家安全为了人民、动员人民、依靠人民。国家安全的内涵和外延比历史上任何时候都要丰富，国家安全的时空领域比历史上任何时候都要宽广，国家安全的内外因素比历史上任何时候都要复杂。另一方面，人民战争在战略战术上有创新发展的巨大空间，值得深入探索、不断创新、永恒发展。越是民族的，就越是世界的，人民战争思想对于团结世界被压迫民族而取得新胜利具有示范效应。书中的小故事在题材、立意和内容上侧重汲取人民战争的立场、观点、方法，继承遗产，继往开来。

著名科学家霍金说过，"有一个聪明的大脑，你就会比别人更接近成功"。思维导图已成为 21 世纪风靡全球的革命性思维工具。希望书中这 100 个军事科学思维小故事能引发读者的兴趣与思考，尽管是管中窥豹，常愿抛砖引玉。战争如此重要，军事科学如此博大，本书所列举的思维种类远不能涵盖其全貌，我们已尽量选择有代表性的内容，但难免挂一漏万，只能点到为止。就像人们耳熟能详的抽象思维、发散思维、线性思维、非线性思维、非对称思维、规模思维、结构思维、流程思维等不一而足，我们期待会有后续篇章来展示这些思维在军事领域的应用。

军事领域是实践性极强的领域。即便天分再高的军事天才，脱离了战争实践也会成为无本之木。然而，在和平年代，不可能有天天打仗的机会，而学习前人经验就成为军事指挥官的必修课。一个优秀的将领其头脑中应该有成百上千个战例。研读历史上名将的心路历程、著名战例的精要所在、重大决策的来龙去脉，设身处地、身临其境般地思考，就一定会有所收获，这也是练兵先练将的关键。军事竞争领域不进则退，要避免新的代差形成而带来战争胜负天平的倾斜，就学习而言，要结合时代特点活学活用，注重思维方法方面的训练。

沐浴着军事科普事业的春风，本书在立意和成稿过程中有幸获得军内外众多名师挚友的大力支持和热心帮助。感谢北京航空航天大学出版社的各位老师。本书得以出版得到了多位领导和机关同志的大力支持：何明所长对本书的编写给予悉心关怀和具体指导，李凌主任予以指导把关。李源研究员、陈雅东副研究员、秦欣副研究员、孟凡礼副研究员、高文俭副研究员、唐永娟高参、王超副研究员、由继庄副研究员、步建兴老师、张元涛高工、周国印高工、陶培亚高工、陆军航空兵学院陈佳兴工程师等专家不辞辛苦，就小故事题材选取、叙事角度、行文风格、出版事宜等提出了专业、中肯的意见和建议。在书稿创作期间，作者还应邀参加了北京师范大学人工智能学院主办的科普培训，有幸现场聆听和感受名师大家现场讲解，中国工程院卢锡城院士、中国科普研究所王挺所长、北京师范大学科学教育研究院郑永和院长、科普时报社尹传红社长、中国科学院网络信息中心新媒体部王闰强主任、北京师范大学化学学院魏锐教授等老师们高屋建瓴、深入浅出、紧贴实际的讲授使我受益匪浅。国防科技大学付强教授——共同参加培训的学长，还亲自签名赠书。对于上述专家和领导的传经送宝、倾囊相授、不吝赐教，在此表示由衷感谢！书中还参考和部分引用了一些理论专著、科普读物、图文资料，有的来自互联网，部分列入参考文献，在此对各位创作者的支持和付出一并表示感谢！我们要做的是站在前人肩膀上不断前进，只有抓紧光阴，才能不负韶华。

一万年太久，只争朝夕！宏伟的事业已经开始，军事科普只有进行时。

2024 年 7 月 7 日于卢沟桥畔